D1413396

J. M. G. Le Clézio

Le procès-verbal

Gallimard

Ce n'est certes pas un hasard si le héros de ce livre porte le nom insolite d'Adam Pollo. Adam, c'est ici à la fois le premier et le dernier homme, celui que la folie, ou l'oubli, ou encore la volonté obscure de tenter une expérience extrême, isole du reste des vivants, change en vivant survolté devant qui le monde cède à la féerie et au cauchemar.

Adam Pollo fait retraite dans une maison abandonnée, sur la colline, loin de la ville et de l'ordre incompréhensible qui s'y trame. Est-il déserteur ? évadé d'un asile psychiatrique ? D'étranges rapports, brutaux et complices, le lient à une jeune fille, Michèle, qui semble lui servir d'indicatrice et de réplique involontaire. Mais surtout, après avoir franchi un certain état d'attention obsédée, Adam descend dans le monde, comme un prophète. Dès lors, sa vie se trouve mise en rapport avec la Vie même, animale, matérielle, inaperçue. Il devient la plage où il passe, le chien qu'il suit, le rat qu'il tue, les fauves qu'il observe dans un parc zoologique, le grand mouvement inlassable des apparences. Fabuleux itinéraire dans l'espace et la simultanéité de l'imagination qui l'amène fatalement à être arrêté et jugé par les hommes dont il a voulu, nouvel Adam infernal, transgresser les interdits : il sera donc fou, c'est-à-dire enfermé dans la région infinie des mirages rigoureux.

Par ce premier roman explosif, d'un lyrisme retenu ouvrant sur une sorte d'épopée qui évoque à la fois William

Blake et les Chants de Maldoror, *J.M.G. Le Clézio a été reconnu d'emblée comme un grand écrivain.*

J.M.G. Le Clézio est né à Nice le 13 avril 1940 ; il est originaire d'une famille de Bretagne émigrée à l'île Maurice au XVIIIᵉ siècle.

Grand voyageur, J.M.G. Le Clézio n'a jamais cessé d'écrire depuis l'âge de sept ou huit ans : poèmes, contes, récits, nouvelles, dont aucun n'avait été publié avant *Le procès-verbal,* son premier roman paru en septembre 1963 et qui obtint le prix Renaudot. Son œuvre compte aujourd'hui une trentaine de volumes. En 1980, il a reçu le Grand Prix Paul-Morand décerné par l'Académie française pour son roman *Désert.*

« *Mon perroquet, comme s'il eût été mon favori, avait seul la permission de parler.* »

Robinson Crusoé.

J'ai deux ambitions secrètes. L'une d'elles est d'écrire un jour un roman tel, que si le héros y mourait au dernier chapitre, ou à la rigueur était atteint de la maladie de Parkinson, je sois accablé sous un flot de lettres anonymes et ordurières.

De ce point de vue, je le sais, le « Procès-verbal » n'est pas tout à fait réussi. Il se peut qu'il pèche par excès de sérieux, par maniérisme et verbosité; la langue dans laquelle il est écrit évolue du dialogue para-réaliste à l'ampoulage de type pédantiquement almanach.

Mais je ne désespère pas de parfaire plus tard un roman vraiment effectif: quelque chose dans le génie de Conan Doyle, qui s'adresserait non pas au goût vériste du public — dans les grandes lignes de l'analyse psychologique et de l'illustration — mais à sa sentimentalité.

Il me semble qu'il y a là d'énormes espaces vierges à prospecter, d'immenses régions gelées s'étendant entre auteur et lecteur. Cette prospection devrait se faire par toute espèce de sympathie allant de l'humour à la naïveté, et non point par l'exactitude. Il y a un moment entre celui qui récite et celui qui écoute, où la créance se précise et prend forme. Ce moment est peut-être celui du roman « actif » dont le facteur essentiel serait une sorte d'obligation. Où le texte intervient avec un rien d'anecdotique et de familial. Où, comme devant une caricature, comme devant le récit-fleuve, le ciné-roman d'un journal à deux sous, n'importe quelle jeune fille est tenue de pousser son « ah » et de remplir de cette façon le vide qu'il y avait jusqu'alors entre les lignes.

A mon sens, écrire et communiquer, c'est être capable de faire croire n'importe quoi à n'importe qui. Et ce n'est que par une suite continuelle d'indiscrétions que l'on arrive à ébranler le rempart d'indifférence du public.

Le « Procès-verbal » raconte l'histoire d'un homme qui ne savait trop s'il sortait de l'armée ou de l'asile psychiatrique. J'ai donc posé dès le départ un sujet de dissertation volontairement mince et abstrait. Je me suis très peu soucié de réalisme (j'ai de plus en plus l'impression que la réalité n'existe pas) ; j'aimerais que mon récit fût pris dans le sens d'une fiction totale, dont le seul intérêt serait une certaine répercussion (même éphémère) dans l'esprit de celui qui le lit. Genre de phénomène familier aux amateurs de littérature policière, etc. C'est ce qu'on pourrait appeler à la rigueur le Roman-Jeu, ou le Roman-Puzzle. Bien entendu, tout ceci n'aurait pas l'air d'être sérieux, s'il n'y avait d'autres avantages, dont le moindre n'est pas *de soulager le style, de rendre un peu plus de vivacité au dialogue, d'éviter descriptions poussié-reuses et psychologie rancie.*

Je m'excuse d'avoir accumulé ainsi quelques théories ; c'est une prétention un peu trop à la mode de nos jours. Je m'excuse également à l'avance pour les impropriétés et les fautes de frappe qui pour-raient se trouver dans mon texte en dépit de mes révisions. (J'ai dû typographier moi-même mon manuscrit et n'ai su le faire qu'en me servant d'un doigt de chaque main.)

Enfin, je me permets de vous signaler que j'ai entrepris la rédaction d'un autre récit, beaucoup plus étendu, racontant avec le maximum de simpli-cité ce qui se passe le lendemain de la mort d'une jeune fille.

Très respectueusement vôtre.

J. M. G. Le Clézio.

A. Il y avait une petite fois, pendant la canicule, un type qui était assis devant une fenêtre ouverte ; c'était un garçon démesuré, un peu voûté, et il s'appelait Adam ; Adam Pollo. Il avait l'air d'un mendiant, à rechercher partout les taches de soleil, à se tenir assis pendant des heures, bougeant à peine, dans les coins de murs. Il ne savait jamais quoi faire de ses bras, et les laissait ordinairement baller le long de son corps, y touchant le moins possible. Il était comme ces animaux malades, qui, adroits, vont se terrer dans des refuges, et guettent tout bas le danger, celui qui vient à ras de terre, se cachent dans leurs peaux au point de s'y confondre. Il était allongé dans une chaise longue devant la fenêtre ouverte, torse nu, tête nue, pieds nus, dans la diagonale du ciel. Il était vêtu uniquement d'un pantalon de toile beige abîmée, salie de sueur, dont il avait replié les jambes jusqu'à hauteur des genoux.

Le jaune le frappait en pleine face, mais sans se réverbérer : il était immédiatement absorbé par la peau humide, sans faire d'étincelles ni le moindre petit reflet. Lui, s'en doutait, et ne bougeait pas sauf, de temps en temps, pour porter à sa bouche une cigarette et aspirer une gorgée de fumée.

Quand la cigarette fut finie, qu'elle lui brûla le pouce et l'index, et qu'il dut la jeter par terre, il tira de la poche de son pantalon un mouchoir, et s'essuya ostensiblement la poitrine, les avant-bras, la base du cou et les aisselles. Débarrassée de la mince pellicule de transpiration qui l'avait protégée jusqu'à cet instant, la peau se mit à luire à pleins feux, rouge de lumière. Adam se leva et marcha assez rapidement vers le fond de la pièce, vers l'ombre; du tas de couvertures empilées sur le plancher, il tira une chemise de vieux coton, de finette ou de calicot, la secoua, et l'enfila. Quand il se baissa, la déchirure du tissu au milieu du dos, entre les deux omoplates, s'ouvrit de façon caractéristique, prit la taille d'une pièce de monnaie, et montra au hasard trois vertèbres aiguës, jouant sous la peau tendue comme des ongles sous une membrane de caoutchouc.

Sans même boutonner sa chemise, Adam prit entre les couvertures une sorte de cahier jaune, format d'école, où il y avait écrit, sur la première page, en en-tête, comme pour une lettre,

ma chère Michèle,

puis il retourna s'asseoir devant la fenêtre, maintenant protégé des rayons du soleil par l'étoffe qui collait à ses flancs. Il ouvrit le cahier sur ses genoux, feuilleta un instant les pages couvertes de phrases serrées, sortit un crayon à bille de sa poche et lut,

16

ma chère Michèle,

Je voudrais bien que la maison reste vide. J'espère que les propriétaires ne viendront pas de si tôt.

Voilà comment j'avais rêvé de vivre depuis des temps : je mets deux chaises longues face à face, sous la fenêtre ; comme ça, vers midi, je m'allonge et je dors au soleil, devant le paysage, qui est beau, à ce qu'on dit. Ou bien, je me détourne un peu vers la lumière, et je laisse aller ma tête en plein dans le relief. A quatre heures, je m'étends davantage, si toutefois le soleil a baissé ou si les rayons sont plus raides ; à ce moment-là, il est environ aux 3/4 de la fenêtre. Je le regarde, lui, tout rond, et tout contre l'appui, la mer, c'est-à-dire l'horizon, exactement droit. Je reste tous les moments devant la fenêtre, et je prétends qu'ils sont à moi, en silence, à personne d'autre. C'est drôle. Je suis sans arrêt comme ça, au soleil, presque nu, & quelquefois nu, à regarder soigneusement le ciel et la mer. Je suis content qu'on pense partout que je suis mort ; au début je ne savais pas que cette maison était abandonnée ; ce sont des chances qui n'arrivent pas souvent.

Quand j'ai décidé d'habiter ici, j'ai pris tout ce qu'il fallait, comme si j'allais à la pêche, je suis revenu la nuit, et puis j'ai balancé ma moto à la mer. Comme ça, je me faisais passer pour mort, et je n'avais plus besoin de faire croire à tout le monde que j'étais vivant, que j'avais des tas de choses à faire, pour me garder vivant.

Ce qui est drôle c'est que, même au début,

personne n'a fait attention; heureusement je n'avais pas trop d'amis, et je ne connaissais pas de fille, parce que ce sont toujours les premiers à venir vous dire de cesser de faire l'idiot, de retourner à la ville, et de tout recommencer comme avant, comme s'il ne s'était rien passé : c'est-à-dire, les cafés, les cinémas, les chemins de fer, etc.

De temps en temps, je vais en ville acheter de quoi bouffer, parce que je bouffe beaucoup, et souvent. On ne me pose pas de questions, et je n'ai pas trop à parler; ça ne me gêne pas parce qu'on m'a habitué à me taire depuis des années, et que je pourrais facilement passer pour un type sourd, muet, et aveugle.

Il s'arrêta quelques secondes et fit jouer ses doigts en l'air comme pour les reposer; puis il se pencha à nouveau sur le cahier, les veinules des tempes gonflées, offrant aux coups de boutoir du soleil la masse ovoïde encombrée de cheveux de son crâne; cette fois, il écrivit :

« ma chère Michèle,
grâce à toi, Michèle, car tu existes, je te crois, j'ai les seuls contacts possibles avec le monde d'en bas. Tu travailles, tu te trouves beaucoup dans la ville, au sein des carrefours, de feux clignotants, Dieu sait quoi. Tu dis à des tas de gens que tu connais un type complètement cinglé qui vit tout seul dans une maison abandonnée, et ils te demandent, pourquoi on ne l'enferme pas à l'asile ? Moi, je te dis, je n'ai rien contre, je n'ai pas le complexe cervical, et je

pense que c'est une façon comme une autre de finir sa vie, tranquille, dans une belle maison, avec un beau jardin à la française, et des gens qui s'occupent de vous faire manger. Le reste ne compte pas, et ça n'empêche pas d'être plein d'imagination, d'écrire des poèmes dans le genre,

aujourd'hui, jour des rats,

dernier jour avant la mer.

Toi, heureusement, tu es à deviner parmi des amas de souvenirs, comme quand on faisait des parties de cache-cache et que j'apercevais ton œil, ta main, ou tes cheveux, entre les rondelles des feuillages, et qu'en y pensant d'un seul coup, j'arrivais à ne plus me fier aux apparences, à dire en criant d'une voix suraiguë : je t'ai vue ! »

Il pensait à Michèle, à tous les enfants qu'elle aurait, un jour ou l'autre, de toute façon ; irrationnellement, ça ne faisait rien, il était capable d'attendre. Il leur dirait un tas de choses, à ces enfants, quand le moment serait venu : il leur dirait, par exemple, que la terre n'est pas ronde, qu'elle est le centre de l'univers, et qu'ils sont le centre de tout, sans exception. Ainsi ils ne risqueraient plus de se perdre, et (à condition bien entendu qu'ils ne deviennent pas poliomyélitiques) ils auraient 99 % de chances d'aller comme ces enfants qu'il avait vus la dernière fois sur la plage, qui criaient, qui hurlaient, qui couraient après des balles de caoutchouc.

On leur dirait aussi qu'il faut n'avoir peur que d'une chose, que la terre se retourne, et qu'ils soient

19

la tête en bas les pieds en l'air, et que le soleil tombe sur la plage, aux alentours de six heures, et fasse bouillir la mer, et éventre tous les petits poissons.

Habillé, il s'asseyait sur la chaise longue et regardait par la fenêtre ; pour y arriver, il était obligé de caler le montant de la chaise longue à son degré le plus haut. La colline descendait en pente mi-douce mi-raide jusqu'à la route, puis elle sautait quatre ou cinq mètres, et c'était l'eau. Adam ne voyait pas tout : il y avait énormément de pins et d'arbres, de poteaux télégraphiques, le long, et il se trouvait contraint de supposer le reste. Quelquefois, il n'était pas sûr d'avoir deviné juste, et il était obligé de descendre jusqu'en bas : à mesure qu'il marchait, il voyait l'écheveau des lignes et des courbes se défaire, les objets scintiller en éclats de matière ; mais le brouillard se reformait plus loin. On n'était jamais sûr de rien dans ce genre de paysage ; on y était toujours peu ou prou, un drôle d'inconnu, mais d'une manière déplaisante. Si vous voulez, quelque chose comme du strabisme, du léger goitre exophtalmique ; la maison elle-même, ou le ciel, ou encore la courbe de la baie, s'obscurcissaient en fonction de la marche descendante d'Adam. Car devant eux se tressaient uniformément arbustes et taillis ; tout contre la terre, la chaleur faisait vaciller l'air, et les horizons lointains ressemblaient à des fumées volatiles fusant d'entre les brins d'herbe.

Le soleil déformait aussi certaines choses : la route, sous ses rayons, se liquéfiait par plaques blanchâtres ; parfois, des voitures passaient en file simple, et soudain, sans raison apparente, le métal noir éclatait comme une bombe, un éclair en forme de spirale jaillissait du capot et faisait flamber et ployer toute la colline, d'un coup de son auréole déplaçant de quelques millimètres l'atmosphère.

C'était au début, vraiment au début; puisque, après, il a commencé à comprendre ce que ça voulait dire que, monstre de solitude. Il a ouvert un cahier jaune où il a mis, sur la première page, en en-tête, comme pour une lettre :

Ma chère Michèle ;

Il a fait de la musique, aussi, comme tout le monde ; une fois, à la ville, il avait volé un pipeau en matière plastique, à l'étal d'un marchand de jouets. Il avait toujours voulu avoir un pipeau, et il avait été bien content de trouver celui-là. C'était un pipeau d'enfant, bien sûr, mais il était de bonne qualité, il venait des U.S.A. Alors, quand il voulait, il s'asseyait sur la chaise longue, devant la fenêtre ouverte, et jouait de petits airs doux. Un peu peur que ça n'attire l'attention des gens, parce qu'il y avait des jours où des types et des filles venaient se coucher dans l'herbe, autour de la maison. Il jouait en sourdine, avec une douceur infinie, rendant des sons presque inaudibles, soufflant à peine, la pointe de la langue contre l'embouchure, le diaphragme contracté. Et puis il s'arrêtait de temps à autre pour tapoter du bout des doigts sur des boîtes de conserves vides, disposées en rang selon leurs tailles, et ça donnait un bruissement tranquille,

21

dans le genre des bongos, qui fuyait dans l'air en zigzag, dans le genre des cris de chien.

La vie d'Adam Pollo, c'était bien celle-là. La nuit, allumer les cierges au fond de la chambre, et se placer devant les fenêtres ouvertes, sous le vent faible de la mer, debout, absolument érecte, imprégné de cette vigueur que le jour poussiéreux, à midi, enlève.

Attendre longtemps, sans bouger, fier de n'avoir plus grand-chose d'humain, que les premiers vols de papillons de nuit arrivent, culbutent, hésitent, devant les trous vides de la fenêtre, se recueillent, puis soudain s'élancent à l'attaque, rendus fous par les clignotements jaunes des bougies ; alors, se coucher par terre, dans les couvertures, et regarder, les yeux fixes, le grouillement hâtif des insectes, toujours plus nombreux, peuplant le plafond d'ombres multipliées, et s'écroulant sur les flammes, couronnant de pattes la corolle de cire bouillante, grésillant, frottant l'air comme des râpes sur un mur de granit, et asphyxiant, l'une après l'autre, toutes les traces de lumière.

Pour quelqu'un dans la situation d'Adam, et suffisamment habitué à réfléchir par des années universitaires et une vie consacrée à la lecture, il n'y avait rien à faire, en dehors de, penser à ces choses, et éviter la neurasthénie ; il était probable alors que seule la peur (du soleil, pour prendre un exemple) pût l'aider à rester dans les limites de la pondération, et, le cas échéant, à retourner à la plage. Dans cette idée, Adam s'était détourné un peu, à présent, de sa posture familière : le buste penché en avant, il

22

avait orienté son visage vers le fond de la pièce; il regardait la cloison. Voyant vaguement le jour par-dessus son épaule gauche, il s'exerçait à imaginer que le soleil était une immense araignée d'or, dont les rayons couvraient le ciel comme des tentacules, en torsions et en W, accrochés aux escarpements de la terre, à chaque éminence du paysage, sur points fixes.

Tout le reste des tentacules ondulait lentement, paresseusement, se divisait en ramures, se séparait en embranchements multiples, s'ouvrait en deux, et se refermait aussitôt, dans un va-et-vient de polype.

Il en avait fait le dessin, pour être plus sûr, au charbon sur le mur d'en face.

Il était donc assis, le dos tourné à la fenêtre, et sentait la crainte le gagner, de minute en minute, devant l'enchevêtrement des pattes, l'emmêlement féroce qu'il n'arrivait plus à comprendre. A part cet air particulier de sécheresse charbonneuse, qui brillait, qui saupoudrait, c'était un type de pieuvre, horrible et fatale, visqueuse de ses cent mille bras pareils à des intestins de chevaux. Pour se rassurer, il parlait au dessin, le regard exactement au centre, sur la boule d'anthracite d'où coulaient les tenta-cules comme des racines autrefois calcinées; il lui disait des mots un peu enfantins,

« tu es belle — belle bête, belle bête, va,
tu es un beau soleil, tu sais, un beau soleil
bien noir. »

Il savait qu'il était dans la bonne voie.

En effet, graduellement, il arriva à recomposer un univers de terreurs enfantines; le ciel, vu du

23

rectangle de la croisée, sembla prêt à se détacher et à s'abattre sur nos têtes. Le soleil, idem. Il envisagea le sol et le vit soudain fondre, bouillir, ou couler sous ses pieds comme du passe-violet. Les arbres s'animèrent, dégageant des exhalaisons empoisonnées. La mer commença à croître, mangea l'étroite bande grise de la plage, et puis monta, monta à l'assaut de la colline, pour le noyer, vers lui, le neutraliser, l'engloutir dans ses flots sales. Il sentit naître quelque part les monstres fossiles, rôdant autour de la villa, dans le craquement de leurs pieds géants. La peur grandit invinciblement, il ne put arrêter imagination ni fureur : même les hommes devinrent hostiles, barbares, leurs membres se couvrirent de laine, leur têtes s'amenuisèrent, et ils vinrent en rangs serrés, à travers la campagne, cannibales, lâches ou féroces. Les papillons de nuit s'acharnèrent sur son corps, le mordirent de leurs mandibules, l'enveloppèrent du voile soyeux de leurs ailes velues. Des mares surgit tout un peuple caparaçonné, de parasites ou de crevettes, de crustacés brusques, mystérieux, avides de lui arracher des morceaux de chair. Les plages furent couvertes d'êtres bizarres, qui venaient y attendre on ne sait quoi, accompagnés de leurs petits ; des animaux rôdèrent sur les routes, grondant et criant, de curieux animaux à plusieurs couleurs dont les armures luisaient sous le soleil. Tout bougea soudain d'une vie intense, intestine, concentrée, lourde et incongrue comme une faune sous-marine. A mesure, il se ramassa dans son coin, prêt à bondir, à se défendre, dans l'attente

24

de l'assaut suprême qui le ferait la proie de ces créatures. Il reprit le cahier jaune de tout à l'heure, regarda encore un peu le dessin sur le mur, le dessin qui avait une fois représenté le soleil, et il écrivit à Michèle :

Ma chère Michèle,
J'ai un peu peur, je l'avoue, ici dans la maison. Je pense que s'il y avait ton corps nu, dans la lumière, au ras du sol, et que je puisse reconnaître ma propre chair dans la tienne, lisse et chaude, je n'aurais pas besoin de tout ça : au moment où je t'écris ces mots, devine, il y a précisément un emplacement étroit, entre la chaise longue et la plinthe, qui t'irait comme un gant ; il est strictement de ta longueur, 1 mètre 61, et je ne pense pas que son tour de hanches dépasse le tien, 88 cm et demi. Pour moi, la terre s'est métamorphosée en une espèce de chaos, j'ai peur des déinothériums, des pithécan-thropes, de l'homme de Néanderthal (cannibale), sans parler des dinosaures, labyrinthosaures, ptéro-dactyles, etc. J'ai peur que la colline ne se trans-forme en volcan.
Ou que les glaces arctiques fondent, ce qui ferait monter le niveau des mers et me noierait. J'ai peur des gens sur la plage, en BAS. Le sable se trans-forme en sables mouvants, le soleil en araignée, et les enfants en crevettes.

Adam referma vite le cahier, se haussa sur ses avant-bras et regarda au-dehors. Personne ne venait. Il calcula combien de temps il lui faudrait pour descendre jusqu'à l'eau, se baigner et remonter. Le jour était trop avancé ; il ne savait plus très bien depuis quand, deux jours, ou plus, il n'était pas sorti de la villa.

A première vue, il s'était uniquement nourri de biscuits, des gaufrettes achetées en solde au Prisunic. Il ressentait par instant des douleurs dans l'estomac, et le pourtour de sa glotte était acide. Il se pencha sur l'appui de la fenêtre et considéra le petit bout de ville qu'on apercevait sur la droite, entre une paire de collines.

Il alluma une cigarette, une des dernières qui lui restaient de la collection de huit paquets neufs achetés en vrac lors de sa plus récente sortie, et dit à voix haute :

« Ça sert à quoi d'aller à la ville ? C'est bien la peine de travailler comme je fais, à ces trucs de l'autre monde — avoir la trouille, oui — croire que si je n'y vais pas, c'est eux qui viendront me tuer, oui, oui — Je comprends, j'ai perdu le réflexe psychologique... mais avant ? avant, je pouvais faire ça, ou ça, et aujourd'hui des tas de choses me montrent que c'est terminé. Adam, nom de Dieu, j'ai du mal à m'en aller au milieu de toutes ces baraques, entendre leurs cris, râles, raisonnements, etc., écouter tout seul dans un coin du mur. Tôt ou tard, il faut lâcher un mot, dire, oui, merci, pardon, le temps est superbe ce soir mais quand même il faut avouer qu'il était hier moi je sors direct du collège, et, il est juste, il serait juste que ça cesse ces saloperies-là, et tout cela, inutile, crétin, foutu bavardage qui a fait que je suis là, ce soir, manquant d'air, de cigarettes, et guetté par la malnutrition, à me demander pourquoi il n'y aurait pas un tout petit peu plus de choses inimaginables. »

Il se recula d'un pas, fuma par les narines et dit encore, pour lui tout seul (mais heureusement il n'en a pas abusé, non, en partie parce qu'il n'a jamais aimé parler).

« Parfait, parfait —, tout ça est bien, mais il faut que j'aille à la ville, acheter des sèches, de la bière, du chocolat, et des trucs à bouffer. »

Pour mieux comprendre, il inscrivit sur un morceau de papier :

> sèches
> bière
> chocolat
> trucs à bouffer
> papier
> des journaux si
> possible voir
> un peu

Puis il s'assit par terre, devant la fenêtre et au soleil, là où il a l'habitude d'attendre la nuit, et, pour se reposer, il se mit à tracer des signes dans la poussière, d'involontaires dessins fins, rayés avec la pointe de l'ongle. Parce que c'est évidemment fatigant, de vivre ainsi tout seul, dans une maison abandonnée en haut d'une colline. Ça demande de savoir s'organiser, d'aimer la peur, la paresse et l'exotisme, d'avoir envie de creuser des tanières, tout le temps, et de s'y fourrer, tout humilié, bien au secret, comme on faisait quand on était gosse, entre deux pans crevés de vieille bâche.

B. Il avait abouti à la plage. Il s'était allongé sur les galets à l'extrémité gauche, tout contre les amas de rochers et la frange de varech, rêve pour les mouches pondeuses. Il venait de se baigner, et maintenant il s'appuyait en arrière, sur les deux coudes, de façon à laisser entre son dos mouillé et le sol un léger espace d'air propice à l'évaporation. Sa peau était rouge foncé, non pas cuivrée, et cela contrastait mal avec son maillot peint en bleu vif. Vu d'assez loin, il avait l'air d'un touriste américain, mais si on s'approchait, on remarquait qu'il avait la figure sale, les cheveux trop longs, et une mauvaise barbe blonde massacrée à coups de ciseaux. Il portait la tête basse, contre sa poitrine, dans une pose indifférente.

Ses coudes étaient posés symétriquement sur une serviette-éponge, mais en dessous des omoplates, le reste du corps se trouvait directement en contact avec la plage, et du gravier s'était collé aux poils des jambes par plaques boueuses. Avec la tête tournée dans cette direction, il ne devait voir que très peu de mer, surtout les blocs de rocaille à gauche, et, en supposant que ça devait faire des siècles qu'ils n'avaient pas été lavés, des siècles qu'animaux et hommes les couvraient d'immondices, on pouvait s'expliquer son air général de dégoût. Naturellement, la plage était peuplée d'un bout à l'autre (Adam se tenait à l'extrémité Sud-Est) d'une foule de gens, de femmes et d'enfants qui marchaient, dormaient ou criaient de la façon la plus variable.

Adam avait sommeillé un certain temps, comme ça, ou plus ; à la fin, il lui avait semblé que ce serait mieux de marcher, de trouver un petit coin d'ombre, quelque part. Il s'était donné jusqu'à deux heures de l'après-midi, et sa montre marquait la demie d'une heure.

En réalité, tout cela ne déplaisait pas : il faisait vraiment très chaud, tous les bruits s'étouffaient les uns après les autres, on aurait dit que l'air s'épaississait, se transformait en nuage. On pouvait à la rigueur se sentir casé dans un trou d'atmosphère, bien à soi, sous les amoncellements de la terre, de l'eau, et du ciel.

Adam aimait voir la foule ainsi mouvementée, à sa droite : ils étaient bariolés, pleins de murmures, et somme toute beaucoup moins effrayants vus d'ici. C'était un peu comme si on avait leurs noms, comme si le seul fait de leur proximité les dotait d'un degré de parenté avec la famille des Pollo ; en tout cas, il y avait les signes certains d'un ancêtre commun, les stigmates imperceptiblement négroïdes d'un quelconque améranthrope disparu. Certaines femmes plaisaient en dormant, on leur trouvait un grave affaissement des chairs, une moitié d'enterrement au sein des galets gris, qui était autant de relief, de doux contour, d'espèce d'amour végétal.

& elles se retournaient quelquefois, roulaient sur leurs peignoirs avec des gestes vagues de leurs bustes, des torsions élonguées de leurs nuques. Leurs enfants n'avaient pas cette mollesse. Ils étaient au contaire, petits, nains, sérieux; ils se groupaient au bord de l'eau, et, laissés à eux-mêmes, s'organisaient pour bâtir et racler le gravier. Deux ou trois, trop jeunes pour pouvoir se servir de leurs mains, jetaient régulièrement des cris perçants, sans raison, et que le reste des enfants acceptaient comme une incantation nécessaire à la perfection de leur travail.

Adam les contemplait distraitement comme s'il n'y avait aucun rapport logique entre eux, leurs bruits ou leurs mouvements, et lui, et chaque sensation de son corps exaspéré, qui amplifiait les détails, faisait de son être un objet monstrueux, tout de douleur, où la conscience de la vie n'est que la connaissance nerveuse de la matière. Tout ceci, bien sûr, avait une histoire légendaire, qu'on pouvait inventer mille fois de suite, sans jamais se tromper.

L'air était rempli de mouches plates, de poussières microscopiques, qui se déposaient sur les tas de galets, ou bien se déplaçaient suivant de longs cheminements horizontaux. A vrai dire, là non plus, il n'y avait pas moyen de se leurrer. — Il fallait, ou bien regarder un galet au hasard, et l'exprimer mentalement par quelque désir dans le genre de :

« Je vais le jeter sur la peau d'orange qui flotte là-bas, au milieu de l'eau. »

Ou bien, embrasser du regard toute l'étendue du paysage, un paysage immense, sans exceptions, fabriqué de creux et de bosses, de caps et de baies, d'arbres et de puits, de oui et de non, d'eau et d'air. Et dans ce cas, se sentir imprimé sur le sol, étalé au soleil, centre véritable de matériaux indéfiniment plus neutres.

Il n'osait pas trop bouger ; il en avait pourtant, par instants, une envie presque frénétique ; il restait allongé, la colonne vertébrale soumise aux rugosités des cailloux, la nuque ployée, le ventre tendu à se rompre par l'effort. De fatigue ou de chaleur, la petite sueur continuait à perler sur ses pommettes, puis à descendre, comme des gouttelettes de pluie, le long de son visage, de son cou, de ses côtes, de ses jambes. Il avait l'impression d'être le seul point humide sur toute la plage, comme si la tache moite qui graissait les galets sous son corps accentuait la dureté et la blancheur poussiéreuse, vaguement salée, qui l'environnait.

Il savait pourquoi. Il se doutait de cela. On n'aurait pu l'accuser de ne pas savoir ce qu'il faisait ; parce qu'en restant ainsi immobile, il voyait mieux le monde se dévoiler, bribe par bribe, dans son déchaînement tranquille et burlesque, en pleine action, en formules de chimie agressive ; soudains aller-retour de pistons, déclenchement de mécanismes, au sein des arbres, cycles du carbone, élongation régulière des ombres, et bruits, et bruissements caverneux d'une terre cotonneuse qui se craquelait méthodiquement, qui ouvrait ses lèvres avec des cris de bébés ayant semblé jusque-là n'appartenir qu'aux poissons.

Un homme passa, appelant d'une voix grêle. Il était malingre, et tout son corps brûlé par le soleil paraissait tendu à la verticale pour supporter le poids d'un panier de cacahuètes enrobées de praline. Il s'arrêta, regarda Adam, dit quelque chose, puis retourna en sens inverse sur la plage. Adam vit qu'il posait les pieds bien à plat sur les galets, et qu'avant de laisser le reste de son poids s'appuyer sur ses jambes, il avait un léger mouvement circulaire des orteils, de gauche à droite, qui l'assurait sans doute que le sol était libre d'obstacles. L'homme s'éloignait de la sorte, doucement, au milieu des amoncellements de corps, avec une dignité imprévue, et jetant de minute en minute son cri insensé.

Un chien passa brièvement le long de l'eau, et Adam le suivit. Il marcha le plus vite qu'il put, tenant dans chaque main l'extrémité de la serviette enroulée autour de son cou ; il fit exprès de marcher dans l'eau, à mi-jambes, pour imiter le chien. Il savoura deux craintes différentes : celle, tout d'abord, qu'il aurait eue, s'il avait marché sur la plage, à pied sec, au risque de s'entailler les talons sur les arêtes des cailloux qui, comme chacun sait, sont plus aiguës en dehors de l'eau ; et celle qu'il avait, présentement, de sentir ses jambes pénétrer un élément bizarre, plus frais, plus épais que l'air, et la plante de ses pieds glisser, repousser les couches superposées de la mer, pour finir par contacter, en plusieurs dérapages glacés, un sol mouvant, visqueux, couvert de tubercules, de microscopiques algues qui éclataient sous son poids et coloraient le liquide, près du fond, de parcelles vert sombre, semblables à un brouillard de feuillage haché menu par la putréfaction.

Heureusement, le chien hésitait à cause des trous d'eau, et à chaque fois, Adam en profitait pour rattraper son retard. Se sentant suivi, l'animal se retourna un moment et lança un regard fixe, qui atteignit Adam au niveau du menton. Puis il continua sa route, tirant l'homme derrière lui comme avec une laisse ; en quelques minutes il avait réussi à acquérir une majesté incroyable, et, vaguement immuable, il avançait, la mer jusqu'au poitrail, sans autre souci que celui de gagner l'extrémité droite de la plage, et le pâté de cabines de bain qui en étaient nominales.

Ils marchèrent ainsi tous les deux, l'un devant l'autre, jusqu'au bout. Les cabines de bain, comme on le devinait en général de loin, formaient demi-cercle, le dos tourné à la jetée de ciment qui marquait le début du port. Plus bas, la foule des baigneurs gisait pêle-mêle, sur les galets, dans un chatoiement de serviettes-éponges et de bikinis ; ils étaient orientés vers la lumière, et, à cause du raccourci qu'ils offraient vus du bord de l'eau, ils semblaient tous avoir mué en une peau neuve, à peine orangée, où le soleil en bavant avait laissé des traces luisantes.

Le chien s'arrêta, eut vers Adam un demi-mouvement du nez, qu'il n'acheva pas, et bondit sur le rivage. Il grimpa les monticules de cailloux, se faufila entre deux ou trois groupes de dormeurs, et alla prendre sa place auprès d'une jeune femme.

Adam l'imita, mais tandis que le chien se plaçait du côté droit, lui occupa le côté gauche. Avant de s'asseoir, très rapidement, il déploya la serviette qu'il avait portée autour du cou, et l'étala sur le sol ; puis, il s'accroupit, les genoux ceints de ses bras ; il regarda dix à quinze secondes, à quelques centimètres du ventre de la femme, ce que le chien faisait : le chien se léchait les pattes, les yeux couverts de paupières, le lobe frontal sous la ligne du zénith. Adam examina ses pieds et se dit que l'exemple était bon ; le cambouis devait s'être accumulé le long du rivage, depuis la dernière tempête, et la plante de ses pieds était noire. Il se mit à les curer, entre les orteils, à l'aide d'une brindille morte qui traînait par là.

Adam ne doutait pas que le temps passait, de cette façon imprévue ; c'était un de ces types de temps qu'on peut entièrement prendre à soi, un de ces types de temps extensibles, qu'il suffit d'ajuster à la mesure du geste précis qu'on doit faire, pour pouvoir en jouir en paix ; donc, Adam se nommait tout bas le maître des choses ; il n'y avait fonda-mentalement aucune différence entre les deux points de la plage qu'il avait occupés l'un après l'autre. Assis sur la serviette-éponge, on avait la faculté de laisser traîner son regard infiniment autour, par degrés circonvolutionnés. Ou bien on

admettait qu'un caillou, plus mille cailloux, plus
des ronces, plus des ordures, plus des traces de sel,
loin d'être immobiles, vivent d'une vie de sécrétion
et se meuvent à l'intérieur d'un système temporel
différent; ou bien il fallait décréter que seule la
connaissance sensorielle est mesure de la vie. Dans
ce cas, Adam était à coup sûr le seul être vivant au
monde.

« Si vous essayiez avec ceci, plutôt? » suggéra la
jeune femme.

Adam sourit pour la remercier, prit le mouchoir
en papier qu'on lui tendait, constata au passage
qu'il laissait sur le bout des doigts de la femme une
sorte de duvet, ou une sorte de neige, et continua à
essuyer le cambouis. Il pensa qu'il fallait dire
quelque chose. Il grogna :

« En effet — c'est plus facile comme ça. »

Il essaya de regarder la jeune femme dans les
yeux, mais ce fut en vain : elle portait ce genre de
lunettes de soleil très noires, à verres et monture
épais, particulier aux touristes new-yorkais sur la
côte portugaise. Il n'osa pas lui demander de les
ôter, et pourtant sentit quel soulagement ce serait
de voir ses yeux. Sentimentalement, il n'aperçut
que sa propre image, reflétée en double dans les
verres des lunettes, encadrée de plastique, tout à
fait semblable à celle d'un grand singe obèse,
penché au travail sur ses pieds. Comme si cette
posture provoquait, grâce au ploiement du corps
vers l'avant, la concentration d'esprit nécessaire
à l'intuition de vivre, oui, de vivre tout seul

dans son coin, détaché de la mort du monde.

La jeune femme ramassa soudain ses tibias, les replia, un peu de biais, le buste parallèle à la terre, et avec un « ah — ah » de plaisir, laissa flotter ses doigts le long de ses vertèbres d'un geste qui, effleurant le tracé blanc sur sa peau ocre, renouait les bretelles de son soutien-gorge ; elle demeura un moment ainsi, offrant une silhouette captive, dont les bras tordus près du dos, creusent des cavernes sous les omoplates, comme pour dévoiler à quelque matador le défaut de la cuirasse, celui où l'épée pénètre et touche au cœur. Elle transpirait tout doux, des aisselles et entre les seins. Elle dit :

« Il faut que je parte, maintenant. »

Adam ajouta :

« Vous venez souvent ici ? »

« C'est selon » dit-elle. « Et vous —? »

« Moi, tous les jours. Vous ne m'avez pas vu ? »

« Non. »

Adam continua :

« Moi, je vous ai déjà vue vous asseoir ici — enfin, par ici. Je veux dire à cet endroit de la plage. Pourquoi est-ce que vous vous asseyez tous les jours au même endroit ? Je veux dire, est-ce qu'il y a quelque chose de particulier ? Je ne sais pas, moi, c'est vraiment plus propre qu'ailleurs, ou plus frais, ou plus chaud, ou ça sent bon, ou quoi ? »

« Je ne sais pas » dit-elle. « Je suppose que c'est une habitude ? C'est ça que vous voulez dire ? »

Adam nota, comme si c'était vraiment remarquable :

« Non — non, je ne vous crois pas. Du moins, ce

que vous prétendez à propos de vos habitudes. Il me semble que c'est seulement votre chien qui a des habitudes. Au fond, je ne serais pas étonné si c'était lui qui vous amenait à cet endroit de la plage à chaque fois. Si vous l'aviez regardé, vous auriez sûrement observé comme il arrive sur la plage, va se baigner, l'eau jusqu'au cou, le nez bien droit, dort un peu au soleil, se lèche les pattes. Et puis, comme il s'en va, pondéré, en marchant uniquement sur les galets plats pour ne pas se blesser les pattes, suffisamment loin des enfants pour qu'ils ne lui crèvent pas un œil avec leurs pelles et leurs râteaux. Hein ? Tout ça sans jamais changer d'habits. »

« Écoutez — » déclara la jeune femme ; « vous, vous m'avez l'air bien jeune. »

Soudain rhabillée, les cheveux secs, une cigarette du Maurier allumée au coin des lèvres, elle jeta deux ou trois reflets noirs de ses lunettes, appela son chien et monta vers la route.

C. « Tu te souviens de la fois, dans la montagne ? »
questionna Adam. La jeune fille sourit, d'un sourire
qui était certainement sur la lancée d'une autre
conversation. Il dut répéter, plutôt sérieusement, la
voix plus forte, plus balancée, avec des mots plus
sûrs où n'était pas étranger le désir gamin de
choquer.

« Voyons, Michèle, tu te souviens ? »

De la tête, elle fit signe que non ; c'était impor-
tun, déjà.

« Au fond, dit-il, toutes les filles ont une histoire
dans ce goût-là à raconter à leur mère. Quand elles
racontent ça, elles disent, la fois où j'ai été violée.
Toi aussi. »

« On ne pourrait pas parler d'autre chose ? »
répondit Michèle, mais Adam n'en tint aucun
compte ; il continua à raconter son histoire, pour les
autres, parodiant à bon marché des souvenirs
troubles.

« Alors, tu te souviens, aussi, nous étions partis
tous les deux sur la moto. Je t'avais conduite
d'abord dans deux cafés, parce qu'on était en plein

hiver, hein, et que c'était bien près du gel. Il ne devait pas faire plus d'1 ou 2, peut-être même zéro. On avait pris des cafés noirs, des grands cafés noirs. Ou plutôt, je t'avais regardée les boire ; tu avais une drôle de façon de boire les cafés noirs, une façon sympathique ; oui, en ce temps-là. Tu prenais la tasse de la main gauche, comme ceci, tu mettais la main droite sous ton menton, comme une soucoupe, et tu allongeais la lèvre d'en haut. Tu la trempais délicatement dans le café, et avant de commencer à boire, rappelle-toi, tu relevais un peu la tête, de sorte qu'on voyait l'ombre en demi-cercle que laissait le café sur tes lèvres. »

Le garçon apporta les consommations ; Michèle tendit le bras, choisit le bock de bière et avala plusieurs gorgées sans respirer. Puis, elle reposa le verre d'un geste sec du poignet. La mousse s'amincit sur les parois, élargissant lentement les vides entre les traînées de bulles. Le liquide jaune, à peine transparent, était parcouru du haut en bas par des fumerolles effervescentes ; il avait, entre autres, un aspect aussi riche et aussi viril que la mer. Une partie, environ un quart, était maintenant tassée au creux de l'estomac de Michèle, comme une pierre liquide, un peu de pétrole, un rien de brillantine. Quant aux autres trois quarts, qui attendaient dans le verre, on aurait dit un bocal vide, à midi, sur le guéridon Empire d'un salon, dont les poissons rouges seraient morts.

Ou bien même un de ces aquariums, derrière la vitrine d'un grand restaurant, où les gourmets sérieux viennent se faire crocher, à coups d'épuisette, la carpe grasse qui laissera son trou d'eau, entre la lampe témoin, l'insufflateur d'oxygène et les fausses algues, abandonnant sa cloison d'émeraude pour un monde de torture, de beurre, de persil dans les yeux & de tomate dans la bouche.

« Après les cafés, on a continué tous les deux sur la moto, en suivant la grand-route. Après, j'ai pris le petit sentier, au milieu de la campagne, et la nuit est tombée, et il s'est mis à crachiner un peu. C'est bon de se souvenir des choses aussi bien. Je te jure. Est-ce que ça a l'air vrai, au moins ? Tu ne veux pas me le dire ? Tu ne veux pas raconter un peu, à ton tour ? Dis-moi seulement : et alors ? et après ? parce qu'il y a qu'une façon de raconter ce genre de trucs, c'est le style sentimental — tu vois ce que je veux dire, ça donne confiance, et par suite ça donne un petit air de vérité. Ça me plaît.

« Tu sais ce que tu as dit ? Tu as dit, tel que, « ce n'est pas la peine. » Ce n'est pas la peine ! Pas la peine de quoi ? Le plus fort, c'est que j'ai compris, et que j'ai continué quand même. Jusqu'à ce qu'on arrive à une grande flaque de boue qui barrait le chemin. D'ailleurs, non — après tout, je n'avais pas compris, quand tu avais dit, « ce n'est pas la peine. » Je crois que je faisais tout sans savoir, n'importe comment. J'ai poussé la moto contre un arbre, et on a marché dans l'herbe mouillée ; l'herbe était mouillée. Tu as dit que tu avais froid, ou quelque chose, alors, moi, je t'ai dit qu'on devrait attendre sous un arbre que la pluie cesse. On a trouvé un grand pin en forme de parapluie, et on s'est placés le dos contre le tronc, chacun d'un

41

côté. C'est là qu'on s'est tachés de résine sur les épaules. Il y avait un joli tapis d'aiguilles et d'herbes tout autour. C'est vrai. La pluie est tombée plus fort, tout à coup, alors j'ai tourné autour du tronc, et j'ai mis une main sur ta nuque et je t'ai couchée par terre. Les gouttes de pluie, je ne sais pas si tu te rappelles, passaient à travers le feuillage, se réunissaient par deux ou trois, et tombaient sur nous grosses comme la main. Oui, j'ai déchiré tes vêtements, parce que tu commençais à avoir peur et à crier ; je t'ai giflée, pas très fort, deux fois en pleine figure. Je me rappelle que tu avais une fermeture éclair ridiculement dure ; elle n'en finissait pas de se coincer ; j'ai pu la déchirer, à la longue, en tirant dessus de toutes mes forces. Attends, après, tu as continué à te débattre, mais pas trop. Je pense que tu devais avoir une trouille de tous les diables, de moi, ou de la suite. Du moins je pense. Hein, et quand tu as été nue, je t'ai fixée sur le sol, les pieds contre le tronc de l'arbre, la tête en plein sous la pluie, et j'ai tenu tes poignets dans mes mains et tes genoux dans mes jambes. Et en principe je t'ai violée comme ça, facilement, tu vois, trempée de pluie comme dans une baignoire ; en écoutant quand même, si ça ne te fait rien, tes cris de rage, les petits bruits de l'orage, et les coups de fusil des chasseurs qui battaient les taillis dans la colline d'en face. J'ai dit en principe. Parce qu'en fait ç'a été raté. Mais après tout ce n'est peut-être pas tellement important pour moi. Du moment que j'avais réussi à te mettre nue. En tout cas — pour en faire une belle histoire, littéraire et tout, disons que

42

je t'ai vue peu à peu te couvrir de cheveux mouillés, de terre, de ronces et d'aiguilles de pin, et que j'ai vu ta bouche, ouverte, occupée à respirer et à reprendre haleine, où l'eau imbibée d'argile coulait, issue d'une source imperceptible, quelque part à la racine de tes cheveux. Sincèrement, à la fin, tu as ressemblé à un jardin ; tu t'es dégagée, et tu t'es assise le dos contre l'arbre. Tu comprends, pour moi, tu n'étais plus qu'un tas de terre rosâtre, emmêlée d'herbes et de gouttes d'eau. Avec, par-ci, par-là, un reste de femme ; peut-être du fait que tu attendais. Ça a duré quand même un moment — je serais incapable de préciser combien de minutes exactement, dix, vingt — moins d'une heure en tout cas —, à ne rien faire. C'était absolument ridicule si on pense qu'il faisait un froid de glace, zéro degré au-dessus de zéro, en fait. Quand on a — ou, plutôt, non, on s'est rhabillés, tous les deux, sans se regarder, toi d'un côté du tronc, et moi de l'autre. Et comme tes vêtements étaient déchirés, je t'ai prêté mon imperméable. Il pleuvait toujours aussi fort, mais on en avait assez d'attendre, on est remontés sur la moto et on est partis. Je t'ai laissée devant un café, et sans que tu me le demandes ou rien, je t'ai fait cadeau de mon imperméable. Tu n'avais pas trop bonne mine là-dedans, pas vrai ? Je ne sais pas ce que tu as raconté à ton père, si tu as porté plainte à la police, mais — »

J'ai été à la police, oui » dit Michèle. C'était assez incroyable.

« Tu savais ce que tu faisais ? — je veux dire, tu savais ce que ça pouvait entraîner ? »

43

« Oui. »

« Et alors ? »

Adam répéta une deuxième fois :

« Et alors ? »

« Alors, rien... »

« Comment, rien ? Qu'est-ce qu'ils ont dit ? »

Michèle secoua la tête.

« Ils n'ont rien dit. Je ne te le dirai pas, voilà. »

« Je n'ai rien vu dans les journaux, que je sache. »

« Ils ont autre chose à raconter, les journaux ? Non ? »

« Alors, pourquoi es-tu allée à la police ? ».

« Je pensais — je ne sais plus, je pensais que tu méritais une leçon. »

« Et maintenant ? »

Michèle eut un geste parabolique de la main, une dénégation, sans doute.

Adam feignit de ne pas s'en contenter.

« Maintenant ? »

Elle cria un peu :

« Maintenant, c'est fini, qu'est-ce que ça peut foutre ? »

Adam s'irrita à son tour ; il donna l'explication :

« Tu me demandes ce que ça peut foutre, hein, quand en plus on est un déserteur ? Tu ne sais pas qu'avec une plainte de ce genre on peut me mettre en taule ? Tu es vraiment folle, ou quoi, Michèle ! Tu ne vois pas, tu ne vois pas que Adam Pollo, déserteur, est à la merci de la moindre petite dénonciation, et que demain — qu'est-ce que je dis, dans une heure, une minute, il peut venir deux

44

types en uniforme, qui m'enverront des coups de poing et des coups de pied, me passeront la camisole de force, les menottes et tout le bataclan, et n'auront de cesse qu'ils m'aient bouclé dans la geôle la plus noire d'une caserne de zouaves, sans pain, sans feu, sans femme, sans rien et moins encore ? »

Michèle hésita très vite, puis se décida à rompre la première le jeu :

« Ça suffit comme ça, Adam, tu commences à me fatiguer pour de bon. »

Il continua pourtant :

« Michèle, je ne te comprends pas ! Serait-ce que tu soutiens cette version de la vie où l'on fait toujours semblant de ne pas croire ? D'après toi, je mérite la peine capitale ou non ? Réponds ! »

« Adam, je t'en prie, j'ai vraiment mal à la tête, je — »

« Réponds d'abord. »

« Tais-toi. »

« Alors ? Est-ce que je mérite la peine capitale ? »

« Oui, bon, tu es content ? »

Adam décida de ne plus rien dire ; Michèle, de son côté, sortit un miroir de son sac à main, et se lissa les sourcils du bout des doigts. Des gens qui passaient sur le trottoir la regardaient furtivement. Elle, avait, entre mille, l'air de ne pas être du tout unique. Adam, sans recours devant son obstination, la laissa se peigner les cheveux, se remettre du rouge et du fard ; enfin, il n'eut plus qu'à boire son café, presque froid.

Plus tard, ils jouèrent un moment au-dessus de la

45

table, à déplacer de quelques millimètres les objets qui s'y trouvaient; ils attaquèrent et contre-attaquèrent à tour de rôle en déplaçant sous-verres, tasse, soucoupe, cuiller, fils de laine, moucheron mort, petit carré de papier de l'addition, cendrier blanc, allumette, lunettes de soleil, mégot de gauloise-maïs, tache de café (élargie vers la droite), etc.

Finalement, Adam gagna, en avançant d'un quart de millimètre une grosse poussière floconneuse qui était tombée du chandail de la jeune fille. Ils se levèrent tout de suite après, ensemble, et sortirent du café. Le garçon les appela quand ils passèrent devant le comptoir; seul Adam se retourna. Il paya avec des pièces de monnaie, se regarda une seconde dans la glace qui couvrait le mur, et gagna la rue.

Ils marchèrent l'un à côté de l'autre, sans rien dire, les yeux devant eux; la rue descendait en pente douce vers la mer et ils guettaient la moindre échappée d'horizon qui apparaîtrait entre les cubes des villas. Quand ils atteignirent la promenade du bord de mer, ils hésitèrent, faillirent continuer chacun de son côté; puis Adam suivit Michèle. Ils s'assirent un peu plus loin, sur un banc dont le dossier avait été arraché, trois mois auparavant, par un accident automobile : un camion six-tonnes avait fauché un Vélo Solex débouchant sur sa droite, et, perdant le contrôle de sa direction, s'était renversé sur le trottoir — d'où le banc mutilé et 2 morts.

« Je t'ai écrit » dit Adam. « Je t'ai écrit et je t'ai violée. Pourquoi n'as-tu rien fait, toi ? »

« Qu'est-ce que tu voulais que je fasse ? » répondit Michèle d'un ton fatigué.

« Je t'ai écrit, j'ai mis mon adresse. »

« Tu ne voulais pas que j'y réponde, quand même ! »

« Mais si ! Bon Dieu ! » il criait volontiers. « Mais si ! Ou alors, aller chercher les flics. »

« Je n'ai rien à en faire, des flics. »

« Tu as porté plainte, oui ou non ? »

« Je n'y peux rien... »

« Je n'y peux rien... » protesta-t-elle plusieurs fois.

Ils se promenèrent longtemps au bord de l'eau ; le vent soufflait par intermittences, tantôt froid, tantôt chaud. Personne ne passait sur leur trottoir. Il y avait d'un côté la mer, absolument plate, salie d'huile, le phare qui brillait sur la digue, et quelques réverbères dont les reflets verticaux semblaient avancer. De l'autre côté, la masse de la terre ferme, couverte systématiquement de ville, de poteaux, d'arbres, bombée à l'excès, comme si on l'avait regardée la tête à l'envers. Dans l'esprit d'Adam, dit-on, le paysage se renversait comme vu dans un miroir convexe. Ça faisait qu'il se sentait en équilibre, sur la pointe des pieds, perché tout en haut des continents, tenant sous ses semelles une terre ronde comme une mappemonde, imitant la posture de Marie, et inversant le travail d'Atlas ; semblable à l'époque (douze-treize ans) où de toute la force de son poids, il obligeait la sphère de caoutchouc à demeurer plongée sous la mer, dilatée par la pression, et remontant vaguement par petites glissades le long de ses mollets.

Ils échangèrent encore quelques mots en marchant.

« Pourquoi tu n'y peux rien ? »

« Parce que. Parce que je ne sais pas. »

« Tu sais quoi ? Tu manques de concentration. »

« Ah bon ? »

« Tu es trop véhémente, aussi. »

« C'est tout ? »

« Attends. Tu ne sais pas persuader. »

« Vraiment ? »

« Oui, vraiment. D'ailleurs, tu t'en fous. Parce que finalement, ça revient au même. Je crois tout autant à ce que je fais ; l'important, c'est de toujours parler de façon à être écrit ; comme ça, on sent qu'on n'est pas libre. On n'est pas libre de parler comme si on était soi. Et voilà, on se confond mieux. On n'est plus seul. On existe avec le facteur 2, ou 3, ou 4, et plus avec ce satané facteur 1. Tu comprends ? »

« Je comprends. J'ai mal à la tête » dit Michèle.

Elle attendit un peu encore, qu'il réponde quelque chose ; quand elle sentit qu'il se tairait, maintenant, pour longtemps, elle l'embrassa, lui dit au revoir, et retourna vers le centre de la ville. Elle marcha à grands pas, serrée dans son imperméable d'homme, les cheveux collés par la pluie, une tache de cambouis maculant sa cheville gauche, le regard buté aux choses, quasi vicieux.

D. C'était à se demander si ce n'était pas devenu chez lui une habitude que de poser les faux problèmes. Il s'y prit à quatre ou cinq fois avant de se décider ; questionnant par-ci, par-là, se référant à de vieilles cartes postales reçues les veilles de fête, à des calendriers usagés ou en retard d'un mois, voire aux recommandations des grands-parents. Quelques personnes lui offraient l'apéritif, un petit verre de cinzano sur le pouce ; c'était bien gentil, mais il avait son idée derrière la tête. Il refusa les invitations et s'installa au fond du bar, le dos contre le mur. Il insistait sur le fait qu'il devait être maintenant le plus âgé de tous, quelque chose comme vingt-huit-trente ans, environ. C'était bien l'âge, s'il y en a un, où l'on doit tout comprendre à demi-mot et être capable d'action, surtout quand il s'agit de résolutions de ce genre.

28 août, pleine chaleur, plein été ; 19 heures 30 minutes : il regarda droit devant lui, au-delà des habitués du bar qui bougeaient au premier plan, et constata qu'il faisait nuit. Il avait choisi méticuleu-

sement le bar, parmi ceux que fréquentait Michèle. Il attendait devant son verre d'orangeade en essayant de se souvenir.

Trois marins américains entrèrent dans le bar, probablement ivres, en chantant des chansons américaines. Adam les observa en train de s'accouder au comptoir, tout près du tiroir-caisse. L'un d'eux se sépara des autres et passa à côté de la table d'Adam. Il poussa une pièce de monnaie dans la fente du juke-box, se pencha sur l'écran pour lire les titres, puis soudain comprit que c'était inutile, que toutes les chansons de la boîte à sous devaient être américaines ; il pressa deux boutons au hasard, se recula un peu, détachant difficilement son œil de la tache de lumière ronde qui illuminait le disque. Il s'en alla quand même, trouva la porte des W.C., et au moment où il quitta le bar, entendit les premiers mots de Red River Rock :

> « Hé ho Johnnie rockin'
> rock-a-goose by the river
> ho red river rock'n'roll »

Adam écouta la chanson jusqu'au bout, marquant le rythme de la main gauche sur le dessus de la table. Quand le disque fut fini, il paya, sortit du bar, le matelot américain ouvrit la porte des W.C., et rejoignit ses camarades.

Une heure plus tard, Adam les retrouva à l'intérieur d'un grill-room de la vieille ville. L'un d'eux le reconnut, Dieu sait pourquoi, et le retint par le bras ; il lui parla en anglais tout contre l'oreille.

Adam n'écouta pas : il lui donna une cigarette, l'alluma, et s'assit sur un tabouret, à côté de lui. Il commanda un sandwich au fromage et à la salade, puis se tourna vers le marin américain. Il ne pensait plus rien, il était presque mort. Le marin dit qu'il s'appelait John Beaujolais et qu'il venait de Montréal, Canada. Il lui demanda ensuite, comment vous vous appelez ?

« Puget-Théniers » dit Adam, et il mordit dans son sandwich.

« J'ai connu une fille française qui s'appelait Mireille », dit l'Américain ; il se tourna vers ses compagnons et leur raconta quelque chose, à voix basse ; ils éclatèrent tous de rire. Adam continua à manger, un moment ; il sentait une sorte d'ennui le gagner, comme s'il avait passé l'après-midi chez des martiens, à essayer plusieurs langages les uns après les autres.

« Vous êtes encore en guerre, vous ? » demandat-il à Beaujolais en montrant son uniforme avec une croûte de pain.

« Non, pas en guerre » dit Beaujolais, « mais le — le military service, hein ? Vous aussi, n'est-ce pas ? »

« Non, moi, je l'ai fini » dit Adam. Il s'arrêta de parler pour avaler une bouchée de pain et de salade. Il ajouta :

« J'aime les livres américains. J'ai bien aimé Wigglesworth, Child, et ce poète, Robinson Jeffers, qui a écrit Tamar. J'ai bien aimé Stuart Engstrand. Vous connaissez ? »

« Non » dit Beaujolais. « Moi je suis musicien —

51

en jazz. Saxo alto. J'ai joué avec Horace Parlan et Shelly Manne, l'autre année. Et Romeo Penque. Il joue de la flûte. Moi je connais bien John Eardley. Il est fort. Il est fort. » Il frappa le comptoir de la phalange de l'index.

« Mais je devais partir — oui, partir, alors... »

« Oui, Stuart Engstrand » continua Adam. « Il n'est pas bien connu ici, et aux U.S.A., on le considère un peu comme un type qui écrit pour le peuple, non ? Mais moi je trouve que c'est bon ; il écrit des trucs simples. Il raconte des histoires simples. Des types qui ont envie de belles filles, et qui se marient avec elles. Et comme elles sont belles, ça ne marche pas très bien. Mais les types sont des durs, pas comme ici. Alors ils finissent toujours par avoir raison. »

« Les filles françaises sont belles, hein ? » dit l'Américain. « J'aimerais bien — en marier une. »

« Oui » dit Adam ; « moi aussi... »

« Écoutez », dit l'Américain, « vous voulez savoir comment était Mireille ? Elle était comme ça ; comme ça ! l'été, elle mettait des petits chapeaux de paille, comment appelez-vous ça ? Elle avait un chien blanc. Il est mort, depuis, je crois. Moi, je voulais qu'elle vienne avec moi, après, aux States. Oui. Je lui ai dit, viens, et elle a dit, non. J'aurais bien aimé, pourtant. »

Le marin regarda un instant Adam, fixement. Puis, il dit :

« Vous voulez boire un verre ? »

« Non », dit Adam. Il tourna lentement sur son tabouret, et posa ses deux coudes sur le rebord du

comptoir ; il appuya le milieu de la colonne vertébrale contre l'angle de la plaque de métal ; il
regarda les trois uniformes qui bougeaient à sa
gauche. La paix, faite ainsi de conversations entre
étrangers, de pourboires et de bouts de soirées
connectés sans rime ni raison, pouvait facilement se
métamorphoser en hostilités, en pain rassis, en
petits morceaux de terreur dans la nuit, et puis, tout
à coup, en guerre, en langage secret, mots de passe,
plus de pain, et, chronique des explosions, des
coups de feu, du sang, des fumées noires. Il devinait
des guerres sur tous les points du globe ; il y avait
dans son cerveau, une part bizarre, qui empiétait
sur les autres, un emplacement de jungle : une
drôle de nature, en vérité, une végétation de fils de
fer barbelés, des espèces de lianes, dures et roides,
avec, à la place des feuilles, un léger nœud aigu tous
les douze centimètres.

Mais l'important était de savoir ce qu'on fait, une
fois la guerre finie. On peut se mettre dans les
affaires, être professeur, ou bien écrire des romans,
pour toute sa vie, qui parleront de l'armée. A la
rigueur, on peut être musicien de jazz, comme John
Beaujolais de Montréal, Canada. Ou rempiler,
reprendre le sac à dos, et fuir dans le djebel, une
grosse mitraillette dans les mains ; les terrains
vagues, les pylônes, les garrigues de 6 heures du
matin, avec de la brume lourdaude qui s'accroche
aux méplats du sol, et cache à demi, juste ce qu'il
faut, pour l'hécatombe, les vols de canards. Mais
est-ce qu'on peut, après ça, en sortant de l'armée,
monter en haut d'une colline, habiter tout seul une

grande maison abandonnée, mettre face à face deux chaises longues, et transpirer au soleil, pendant des journées entières, presque nu & quelquefois nu ?

Croire qu'on n'a pas besoin de gagner de l'argent pour rester en vie, mais qu'on a besoin de se défendre contre tous ceux (et ils ne manquent pas) qui voudraient bien vous assassiner.

Adam essayait de se souvenir de quelque chose qui le rattacherait aux dix années d'avant ; une phrase, un tic militaire, un nom de lieu qui lui indiqueraient à coup sûr quel avait été son emploi du temps, et, enfin, enfin, plus tard, d'où il arrivait.

Un soldat français entra dans le grill-room ; il était vêtu en chasseur alpin, et semblait chercher quelqu'un ; il avait cet air connu, plein de vie et de force, des gens qui passent outre quant aux détails anodins de l'existence. Adam se sentit irrésistible-ment attiré vers lui ; il ne put s'empêcher de se lever, de marcher vers lui et de l'aborder automati-quement ; au même instant, il eut une suée dans la région pectorale.

« Vous êtes soldat, vous ? » demanda-t-il.

« Oui. Pourquoi ? » dit le soldat.

« Quelle compagnie ? »

« 22e chasseur alpin. »

« Msila, vous connaissez ? » demanda Adam.

L'autre le regarda, surpris.

« Non... Qu'est-ce que c'est ? »

« Un bled, en Algérie. »

« Je ne suis pas allé là-bas » dit l'autre. « D'ail-leurs... »

« Attendez ! » continua Adam. « Je cherche —

vous comprenez, j'ai des connaissances cartographiques. C'est près de Bordj-Bou-Arréridj. »

« C'est possible » dit le soldat. « Mais excusez-moi, je n'ai pas le temps. J'attends une femme ici... »

Il fit mine d'aller s'asseoir à une table ; Adam le suivit. Il insistait :

« Msila, dans le Bibane ? Aux contreforts des montagnes de l'Hodna — La ville la plus proche, c'est Sétif. Vous devez en avoir entendu parler, de Sétif ? »

« Mais puisque je vous dis » trancha l'homme, « que je n'ai jamais mis les pieds dans votre foutu secteur... »

« Vous avez fait combien de mois ? »

« Trois ! » cria-t-il « Trois, et je — »

« Alors, c'est possible » dit Adam ; « c'est possible que je n'aie pas été là. Vous comprenez, je cherche à me rappeler — enfin, qu'importe ? Je finirai bien par le savoir un jour. Vous ne voulez pas prendre un verre, en attendant votre bonne femme ? »

« Non, merci, je n'ai pas soif » dit le soldat. Il ajouta : « Salut » et marcha rapidement vers une table libre. Quand Adam regagna son tabouret, il vit que les trois marins américains étaient partis. Il alluma une cigarette et voulut en finir, mentalement. Mais sa pensée était sans cesse distraite par des tas de petits événements, qu'il avait à peine remarqués jusque-là, qui devenaient géants, s'accrochaient à sa structure sensible comme de la limaille de fer à un aimant, accumulaient gêne sur gêne.

Une belle fille aux cheveux blond-roux entra dans le grill-room, et, très droite, mais avec un roulement des hanches un peu ridicule, alla jusqu'à la table du soldat français. L'homme rougit, se leva, tendit un siège à la jeune fille en maculant de cendres sèches le rebord de sa vareuse kaki, à cause d'une cigarette qu'il avait oubliée sur la table, et qui roula en sursautant, jusqu'à l'angle opposé, d'où elle tomba sur le plancher, toute seule, sans produire le moindre bruit de son impact ; la cigarette qu'Adam, pour imiter, poussa sur le comptoir de duralumin jusqu'à son point de chute, fit un fracas au moins mille fois plus fort.

Adam se tassa alors sur son tabouret ; encerclé par une vieillesse étrange, il reprenait doucement sa place au soleil, dans la ville déserte, en haut de la colline, sans intérêt pour la campagne, la ville, la mer, sans intérêt pour les avions qui passent au bout de l'horizon, tantôt bruyants, tantôt silencieux, sans intérêt pour les voyages au long cours, ni pour les livres beaux et réalistes que les gens écrivent quelquefois, après le service militaire, et dans lesquels ils consignent scrupuleusement, qu'un certain jour d'un certain mois de juin, on leur donna à passer les latrines à la Javel, immédiatement après leur avoir fait éplucher vingt kilos de pommes de terre ; et sans intérêt pour tous ceux qui ne savent pas mourir d'amour pour une épeire diadème, pour les alanguissements de la nature, qui ne savent pas presque pleurer pour le déchirement sonore d'une goutte d'eau tombant d'un siphon de lavabo. Ceux qui ne veulent pas vivre dans le sein de la terre, dans le sein tout chaud, dans le sein tout plein de senteurs de bruissements et de halos de la terre ; de notre terre microbienne.

Pas à pas, il prenait sa position de repli, devant la fenêtre ouverte, tapi sur le sol entre les deux chaises longues vides, et il s'apercevait qu'il ne comprenait rien. Il n'y avait rien, dans la composition même de ces choses horribles, qui lui indiquât de façon certaine s'il sortait de l'asile ou de l'armée.

E. Michèle eut un mal fou à trouver la maison d'Adam. L'autobus la déposa sur la route, au niveau du premier tournant après la plage. Elle regarda autour d'elle, les villas, les jardins, les collines qui se succédaient l'une à l'autre, s'enchaînant par courbes molles où la végétation était plus touffue qu'ailleurs, tout ça sans rien reconnaître qui pût l'orienter. Elle marcha lentement sur le remblai, posant ses sandales sur le revêtement de gravillons, on pouvait la supposer occupée à faire plier sa chaussure jusqu'à ce point précis, vers 30° d'inclinaison, où le cou du pied tend à l'extrême les lanières de cuir, et les fait grincer, une seule fois, avec un craquement sec qui délimite le rythme de la marche.

De la poche de sa veste, style anglais, elle tira un schéma qu'Adam avait tracé, un jour, au café, sur le dos d'un dessous de verre. Le morceau de carton était imprimé des deux côtés, avec quelque chose du genre de,

« *Dégustez Slavia, c'est autre chose... et à votre santé !* »

mais elle ne regarda pas cela ; elle étudia le plan brouillonné au crayon par-dessus les mots de réclame ; une ligne courbe représentait la baie, après le Port. Deux traits parallèles dessinaient la route, la route où elle se trouvait. Autour de la route, et en dessous du S de Slavia, il y avait plusieurs petits ronds, ou carrés, hâtivement formés, et Michèle se rappela le commentaire d'Adam :

« Là, il y a quelques baraques, un peu partout, sur toute la colline. Je ne te les mets pas toutes, parce qu'il y en a tellement que j'y passerai la sainte journée. Je te dis ça pour que tu ne croies pas que j'ai sous-estimé le paysage — Tiens, je te l'écris, là : baraques. »

Plus loin, deux autres lignes parallèles, mais plus serrées, tournoyaient entre les ronds et les triangles ; c'était le sentier. A gauche et à droite du sentier, le carton avait été très légèrement hachuré, et on avait écrit sur les hachures un mot ; l'usure l'avait rendu illisible. En remontant le sentier, et sur la gauche, il y avait un carré, parfait celui-là, visiblement dessiné avec application, et beaucoup plus grand que les autres. Il portait en son centre un épiphénomène : une sorte de croix de Saint-André. C'était là qu'habitait Adam, le petit point insignifiant du monde, celui qui fait qu'on le coche, qu'on le marque pour toujours quelque part, comme on gribouille un dessin obscène dans les portes des water, pour qu'il y ait au moins une fois un centre de gravité à tous les water de la terre.

Arrivée en haut des lignes parallèles du sentier, Michèle regarda sur sa gauche. Mais à cause des bourrelets du sud, des maisons et des arbustes, il lui fut impossible d'apercevoir le rectangle désigné par la croix. Elle dut partir à l'aventure, à travers l'embrouillamini des ronces, au risque de déboucher trop haut, ou trop bas, de violer une propriété privée. Au-dessous d'elle, la mer étalait un volume sphérique, piqué çà et là de voiles blanches. La réverbération du soleil se balançait comme un lustre de cristal, et les vagues restaient sur place, pareilles à des sillons. Le ciel était deux fois trop grand, et la terre, par endroits, particulièrement aux alentours de la ligne de montagnes qui barrait la route à l'horizon maritime, était mal agencée ; les couleurs étaient criardes et les volumes souvent ajoutés les uns aux autres dans un drôle de mépris des notions les plus élémentaires de l'équilibre et de la perspective ; on sentait que le paysage ne manquait pas une occasion, un coucher de soleil rose, une éclipse violacée, pour ne parler que de celles-là, d'être mélo à bon marché.

Michèle débouchait sans arrêt sur des sortes de clairières ou dénivellations, des cratères en forme de trous d'obus, où vivaient des couleuvres et des fourmis-lions, quand ce n'était pas sur des massifs de plantes piquantes. Plus loin, elle vit la maison d'Adam ; elle se rendit compte qu'elle avait dû se tromper dans son interprétation du schéma, car elle avait abouti bien au-dessous du point indiqué.

Elle recommença à monter à travers la colline, sa chemise trempée de sueur, l'agrafe du soutien-gorge de son maillot à carreaux incrustée dans la peau de son dos par le tiraillement des épaules qu'elle penchait en avant. Cette fois, le soleil était derrière, projetait son ombre exactement dans le sens de la marche, et peignait en blafard la façade de la maison.

Adam, de la fenêtre, la vit arriver ; il se ramassa un moment, indécis, cherchant à deviner qui était l'intrus ; à moins de cinquante mètres, il reconnut Michèle. Rassuré, il quitta son poste d'observation et se rassit dans la chaise longue. Une voix enrouée de chaleur ou de fatigue le héla par son prénom.

« Adam ! Hé-oh, Adam ! »

L'appel était, dans cette portion de terre aride, tellement déplaisant, que, de peur qu'il ne se renouvelle, il sortit par la fenêtre et se campa sur le bord d'une plate-bande. Il écrasa sans s'en apercevoir deux fourmis rouge et noir, dont l'une portait une dépouille de bousier. Il attendit que Michèle ne fût plus distante que de quelques mètres, pour dire, avec un naturel parfaitement imité :

« C'est toi, Michèle ? Viens. »

Il l'aida par la main à franchir les dernières mottes de terre ; il la regarda s'arrêter, le souffle court, le visage luisant, les vêtements collés à la peau par l'humidité.

« Tu m'as fait peur », dit-il, « je me suis demandé un moment qui ça pouvait être. »

« Quoi ? Qui voulais-tu que ce soit ? » Michèle haletait.

« Je ne sais pas — on ne sait jamais... »

Il regarda son ventre nu, l'air préoccupé.

« J'ai reçu un sacré coup de soleil, là, autour du nombril », dit-il.

« Pourquoi — pourquoi faut-il que tu parles toujours de ton nombril, de ton nez, de tes mains ou de tes oreilles ou de quelque chose de ce genre? » répondit Michèle. Il ne fit aucun cas de la remarque.

« Je devrais me rhabiller », grogna-t-il. « Touche là un peu — non, pas là, sur mon ventre. »

Elle toucha sa peau et agita la main, comme si elle s'était brûlée.

« Va te rhabiller, alors. »

Adam acquiesça et rentra dans la villa, de la même façon dont il en était sorti ; Michèle le suivit, mais, dans un sens, il ne s'en soucia pas. Après avoir enfilé sa chemise, il alluma une cigarette et se retourna vers la jeune fille. Il vit qu'elle portait un paquet dans la main gauche.

« Tu m'as amené quelque chose? » s'enquit-il.

« Oui, je t'ai apporté des journaux. »

Elle ouvrit le paquet sur le plancher et étala les journaux.

« Il y a une douzaine de quotidiens, un *Match* et une revue de cinéma. »

« Une revue? Quelle revue? Montre... »

Elle lui tendit la revue. Adam feuilleta quelques pages, les renifla, près de la reliure, et jeta la revue par terre.

« Intéressant? »

« J'ai pris ce que j'ai pu trouver. »

« Ah oui », dit-il ; « Quelque chose à manger? »

Michèle secoua la tête.

« Non — mais tu m'avais dit que tu n'avais besoin de rien. »

« Je sais », dit Adam. « Et de l'argent ? Tu peux me prêter de l'argent ? »

« Pas plus de mille balles », dit Michèle. « Tu les veux maintenant ? »

« Si possible, oui. »

Michèle lui tendit un billet ; il la remercia, et fourra l'argent dans la poche de son pantalon. Puis il tira une des chaises longues dans la zone d'ombre et s'assit.

« Tu veux boire quelque chose ? Il me reste deux bouteilles et demie de bière. »

Elle accepta ; Adam alla chercher les bouteilles, prit un canif près du tas de couvertures et fit sauter la capsule d'une bouteille. Il la tendit à Michèle.

« Non, donne-moi plutôt la moitié qui te reste, ça me suffira. »

Ils burent au goulot sans s'interrompre, le temps de plusieurs bonnes gorgées. Adam reposa le premier sa bouteille, s'essuya la bouche et parla, comme s'il continuait à raconter une vieille histoire :

« A part ça, quelles nouvelles ? » demanda-t-il ; « Je veux dire, quelles nouvelles à la radio, à la télé, etc. ? »

« Les mêmes que dans les journaux, tu sais, Adam... »

Il insista, les sourcils froncés.

« Bon, alors, disons autrement : quelles nouvelles en dehors de celles qui sont dans les journaux ? Je ne sais pas, moi, mais quand on vit au milieu des autres, comme tu fais, ce n'est pas pareil ? Il y a certainement des choses que les journaux, ou la radio, ne mentionnent pas, et que tout le monde sait ? Non ? »

Michèle réfléchit.

« Mais ce ne sont pas des nouvelles, alors. Sans ça elles seraient dans les journaux. Ce sont les opinions des gens, plutôt — »

« Appelle ça comme tu veux, les opinions des gens, les bruits qui courent — Qu'est-ce qu'on raconte ? Est-ce qu'il y aura, du moins, est-ce, qu'ils pensent qu'il y aura une guerre atomique, bientôt ? »

« Atomique ? »

« Atomique, oui. »

La jeune fille haussa les épaules :

« Je n'en sais rien, est-ce que je sais, moi ? Non je ne crois pas qu'ils pensent ça — Je ne pense pas qu'ils croient qu'il y aura une guerre atomique — A vrai dire, je crois qu'ils s'en foutent. »

« Ils s'en foutent, eh ? »

« Peut-être, oui... »

Adam ricana.

« O.K., O.K. », dit-il avec un soupçon d'amertume absolument pas justifiable, « ils s'en foutent. Moi aussi. La guerre est finie. Ce n'est pas moi qui l'ai finie, ni toi, mais ça ne fait rien. On en sort. Tu as raison. Seulement, un jour, c'est à désespérer, on voit venir de toutes parts de drôles d'animaux en fonte, peints en kaki, couleur de camouflage, des vrais tanks, qui foncent dans la ville. On voit des petites taches noirâtres qui déteignent sur tout le pays. On se réveille, on tire les rideaux, et ils sont là, en bas dans les rues ; ils vont et viennent, on se demande pourquoi, ils ressemblent beaucoup à des fourmis, c'est à s'y tromper. Ils ont des espèces de tuyaux d'arrosage qu'ils traînent partout avec eux, et, plouf ! plouf ! avec un bruit très doux, ils envoient des jets de napalm sur les immeubles. Où est-ce que j'ai bien pu voir ça ? La langue de flamme qui sort du tuyau — elle continue toute seule dans l'air, un peu arquée, et puis elle s'allonge, s'allonge, elle entre à l'intérieur d'une fenêtre, et brusquement, sans que ça ait l'air de rien, voilà la maison qui brûle, qui éclate, comme un volcan, les murs qui s'écroulent, d'un seul bloc, ralentis par l'atmosphère chauffée à blanc, avec de gros ronds de fumée charbonneuse et le feu qui déboule de toutes parts comme si c'était la mer. Et les canons, et les bazookas, les balles dum-dum, les mortiers, les grenades, etc. et la bombe qui tombe sur le port quand j'ai huit ans et que je tremble et que l'air tremble et que toute la terre tremble et se balance devant le ciel noir ? Le canon, quand ça part, demande-moi, ça sursaute en arrière, avec un joli mouvement souple, tout à fait comme une crevette, si on avance la main vers elle, les gros doigts boudinés et rougeauds parce que l'eau est froide. Oui, le canon quand ça part ça a un joli mouvement de machine huilée, un joli tic mécanique. Ça grogne, ça saute en arrière comme un piston, et ça fait de beaux trous trois cents mètres plus loin, des trous pas trop sales, qui font des mares, après, quand il pleut. Mais on s'habitue, hein, il n'y a rien à quoi on s'habitue mieux que la guerre. Ça n'existe pas, la guerre. Il y a des gens qui meurent tous les jours, et puis quoi ? La guerre, c'est tout ou rien. La guerre, elle est totale et permanente. Moi, Adam, j'y suis encore, finalement. Je ne veux pas en sortir. »

« Stop une seconde, Adam, veux-tu ? et d'abord, de quelle guerre tu parles ? »

Elle avait profité de ce qu'Adam parlait pour finir sa bouteille de bière, tranquillement ; elle aimait boire la bière sans se presser, à larges rasades longuement filtrées entre sa glotte et sa langue. Comptant presque les milliers de bulles gazeuses qui fuyaient dans sa bouche, fouillaient les moindres recoins et caries de ses dents, prenaient possession de tout son palais et remontaient jusqu'aux fosses nasales. Maintenant, elle avait fini, et comme ce que disait Adam ne l'intéressait pas, elle crut que c'était un bon moyen de l'arrêter. Elle répéta :

« Hein ? De quelle guerre tu parles ? De l'atomique ? Elle n'a pas encore eu lieu. De la guerre de 40 ? Tu ne l'as même pas faite, tu devais avoir douze ou treize ans à ce moment-là... »

C'est donc ça, se dit Adam ; c'est donc ça. L'atomique, elle n'a pas encore eu lieu. Et celle de 40, évidemment, je ne l'ai pas faite, je devais avoir douze ou treize ans à ce moment-là. Et même, à supposer que je l'aie faite, j'aurais été bien trop jeune pour m'en souvenir actuellement. Il n'y avait pas eu de guerres depuis, sans quoi elles auraient été mentionnées dans les manuels d'Histoire

66

Contemporaine. Or, Adam le savait pour les avoir lus, relativement récemment, on ne signalait nulle part de guerre depuis celle contre Hitler.

Perplexe, il se tut ; il écouta, et soudain, par hasard, il se rendit compte que tout l'univers respirait la paix. Il y avait ici comme ailleurs, sans doute, un merveilleux silence. Comme si chacun revenait d'une plongée sous la mer, et perçait la surface d'incidence des flots, portant au fond des oreilles, contre les tympans, deux boules de liquide tiède, sources de palpitations à peine rythmées, qui appuyaient sur le cerveau un no man's land de chuintements, de ramages, de sifflements bienveillants, de *la*, de clapotements de cascades où les pires fureurs, les plus horribles extases, rendent un son de rivières et d'algues.

Ils passèrent le reste de la journée à l'écoute de cette paix, de ce peu de bruits qui venaient du dehors, ou des minuscules déplacements d'objets à l'intérieur de la maison. De toute façon, ce n'était pas un silence absolu ; il avait parlé de chuintements et de sifflements ; à cela, il fallait ajouter d'autres sons, des grincements, des froissements de couches d'air, le frôlement des poussières tombant sur des surfaces planes, amplifiés 1 500 fois.

Au besoin, ils se tassèrent tous deux dans un coin, dans la pièce du premier étage, et ils firent l'amour mentalement, en pensant tout le temps :

« Nous sommes des araignées ou des limaces. »
Et bien d'autres enfantillages semblables.

Vers le soir, ils atteignirent une sorte d'imperfection d'eux-mêmes, comme si tout ce qu'ils faisaient était raté, jusqu'à leurs moindres gestes, petits souffles, et qu'ils n'étaient plus que des moitiés de personnages. Dans cette salle de l'étage, exactement au-dessus de la chambre où vivait Adam, il y avait un grand billard couvert d'un tapis usé. C'est là-dessus qu'ils s'étaient allongés, côte à côte, les yeux fixés sur le plafond. Adam avait gardé sur sa figure un air d'ennui doublé de plaisir; sa main gauche traînait horizontalement sur le tapis du billard, la paume ouverte et tournée vers le ciel. Michèle alluma une cigarette, pour la satisfaction de faire tomber la cendre dans les trous du billard; elle regarda de côté, sans bouger la tête, le profil d'Adam; elle s'irrita quelques secondes de ce qu'il avait de délicat et de rassasié; elle dit qu'elle trouvait tout cela horrible, qu'elle avait l'impression d'attendre Dieu sait quoi, le train de Strasbourg, ou son tour chez le coiffeur.

Adam garda parfaitement sa pose, mais on sentit qu'il avait pensé, l'espace d'un instant, à bouger ses jambes, à lever les sourcils. Il parla sans remuer les lèvres et Michèle dut le faire recommencer.

« Je dis », reprit-il, « c'est ce qui me dégoûte chez les femmes. » Il ne cessa pas de détailler le plafond; il s'était aperçu en effet, qu'en visant bien au centre, et étant donné qu'il n'y avait aucune anfractuosité dans la peinture vert pâle uniformément étalée sur le plâtre, on n'était obnubilé par aucun relief; on ne voyait pas de murs, pas d'angles, et dès lors plus rien n'indiquait que la surface fût plane, en principe parallèle à l'horizon, caractérisée par une couleur vert pâle possédant au toucher une forme lisse, vaguement sablonneuse et en tout cas créée de main d'homme. En visant bien au centre, les yeux mi-clignés, on se trouvait tout d'un coup face à face avec une communication d'un ordre nouveau, qui faisait fi du relief, de la pesanteur, de la couleur, de la sensation tactile, de la distance, du temps, et qui vous enlevait toute envie génétique, atrophiait, mécanisait, était le premier jalon de l'anti-existence.

« C'est ça, qui me déplaît — Le besoin qu'elles ont d'exprimer toutes leurs sensations. Sans pudeur. Et presque toujours faux. Comme si, d'ailleurs, ça avait quelque importance pour les autres... »

Il ricana :

« On en est farcis, tous, de sensations ! Je crois que c'est quand même plus grave de penser qu'on a tous les mêmes. Mais non, les gens préfèrent raconter, et puis passer à l'analyse, et puis de là bâtir des raisonnements — qui n'ont qu'une valeur documentaire, et encore. »

Adam poussa à bout le raisonnement :

« Voilà comment on fait de la métaphysique avec des cafés-crème, ou dans le lit, avec une femme, ou devant un chien écrasé dans la rue, parce qu'il a des yeux jaillis des orbites et le ventre qui a crevé en laissant échapper un flot de boyaux avec une mousse de sang et de bile. »

Enfin, il se releva et s'appuya sur les coudes. Il voulut persuader Michèle :

« Tu as l'impression d'attendre quelque chose, hein ? Quelque chose de déplaisant, ou de plutôt déplaisant que dangereux ? — C'est ça ? Tu as l'impression d'attendre quelque chose de déplaisant. Eh bien. Écoute. Je vais te dire. Moi aussi. Moi aussi, j'ai l'impression d'attendre. Mais comprends-moi bien : moi, je n'en ferais pas de cas, de cette impression d'attente, si je n'étais pas certain qu'il va m'arriver — qu'il doit m'arriver, fatalement, un jour ou l'autre, ce quelque chose de déplaisant. Ce qui fait que maintenant, en fin de compte, je n'attends plus rien de déplaisant, mais quelque chose de *dangereux*. Tu comprend ? C'est uniquement une façon d'avoir les pieds sur terre. Si tu m'avais dit ce que tu ne m'as pas dit, par exemple, que tu as l'impression d'attendre quelque chose, et que tu sais, tu comprends, tu *sais* que ce doit être la mort, alors, là, O. K. Je te comprends. Parce qu'on finit toujours par avoir raison, un jour, d'attendre la mort. Mais tu comprends, n'est-ce pas, ce n'est pas l'impression désagréable que tu as qui compte, mais le fait qu'il ne se passe pas un moment sans qu'on attende, consciemment ou non, sa mort. C'est cela. Ça veut dire, tu sais quoi ? que dans un certain système de vie, qu'on met en application par le seul fait d'exister, tu laisses une part négative — qui ferme en quelque sorte parfaitement l'unité humaine. Ça me fait penser à Parménide. Tu sais la phrase où il dit, je crois, « Comment ce qui est pourrait-il bien devoir être ? Comment pourrait-il être né ? Car s'il est né, il n'est pas, et il n'est pas non plus s'il doit un jour venir à être. Ainsi la genèse est éteinte et hors d'enquête le périssement. » C'est ça qu'il faut dire. Il faut s'en douter.

Sinon, Michèle, pas la peine de pouvoir penser. Ça ne sert à rien, Michèle, hein, à rien du tout de parler. »

Il pensa tout d'un coup, sans raison, qu'il avait blessé Michèle, et il le regretta, d'une certaine façon.

« Tu sais, Michèle », dit-il pour se racheter, « tu pourrais avoir raison. Tu pourrais me répondre, pourquoi pas, que tout implique tout — finalement, ce serait peut-être ce qu'il y a de plus parménidien... »

Ce fut à son tour de pencher son visage de côté, et d'observer, de ses deux yeux tout de même moins voyeurs, le profil de la jeune fille ; il en retira la satisfaction d'avoir une jonction soudain possible, une cheville réelle entre les deux morceaux de son discours.

« C'est-à-dire que, dans le système du raisonnement dialectique — rhétorique me paraît plus exact de ce point de vue —, oui, dans ce système de raisonnement qui ne s'occupe pas des expériences, il suffit que tu me dises, « Quelle heure est-il ? » pour que je traduise : Quelle, interrogation de spécificité, participe d'une fausse conception de l'univers, où tout est catalogué, classé, et où on peut choisir comme dans un tiroir de qualification convenant à un objet. Heure, le temps, notion abstraite, est divisible en minutes et en secondes, qui ajoutées un nombre infini de fois produisent une autre notion abstraite appelée éternité. Autrement dit, le temps comprend à la fois le fini et l'infini, le mesurable et l'incommensurable ; contradiction, donc nullité du point de vue logique.

Est ? L'existence ; encore un mot, un anthropomorphisme par rapport à l'abstrait, dans la mesure où l'existence est la somme des sensations synesthésiques d'un homme. Il ? Même chose. Il, n'est pas. Il, est la généralisation du concept mâle à une notion abstraite, le temps, et qui sert par-dessus le marché à une forme grammaticale aberrante, l'impersonnel, ce qui rejoint le truc de l'Est. Attends. Et toute la phrase a rapport à une histoire de temps. Voilà. Quelle heure est-il ? Quelle heure est-il ? Si tu savais comme elle me torture cette petite phrase ! Où plutôt non. C'est moi qui en souffre. Je suis écrasé sous le poids de ma conscience. *J'en meurs,* c'est un fait, Michèle. Ça me tue. Mais heureusement on ne vit pas logiquement. La vie n'est pas logique, c'est peut-être comme une sorte d'irrégularité de la conscience. Une maladie de la cellule. En tout cas, peu importe, ce n'est pas une raison. D'acord, il faut bien parler, il faut bien vivre. Michèle, pourtant, autant ne dire que les choses strictement utiles, hein ? Les autres, il vaut mieux les garder pour soi en attendant qu'on les oublie, en attendant qu'on ne vive plus que pour son propre corps, remuant rarement les jambes, ramassé dans un coin, plus ou moins bossu, plus ou moins sujet aux envies folles de l'espèce. »

Michèle continua à se taire, non pas vexée, mais attentive de tout son être à l'inconfort qu'avaient tramé, depuis des heures bientôt, les gestes dont on se souvient à peine les a-t-on produits, les mots qui ne se relient pas les uns aux autres, et tous les bruits rares ou microacoustiques de la maison et du dehors ; elle découvrait peut-être, qui sait ? qu'il y a au fond de l'oreille une sorte d'amplificateur dont il faut régler la tonalité sans cesse, et s'interdire de dépasser une certaine puissance, sous peine de ne jamais plus pouvoir comprendre.

« Quelle heure est-il ? » dit Michèle en bâillant.

« Après tout ce que je t'ai dit, tu persistes ? » dit Adam.

« Oui, quelle heure est-il ? »

« Il est l'heure où, *claire dans la nuit, autour de la terre errante, lumière d'ailleurs...* »

« Non, écoute, sérieusement, Adam — Je parie qu'il est plus de cinq heures. » Adam regarda sa montre :

« Tu as perdu » dit-il ; « cinq heures moins dix. »

Michèle se leva, descendit du billard et marcha dans la pièce obscure. Elle regarda à travers les fentes des volets.

« Il y a encore du soleil, dehors » annonça-t-elle ; puis, comme si elle s'était doutée tout d'un coup que le dos de sa chemise était trempé de sueur :

« Il fait vraiment chaud, aujourd'hui. »

« On est en plein été » dit Adam.

Elle boutonna son corsage (c'était en réalité une chemise d'homme ajustée), et, pas un instant tandis qu'elle accomplissait ces gestes, ses yeux ne quittèrent la fente du volet ni le peu de paysage qu'on y apercevait ; elle était toute noire, sauf une raie blanche qui la divisait à la hauteur des sourcils. C'était comme si on avait disposé de leurs corps, les plaçant au milieu d'une ornière, et leur donnant à voir les choses incomplètement. Elle, dont la vue était limitée aux dimensions de la fente du volet, environ 1,5 cm sur 31 cm, lui, encore étendu sur le meuble, devinant à peine qu'elle regardait au-dehors.

« J'ai soif » dit Michèle ; « il ne te reste pas une bouteille de bière ? »

« Non, mais il y a une prise d'eau dans le jardin, de l'autre côté de la maison... La seule qui n'ait pas été fermée par la Compagnie des Eaux... »

« Pourquoi n'as-tu jamais rien à boire, chez toi ? Ce ne serait pas difficile, je pense, d'acheter une bouteille de sirop de grenadine ou quelque chose de temps en temps. »

« C'est que je n'ai pas les moyens, petite » répondit Adam. Il ne bougeait toujours pas. « Tu veux qu'on aille prendre un verre, en ville, proba-blement ? » Michèle pivota sur elle-même. Elle fouilla du regard la chambre, et l'ombre se refléta sur ses prunelles, en points noirs sur fond d'aveu-glement.

« Allons à la plage, plutôt » énonça-t-elle.

Ils se mirent d'accord pour une promenade dans les rochers, le long du cap. En effet, il y avait une sorte de sentier de contrebandiers qui partait de la plage, et c'est là qu'ils marchèrent, l'un à côté de l'autre, sans dire trois mots. Ils croisaient des groupes de pêcheurs à la ligne qui retournaient chez eux, comme du travail, portant leurs cannes sur l'épaule. Ils suivirent sagement le chemin, longeant le bord de mer à une hauteur convenable, ni trop près de l'eau, ni trop sur la colline. La terre était plantée régulièrement de massifs d'aloès, pour le repos de l'œil et du cerveau. De la même manière, la surface de la mer était décorée presque géométriquement de crêtes pointues, qui simulaient les vagues. Tout avait l'aspect consciencieux d'une étoffe en pied-de-poule, d'un immense jardinet construit selon les normes du plaisir chez les scarabées ou les escargots.

Il y avait une bonne douzaine de maisons sur ce secteur de la colline ; on devinait vaguement les nervures des tout-à-l'égout qui serpentaient à fleur de terre comme des racines. Quelques mètres plus loin, le sentier passait sous un blockhaus de ciment ; un escalier raide descendait au fond d'un puits et en remontait chargé d'une chaude odeur d'excréments. Adam et Michèle contournèrent l'édifice sans se rendre compte qu'il s'agissait d'un blockhaus. Il crut, plus simplement, que c'était une de ces villas modernes, et se demanda comment les propriétaires pouvaient accepter de vivre dans le voisinage d'une telle puanteur.

Le soleil avait entièrement disparu lorsqu'ils atteignirent l'extrémité du cap. Là, il ne restait plus aucune trace du sentier ; il fallait sauter d'un bloc de rocher à un autre, presque au niveau de la mer, avec une seule moitié de ciel au-dessus de la tête, l'autre moitié étant cachée par le surplomb de la colline. En sautant d'un peu trop haut, Michèle se tordit le pied, et ils s'assirent tous les deux sur une dalle de roc, pour se reposer. Ils fumèrent : lui, deux cigarette, elle, une seule.

75

A quelque cent mètres du rivage, un grand poisson avança, son corps cylindrique et noir surnageant à demi. Adam dit que c'était un requin, mais ils ne purent être certains, parce qu'à cause de la nuit qui approchait, ils ne purent distinguer si l'animal avait des ailerons ou non.

Le gros poisson tourna une demi-heure dans la baie, agrandissant chaque fois son cercle. Il n'y avait aucune perfection dans la spirale qu'il accomplissait ; c'était plutôt une figure de folie, la description réelle d'une espèce de délire, où la bête sombre se perdait, heurtant à l'infini les couches de courants froids et chauds, de son nez aveugle. La faim, la mort ou la vieillesse rongeaient peut-être son ventre, et il rôdait n'importe où, presque navire par ses désirs, presque banc de sable par son imperfection, son éternité négative à peine visible.

Comme Michèle et Adam se levaient, il apparut une dernière fois, coulant entre les vagues son danger d'obus, puis il s'éloigna vers le large et s'anéantit. Michèle parla très bas, et se serra contre Adam :

« J'ai froid... j'ai froid, j'ai très froid... » dit-elle.

Adam ne refusa pas le contact du corps de la jeune fille ; on peut même dire qu'il lui prit la main, la douce main fine et tiède, et qu'il répéta en marchant :

« Tu as froid ? Tu as froid ? »

A quoi Michèle répondit :

« Oui... »

Après cela, ce furent les trous dans les rochers ; il

76

y en avait de toutes les tailles, des grands et des moins grands; ils en choisirent un de taille normale, un trou à une place, et s'y vautrèrent de tout leur long. Surtout Adam : il ne passait pas de jour sans accomplir cette merveille : excitant au paroxysme son sens mythologique, il s'entourait de pierres, de décombres; il aurait aimé voir tous les détritus et ordures du monde pour s'y ensevelir. Il se centrait au milieu de la matière, de la cendre, des cailloux, et peu à peu se statufiait. Non pas sous la forme de ces sculptures de carrare, ou de ces christs moyenâgeux, qui étincellent toujours plus ou moins d'une imitation de la vie et de la douleur; mais à la manière de ces morceaux de fonte, vieux de mille ans ou de douze, qu'on ne déterre pas, mais qu'on reconnaît parfois, au son brouillé que jette la bêche quand elle les rencontre, entre deux mottes poudreuses. Comme une graine, tout à fait comme une semence d'arbre, il se dissimulait dans les fissures du sol, et attendait, béatifié, que quelque eau le germe.

Il bougeait un peu la main, vers la droite, doucement, déjà sûr de ce qu'il toucherait. Dans un instant d'une jouissance infinie, il sentait vaciller sa connaissance, un doute monumental s'emparait de son esprit; tandis qu'une certaine expérience, logique, mémorable, prétendait à lui faire reconnaître la peau de Michèle (le bras nu étendu à ses côtés), les doigts, aveugles, tâtonnaient à gauche et à droite et ne retrouvaient que le toucher granuleux, la dureté qui s'éboule, de la terre.

Adam semblait le seul à pouvoir mourir ainsi,

quand il le voulait, d'une mort propre, cachée ; le seul être vivant du monde qui s'éteignait insensiblement, non pas dans la décadence et la pourriture des chairs, mais dans le gel minéral.

Dur comme un diamant, anguleux, friable, au sein de la quadrature, fixé dans sa pose par un dessin géométrique, enfermé dans sa volonté de pureté, sans aucune de ces faiblesses propres aux bancs de morues qui gardent toujours dans leur frigorification collective la petite goutte humide scintillant à la jonction des nageoires, ou le voile sur l'œil, indices d'une mort douloureuse.

Michèle se releva, brossa ses vêtements à coups de main, et se plaignit :

« Adam — Adam, on s'en va ? »

Puis :

« Adam, tu me fais peur comme ça, tu ne bouges pas, tu ne respires pas, on dirait un cadavre... »

« Idiote ! » répondit Adam, « d'avoir interrompu ma contemplation ! Maintenant, c'est fini, il faudrait que je recommence tout depuis le début. »

« Que tu recommences quoi ? »

« Rien, rien... Je ne peux pas t'expliquer. J'étais déjà arrivé au végétal... Aux mousses, aux lichens. C'était tout près des bactéries et des fossiles. Je ne peux pas t'expliquer. »

C'était terminé ; il savait maintenant que le danger était évité pour le reste de la journée. Il se relevait, il prenait Michèle par l'épaule et par la taille ; il l'appuyait sur le sol et ôtait ses habits. Puis il la possédait, l'esprit concentré ailleurs, par exemple sur le corps plombé du requin qui devait décrire dans le monde des cercles de plus en plus grands, à la recherche du détroit de Gibraltar.

Plus tard, il cria « HAOH » et se mit à courir tout seul, à travers les rochers, le long du chemin qui le ramenait vers la plage, au milieu des buissons, des épines, de dalle de roc en dalle de roc, fouillant du regard les excavités sombres, devinant la foule des obstacles qui auraient pu le faire tomber, arracher la peau de ses tibias, le casser en deux, encore pantelant, avec un bruit de claque, en bas, sur une pierre plate, et le livrer en proie aux parasites dégoûtants. La nuit avait atteint une sorte de perfection noire ; chaque objet était un nouveau désordre sur la carte de la région. Comme une peau de zèbre, la surface de la terre était striée de raies blanches et noires ; les cercles concentriques des montagnes ressemblaient à des empreintes digitales posées les unes contre les autres, quelquefois les unes par-dessus les autres, sans permettre de repos. Les pointes des cactus avaient formé les faisceaux, dans l'attente d'une bataille mystérieuse.

La masse liquide, à gauche, ne déferlait plus ; mer de glace ; tout sommeil et tout acier, elle s'était changée en cuirasse métallique.

Adam courait maintenant au milieu d'un panorama de fer, non pas mort, mais vivant profondément, en devinette, d'une animation close qui devait se traduire en courants ou en bulles, à cent mètres sous terre ; la croûte vernie du monde semblait un chevalier endormi dans son armure, immobile, mais possédé d'une vie en puissance, qui fait que le reflet glacial veut dire, sang, volonté, artères ou cerveau. Un feu sans fumée, un feu électrique couvait sous le sol noir. Et de ce feu, l'écorce de la terre prenait la puissance entière, au point qu'il paraissait que ces rochers, que ces mers, ces arbres et ces airs brûlaient encore plus fort, *étaient* les flammes d'une nature pétrifiée. Le sentier, déjà plus large, conduisit Adam au fond d'un puits, contre le blockhaus, l'imprégna de puanteur, et le fit jaillir de la volée d'escaliers. C'était le point culminant de la route. Le seul endroit de la côte où la vue se multipliait des milliers de fois, sur les trois étendues de la mer, de la terre, et du ciel. Au faîte de cette ascension Adam comprit tout d'un coup que courir était devenu inutile, et il s'arrêta, transi.

Venant du panorama, le vent frais le couvrit des pieds à la tête, transforma sa paralysie en douleur. Il resta debout sur ses jambes, proéminent comme un phare, contemplant sa propre intelligence dans l'univers, dont il était sûr à présent d'occuper éternellement le centre, sans relâche ; rien ne pourait rompre cette étreinte, l'ôter à cet encerclement, ni même la mort qui photographierait, un certain jour d'une certaine année, sa forme d'homme, entre deux lattes de bois, en plein quaternaire.

Il fit quelques pas en avant, contre le souffle d'air.

Il marcha, presque éclopé, comme s'il faisait face à une déflagration immense ; sur un rocher en contrebas du chemin, il s'assit et jeta un coup d'œil indifférent vers l'horizon. Sa silhouette était totalement virtuelle, chétive comme un nerf sur le fond rouge sang d'une espèce de rêve.

Un bateau à voiles, à demi caché de l'autre côté de la mer, traînait imperceptiblement. Au bout d'un quart d'heure, Adam sentit le froid le gagner; il frissonna et commença à regarder vers le block-khaus, souhaitant de plus en plus qu'arrive Michèle, enfin essoufflée d'avoir couru derrière lui, et déconfite d'avoir perdu la compétition.

F. Le soleil brillait toujours dans le ciel nu, et, sous la chaleur, la campagne se rétractait peu à peu ; le sol se fissurait par endroits, l'herbe devenait jaune sale, le sable s'entassait dans les trous des murs, et les arbres ployaient sous le poids de la poussière. On aurait dit que l'été ne finirait jamais. Maintenant les champs ou les terrassements des collines se peuplaient des sévices des sauterelles et des guêpes. Les chemins de terre battue passaient au milieu du fracas de leurs ailes, coupaient comme des lames de rasoir les excroissances de l'air, les bulles chaudes chargées d'odeurs piquantes qui se bousculaient à hauteur de chaume. L'atmosphère faisait des efforts, continuellement.

Des hommes passaient à bicyclette à travers les champs, gagnaient la route nationale, et se mêlaient au flot des voitures.

Au loin, tout le long du grand cirque de montagnes, les maisons réverbéraient dans leurs vitres la lumière du soleil, et ce n'était pas difficile de les assimiler mentalement aux étendues de terrains cultivés qui bordaient la route. On pouvait faire fi de la perspective et se méprendre sur leur compte, les faire ressembler aux éclats de mica d'entre les mottes de terre. Le paysage bouillant était sensiblement pareil à une couverture noire jetée sur des braises ; les trous étincelaient brutalement, l'étoffe ondulait parcourue d'un courant d'air souterrain et, par-ci, par-là, il y avait des colonnes de fumée qui montaient dans l'air comme venues de cigarettes cachées.

Une sorte de grille en fer forgé entourait le parc. Sur la façade Sud, elle longeait la grand-route, par conséquent la mer, et s'ouvrait en son milieu sur un portail ; de chaque côté du portail, des guérites en bois abritaient du soleil deux femmes d'une cinquantaine d'années qui tricotaient ou lisaient des romans policiers. Devant elles, posés sur une planche qui prolongeait le guichet des guérites, traînaient des rouleaux de tickets roses, marqués à intervalles réguliers par des pointillés destinés à faciliter le découpage. Un homme en uniforme et casquette bleus se tenait debout contre une jardinière de géraniums, et, point trop immobile, déchirait du bout des doigts les tickets vendus par les guérites ; une petite chapelure rose restait suspendue aux poils de laine de sa veste, vers le ventre. L'homme ne jetait même pas un coup d'œil ennuyé derrière lui, sur le secteur dont il avait la garde, où il aurait pu voir une foule de promeneurs marcher, l'air à la fois curieux et indifférent, et disparaître derrière les barreaux des cages. Il ne parlait pas non plus aux femmes des guérites, et c'était tout juste s'il répondait aux questions que lui posaient les

83

touristes ; s'il le faisait, c'était d'un air distrait, sans regarder le visage de ceux qui le questionnaient, fixant des yeux le toit plein de banderoles et de drapeaux d'un restaurant sur la plage. Le Bodo. Bien sûr, quelquefois, il était obligé de dire, « merci, oui » ou, « allez-y » ou quelque chose du même goût. Il y avait aussi des gens qui ne savaient rien, qui ne devinaient rien ; en prenant leurs tickets, en les déchirant doucement, de deux torsions inversées des poignets, en jetant les morceaux inutiles dans une corbeille à sa gauche, il faisait une phrase :

« Oui, madame, je sais. Mais on ferme à cinq heures et demie, madame.

« Vous avez tout le temps. A cinq heures et demie, oui, madame. »

Adam se mit à marcher indifféremment au milieu des cages, écoutant un peu ce qu'on disait autour de lui, reniflant un peu aussi les odeurs multiples qui se dégageaient du fumier et des fauves ; l'odeur jaunâtre, chargée d'urine avait la particularité de donner un relief voluptueux aux choses, spécialement aux animaux. Adam s'arrêta devant la cage d'une lionne ; à travers les barreaux, il observa longuement le corps souple, plein de muscles vagues, et il pensa que la lionne aurait pu être une femme, une femme élastique, coulée dans du caoutchouc, et l'odeur âcre aurait pu être celle d'une bouche habituée aux tabacs blonds, avec un rien de rouge à lèvres, et les dents sentant la pastille de menthe, et tous ces légers inexprimables faits d'ombres, de duvets et de gerçures, qui laissent leur halo en rond autour des lèvres.

Il s'accouda à la balustrade qui séparait le public de la cage de la bête fauve, et il se laissa envahir par une torpeur où dominait le désir de toucher la fourrure, d'enfoncer sa main entre les poils drus et soyeux, de fixer ses griffes comme des clous, à la base de la nuque, et de recouvrir le long corps chaud comme le soleil, de son corps à lui, fait maintenant de cuir léonin, couvert de crinières, extraordinairement puissant, extraordinairement de l'espèce.

Une vieille femme passa devant la cage, donnant la main à un enfant, une petite fille ; elle passa et, tandis qu'elle avançait, en contre-jour, faisant clignoter son ombre sur chaque barreau, la lionne releva la tête. Il y eut deux éclairs inverses ; la flèche noire, lourde d'expérience humaine, heurta, quelque part au-dessus du sable, l'étrange acier verdoyant de la lionne, et un instant, il sembla que le corps blanc, presque nu de la vieille femme s'accouplait avec la robe de la bête fauve ; toutes deux chancelèrent, puis eurent un mouvement de va-et-vient dans leurs reins, comme si elles effectuaient, au sein de cette compréhension barbare, un pas de danse érotique. Mais elles se séparèrent enfin, en l'espace d'une seconde, et leurs deux démarches se détachèrent, ne laissant plus aux alentours de la cage, qu'une plaque blanche, immaculée, comme une mare au soleil, une sorte de drôle de cadavre, un fantôme où le vent, en soufflant, fit remuer des brindilles de bois mort et des feuilles. Adam regarda la femme et l'enfant à son tour, et se sentit prendre par une nostalgie inconnue, un besoin vieillot de manger ; contrairement à la plupart des gens qui passaient, il n'eut pas envie de parler à la lionne, de lui dire qu'elle était belle, qu'elle était grande, ou qu'elle ressemblait à un gros chat.

Il passa le reste de son après-midi, parcourant le jardin zoologique d'un bout à l'autre, se mêlant aux peuples les plus petits qui habitaient les cages, se confondant avec les lézards, avec les souris, avec les coléoptères ou les pélicans. Il avait découvert que le meilleur moyen de s'immiscer dans une espèce, est de s'efforcer d'en désirer la femelle. Aussi se concentrait-il, l'œil rond, le dos voûté, les coudes appuyés sur toutes les balustrades. Il fouilla du regard les moindres excavations, les replis de chair ou de plumes, les écailles, les tanières cotonneuses où dormaient d'un sommeil visiblement ignoble les boules de poils noirs, les masses de cartilage flasque, les membranes poussiéreuses, les annelures rouges, les peaux craquelées et fendues comme des carrés de terre. Il désherbait les jardins, entrait la tête la première dans la vase, dévorait l'humus de toutes ses dents, rampait au fond des galeries, et à douze mètres de profondeur, il tâtait un corps nouveau, parent, né du cadavre pourri d'un mulot. La bouche enfoncée entre les épaules, il avançait ses yeux, ses deux gros yeux sphériques, douce-ment, avec mille précautions, dans l'attente d'une sorte de choc électrique qui contracterait sa peau, commotionnerait ses ganglions moteurs, et précipi-terait les anneaux de son corps les uns contre les autres, comme des bracelets de cuivre, avec un tintement délicat, quand il serait souterrain, replié, gélatineux, oui, le seul, le vrai, le ténébreux ver de vase.

Devant la cage aux panthères, il fit ceci : il se pencha un peu en avant, par-dessus la barrière, et brandit brusquement sa main vers les barreaux. Avec un rugissement l'animal, une femelle au pelage sombre, s'élança vers lui ; et tandis que les spectateurs effrayés faisaient un pas en arrière, tandis que le fauve rendu fou par la colère grattait le sol avec ses ongles, Adam, paralysé par la peur, tremblant de tous ses membres, entendit la voix du gardien qui le faisait vibrer, quelque part derrière la tête, d'un plaisir délicieux.

« C'est intelligent ce que vous faites là ! C'est intelligent ! C'est intelligent ce que vous faites là ! Intelligent ! C'est intelligent, hein ! »

Séparé à nouveau de la panthère, Adam recula un peu, et sans regarder le gardien, murmura :

« Je ne savais pas... Excusez-moi... »

« Vous ne saviez pas quoi ? » dit l'homme en uniforme, essayant en même temps de calmer la bête avec des mots comme : « Holà ! Holà ! Ho ! Ho ! Rama ! Rama ! Calme ! Calme ! Rama ! » « Vous ne saviez pas quoi ? Vous ne saviez pas que ce n'est pas la peine d'embêter les fauves ? C'est intelligent, oui, intelligent de faire des trucs comme ça ! »

Adam ne chercha pas à se disculper ; gêné, il murmura encore :

« Non... Je ne savais pas... Je voulais... »

« Oui, je sais » coupa l'homme. « C'est amusant de faire des niches aux bêtes quand elles sont enfermées dans des cages ! C'est drôle mais ça serait moins drôle si la cage venait à s'ouvrir, hein, dites, ça serait moins drôle ça. Ça serait drôle aussi si c'était vous qui étiez là-dedans, vous ne trouvez pas. »

Il se détourna avec dégoût et prit une bonne femme à témoin :

« Il y a des gens on dirait qu'ils ne se rendent pas compte. Ça fait trois jours que cette bête-là n'a rien mangé et il y a des gens que ça amuse par-dessus le marché de venir narguer les bêtes dans leurs cages. Oui il y a des moments où j'aimerais que la cage s'ouvre un peu et laisse passer une de ces satanées bestioles. Vous les verriez courir alors, ah oui, c'est pour le coup qu'ils comprendraient, c'est pour le coup qu'ils sauraient. »

Adam partit sans écouter la fin de la phrase. Il ne haussa pas les épaules mais marcha lentement en traînant les pieds ; il longea les cages des mammifères ; la dernière, la plus petite, la plus basse, contenait trois loups maigres. Au centre de la cage on avait construit une sorte de niche en bois et les loups tournaient autour, inlassablement, incessamment, leurs yeux obliques obstinément braqués sur les barreaux qui défilaient à toute allure, à hauteur des genoux.

Ils tournaient en sens inverse, deux dans un sens, un dans l'autre ; après un certain nombre de tours, mettons dix ou onze, pour une raison subite, bizarre, impondérable, comme si quelqu'un avait claqué des doigts, ils faisaient demi-tour et recommençaient à l'envers. Ils étaient pelés, gris de poussière, leurs babines étaient violacées, mais ils ne cessaient pas de tournoyer autour de la tanière, et l'acier de leurs prunelles se répercutait sur leurs corps tout entiers, ils apparaissaient couverts de plaques métalliques, violents, pleins à en vomir de haine et de férocité. Le mouvement circulaire qu'ils effectuaient à l'intérieur de la cage devenait, à cause de sa régularité, le seul véritable point mobile de l'espace environnant. Tout le reste du jardin, avec ses hommes et ses autres cages, était plongé dans une espèce d'immobilité extatique. On était tout à coup gelé, fixé dans une raideur insoutenable, alentour, jusqu'à cette cloche de barres de fer et de bois qu'était la cage des loups ; on ressemblait à un cercle lumineux, vu d'un microscope, où seraient placés, teints de couleurs vives, les éléments de base de la vie, tels que, cellules à bâtonnets, globules, trypanosomes, hexagones moléculaires, microbes et fragments de bactéries. Une géométrie structurale de l'univers microscopique, photographiée à travers des douzaines de lentilles ; vous savez, ce rond blanc, éblouissant comme une lune, colorié par des produits chimiques, qui est la véritable vie, sans mouvements, sans durée, tellement éloignée dans le deuxième infini, que plus rien n'est animal, plus rien n'est apparent ; il n'y a plus que, silence, fixité, éternité ; car tout est lenteur, lenteur, lenteur.

Eux, les loups, étaient au milieu de ce paysage desséché la seule représentation du mouvement ; un mouvement qui, vu de haut, d'avion peut-être, aurait ressemblé à une palpitation étrange, au grouillement de fourmi qui naît sur la mer, exactement au point de contact de la verticale de l'avion. La mer est ronde, blanchâtre, crénelée, et raidie comme un bloc de pierre, elle gît à 6 000 pieds en dessous, et pourtant, à bien regarder, il y a quelque chose, indépendant du soleil qui monte, une espèce de petit nœud dans la matière, un défaut qui lumine, qui marche, qui gribouille en son centre. C'est cela, car si je me détourne soudain de l'ampoule électrique, je la vois, cette minuscule étoile qui a l'air d'une araignée blanche, elle se débat, elle nage, elle n'avance pas, elle vit sur le paysage noir du monde, et elle tombe, éternelle, devant des millions de fenêtres, des millions de gravures, des millions de ciselures, des milliards de cannelures, elle seule comme un astre, qui ne mourra jamais de ses perpétuels suicides, parce qu'elle est déjà morte en elle-même, et enterrée au dos d'un bronze sombre.

Quand Adam quitta la cage aux loups, ce fut pour un autre enclos ; une clairière artificielle au centre des jardins, avec quelques bassins à gauche et à droite, pour que de grands pélicans aux ailes rognées puissent trouver à boire. Les flamants roses, les canards, les pingouins, c'était encore la même sorte de vie ; ce qu'Adam avait découvert peu à peu, depuis un certain jour de l'été, à la plage, puis dans deux ou trois cafés, puis dans une maison abandonnée, dans un train, un autocar, un journal, il le recommençait, à chaque fois un peu plus complètement, devant les lions, les loups et les macareux.

C'était tellement simple que ça crevait les yeux, et que ça rendait fou, ou au moins phénoménal. C'était ça, il y était, il saisissait et laissait fuir au même moment ; il était sûr, et pourtant ne savait même plus ce qu'il faisait, ce qu'il allait faire, s'il s'était échappé d'un asile d'aliénés ou s'il était déserteur. Voilà ce qui arrivait, voilà ce qui allait lui advenir : à force de *voir* le monde, le monde lui était complètement sorti des yeux ; les choses étaient tellement vues, senties, ressenties, des millions de fois, avec des millions d'yeux, de nez, d'oreilles, de langues, de peaux, qu'il était devenu comme un miroir à facettes. Maintenant les facettes étaient innombrables, il était devenu mémoire, et les angles d'aveuglement, là où les facettes se touchent, étaient si rares que sa conscience était pour ainsi dire sphérique. C'était l'endroit, voisin de la vision totale, où il arrive qu'on ne puisse plus vivre, plus jamais vivre. Où il arrive que par un chaud après-midi d'été, sur un lit écœurant, on vide un flacon entier de Parsidol dans un verre d'eau froide, et qu'on boive, qu'on boive, qu'on boive, comme s'il ne devait jamais plus y avoir de fontaines sur terre. Ça faisait des siècles qu'on attendait ce moment-là, et lui, Adam Pollo, il était arrivé, il était survenu, et il s'était consacré le possesseur de toutes les choses ; il était sans doute le dernier de sa race, et c'était vrai, parce que cette race approchait de sa fin. Après cela, il n'avait plus qu'à se laisser agoniser tout doucement, impercep-

91

tiblement, à se laisser étouffer, envahir, violenter, non plus par des milliards de mondes, mais par un monde seul et unique ; il avait fait la jonction de tous les temps et de tous les espaces et, couvert d'ocelles, plus énorme qu'une tête de mouche, il attendait solitaire au bout de son corps grêle l'accident bizarre qui l'écraserait contre le sol, et l'incrusterait, à nouveau chez les *vivants*, dans la boue sanglante de ses chairs, de ses os en miettes, de sa bouche ouverte, de ses yeux aveugles.

Vers la fin de l'après-midi, juste avant la fermeture du Zoo, Adam alla s'asseoir dans la Cafeteria ; il choisit une table à l'ombre et commanda une bouteille de coca-cola. A sa gauche, il y avait un olivier, sur lequel on avait trouvé bon d'aménager une sorte de plate-forme en bois et une chaîne ; sur la plate-forme, et au bout de la chaîne, il y avait un ouistiti noir et blanc, vivace, visiblement placé là pour amuser les enfants et pour économiser la nourriture des animaux ; l'amusement des enfants n'était complet qu'après avoir acheté à une vieille femme édentée, préposée à cet office, quelques bananes ou quelques sacs de pralines, qu'ils offraient ensuite au singe.

Adam se cala dans son fauteuil, alluma une cigarette, but une gorgée à même la bouteille, et attendit. Il attendit sans trop savoir quoi, vaguement installé entre deux couches d'air chaud, et il regarda le singe. Un homme et une femme passèrent lentement le long de la table d'Adam, traînant les pieds, les yeux fixés sur la petite silhouette velue de l'animal :

92

« C'est joli », dit l'homme, « les ouistitis. »

« Oui mais c'est mauvais, dit la femme ; je me souviens que ma grand-mère en avait un autrefois ; elle lui donnait toujours les meilleures choses à manger. Eh bien, tu crois qu'il la remerciait ? Pas du tout, il lui mordait l'oreille jusqu'au sang, la sale bête. »

« C'était peut-être une marque d'amitié » dit l'homme.

Adam fut pris brusquement d'une absurde envie de rectifier les choses. Il se tourna vers le couple et expliqua :

« C'est ni joli ni mauvais », dit-il ; « c'est un ouistiti. »

L'homme se mit à rire, mais la femme le regarda comme s'il avait été le plus grand des imbéciles, qu'elle l'avait toujours su, puis haussa les épaules et s'en alla.

Le soleil était bien bas, maintenant ; les visiteurs commençaient à se retirer, vidant les espaces entre les cages et les tables du café d'un flot de jambes, de cris, de rires ou de couleurs. Avec le crépuscule qui approchait, les animaux sortaient de leurs tanières artificielles et s'étiraient ; on entendait un peu partout des glapissements, les sifflements des perroquets, le grondement des fauves qui réclamaient leur nourriture. Il restait encore quelques minutes avant la fermeture ; Adam se leva, alla acheter une banane et quelques pralines à la vieille femme ; tandis qu'il payait elle lui dit, l'air mécontent :

« Vous voulez donner à manger au singe ? »

Il secoua la tête :

« Moi ? Non — pourquoi ? »

Elle dit :

« Vous avez passé la limite. Parce que maintenant c'est trop tard pour nourrir les bêtes. C'est interdit après cinq heures, sans ça elles n'auraient plus faim et ça les rendrait malades. »

Adam secoua à nouveau la tête.

« Ce n'est pas pour le singe, c'est pour moi. »

« Ah bon. Si c'est pour vous ce n'est pas la même chose. »

« Oui, c'est pour moi » dit Adam ; et il se mit à éplucher la banane.

« Vous comprenez » continua la vieille, « passé la limite, ça leur ferait mal, à ces bêtes. »

Adam hocha la tête ; il mangea le fruit, debout devant la femme, mais les yeux fixés comme négligemment sur le ouistiti. Quand il eut fini, il ouvrit le paquet de pralines.

« Vous en voulez une ? » demanda-t-il ; il s'aperçut qu'elle le regardait avec curiosité.

« Merci, dit-elle ; je veux bien... »

Ils continuèrent à manger tous les deux le reste du paquet de pralines, debout contre le comptoir, sans quitter le singe des yeux. Puis Adam fit une boule avec le paquet vide, et la posa dans un cendrier. Le soleil était descendu jusqu'au ras des arbres. Alors il demanda beaucoup de choses à la vieille femme, depuis combien de temps elle travaillait à la Cafeteria du Zoo, si elle était mariée, quel âge elle avait, combien d'enfants, si elle était satisfaite de sa vie, ou si elle aimait aller au cinéma. De plus en plus penché vers elle, il la regardait avec

94

une tendresse grandissante, comme il avait regardé, quelques heures auparavant, les lionnes, les crocodiles et les ornithorynques.

A la fin, tout de même, elle commença à se méfier. Tandis qu'Adam la pressait de questions, insistait pour savoir son prénom, elle s'empara d'un torchon mouillé et se mit à essuyer la plaque de zinc du comptoir, à grands coups de bras qui faisaient tressaillir sa cellulite. Quand Adam voulut prendre sa main, au passage, elle rougit et menaça d'appeler la police. Une sonnette retentit quelque part au fond du jardin, signalant l'heure de la fermeture. Adam se décida alors à partir ; il dit poliment au revoir à la vieille femme qui, le dos tourné à la lumière, ne répondit pas ; il ajouta qu'il reviendrait certainement la voir, un de ces jours, avant l'hiver.

Puis il sortit du café, traversa en sens inverse le Zoo, et se dirigea vers le portail. Des hommes habillés en bleu nettoyaient avec des seaux d'eau le plancher des cages. Une sorte d'ombre violette remplissait les trous du paysage, et des cris sauvages montaient à la surface par vagues, témoignant qu'il y avait là, un peu partout, une chaleur étouffante sentant les viscères. De chaque côté du portail les guérites étaient fermées. Mais, jusqu'à la route, et presque jusqu'à la mer, malgré l'abandon général des hommes et des bêtes, il flottait encore, ici et là, une vague odeur de guenon, qui s'insinuait doucement en vous, au point de vous faire douter de votre propre espèce.

G. Après, je sais qu'il est allé attendre le chien, tous les jours, à la même heure, sur cette espèce de digue à droite de la plage. Il n'allait pas s'asseoir sur les galets, au milieu des baigneurs, bien qu'il y eût été mieux installé pour attendre ; mais en partie parce qu'il faisait chaud, en partie pour se sentir plus maître de ses mouvements dans un espace plus ouvert, où le vent soufflerait quand même de temps en temps une bouffée fraîche, il s'asseyait sur le rebord de la digue, les jambes ballant dans le vide. Il embrassait du regard l'entière étendue de la plage, les cailloux, les petits tas de papiers gras, et les baigneurs évidemment, toujours les mêmes, toujours aux mêmes endroits. Il passait pas mal de temps à guetter ainsi : le dos appuyé contre un bloc de ciment apporté à cet endroit par les Allemands en 1942, tout le corps allongé au soleil, une main dans la poche de son pantalon, prête à sortir du paquet une des deux cigarettes qu'il s'accordait chaque heure. Avec l'autre main, il se grattait le menton, fouillait entre ses cheveux, ou bien s'amusait à racler les pierres de la digue, à la recherche de poussière et d'espèce de sable. Il surveillait toute la plage, les allées et venues des gens, les éboulements imperceptibles de galets. Mais par-dessus tout, le moment où, émergé de la masse anonyme des baigneurs, il verrait le chien noir avancer vers la route, renifler les touffes d'herbe, et bondir, et courir, et se jeter à corps perdu dans la petite aventure bétonnée.

Alors, arraché de sa torpeur comme par un lasso, il recommencerait à suivre l'animal, sans se douter de l'endroit où il était conduit, sans espoir ; oui, dans un drôle de plaisir, qui fait qu'on continue machinalement un mouvement ou bien qu'on imite tout ce qui bouge, parce qu'étant signe de vie, ça permet toutes les suppositions possibles. — On aime toujours perpétuer un mouvement, même quand il marche vite, de ses quatre pattes au bruissement humide, propulsant sur le plan goudronné une légère toison de poils noirs, deux oreilles droites, des yeux vitreux, et qu'il s'appelle, une fois pour toutes, et qu'il s'appelle, chien.

A deux heures moins dix, le chien quitta la plage ; il s'était un peu ébroué dans l'eau, avant de partir, et les poils de son front étaient restés collés en petites tresses cotonneuses. Il monta le remblai de galets, suffoquant sous l'effort, passa à quelques mètres d'Adam, et s'arrêta sur le bord de la route. Le soleil faisait battre ses paupières et coulait une plaque blanche sur son museau froid.

Il hésita, comme s'il attendait quelqu'un ; cela permit à Adam de sauter à bas de la digue et de se mettre en position de départ. Adam fut tenté un instant de le siffler, ou de claquer des doigts, ou tout bonnement de lui crier quelques mots, comme font la plupart des gens avec la plupart des chiens, dans le genre de :

« Hé ! chien ! »

ou

« Hé ! Médor ! »

mais ce fut arrêté dans son cerveau avant même d'être traduit par une ébauche de geste.

Adam se contenta de s'arrêter, et de regarder l'animal par-derrière ; vu sous cet angle il offrait un raccourci bizarre qui le campait bien roide sur ses pattes, lui arquait le dos, au poil plus rare le long de la colonne vertébrale, et lui donnait l'air d'avoir une nuque bombée, trapue, musculeuse, comme n'ont jamais les chiens.

Il regarda l'occiput, la rainure du crâne, et les deux oreilles dressées. Un train fit du bruit en entrant dans un tunnel, évidemment loin, en pleine montagne. L'oreille droite bougea de quelques millimètres, captant le clapotement de la locomotive, puis revint brusquement en arrière quand un enfant cria, longtemps, à gorge déployée, pour quelque misère, un ballon crevé, un caillou aigu, en bas sur la plage.

Adam, sans bouger, attendait le départ ; par surprise, le chien s'élança en avant, contourna une voiture, et se mit à remonter la route. Il trottait rapidement sur la chaussée, tout près du talus, sans trop regarder à droite ni à gauche. Il s'arrêta deux fois avant l'embranchement de la nationale qui traverse le village ; une fois, devant la roue arrière d'une Oldsmobile en stationnement ; il n'y avait pourtant rien de spécial à cette voiture, il ne la regarda pas, ni ne la renifla, ni n'urina tout doux contre le métal du chapeau de la roue. La deuxième fois, ce fut quand cette femme âgée descendit vers la plage ; elle avait une chienne boxer en laisse ; la femme jeta un coup d'œil vers lui, tira un peu sur la laisse de sa chienne, et se détourna vers Adam. Elle pensa justifié de remarquer, en le croisant :

« Vous devriez tenir votre chien, jeune homme. »

Adam, comme lui, suivit la chienne des yeux, le corps dans la direction de la marche, mais la tête et le cou tordus vers l'arrière. Ils restèrent ainsi tous deux quelques secondes, en silence, de petites taches jaunes au fond des prunelles. Puis le chien aboya, et Adam murmura dans sa gorge des grognements inarticulés :   rrrrrrrrrrrrrrrroâ rrrrrrrrrrrrrroââ oâârrrrrrrrr   rrrrrrrro.

A l'embranchement, Adam espéra que le chien irait vers la droite, parce qu'un peu plus loin, c'était la colline où il vivait, avec le sentier que vous savez, et la grande maison, toujours abandonnée, où il habitait. Mais comme d'habitude, sans hésiter, le chien obliqua vers la gauche et prit la direction de la ville. Et comme d'habitude Adam le suivit, regrettant seulement, dans un endroit précis de sa mémoire, qu'il y ait un motif si impérieux pour attirer le quadrupède vers la foule et les maisons.

Après la route du bord de mer, ce fut une sorte d'avenue, avec des platanes plantés dans le trottoir, à espaces réguliers, qui faisaient des pâtés d'ombres très noires. Le chien marchait exprès dans les ombres, de telle façon qu'à ces moments-là, à cause des boucles de sa toison, il devenait impossible de le distinguer des bouclettes noires et des rondelles du feuillage.

A partir de cette histoire d'ombre et de soleil, les hésitations se multiplièrent ; le chien passa subitement de gauche à droite, puis de droite à gauche ; il se faufilait entre les passants de plus en plus nombreux, parce qu'on était en pleine ville ; des magasins ouverts, des flots d'odeurs chaudes ou fraîches, des couleurs partout, des parasols en toile effilochée, tout ça était encastré dans les murs, de même que des affiches, des lambeaux d'affiches, qui indiquaient en phrases tronquées des programmes vieux de trois mois,

« Squa   ld   ATCH
       Bar de Band et James W Brown
       Fem in
       MARTI
        ritif »

Le chien avait considérablement ralenti son allure, en partie parce que la foule des piétons devenait de plus en plus dense, en partie parce qu'il devait approcher du but de sa course. Ce qui permit à Adam de se reposer et de fumer une cigarette. Il profita même d'un moment que le chien passa à renifler une tache d'ancienne urine pour acheter, à la devanture d'une pâtisserie-confiserie, un petit pain au chocolat ; il n'avait rien mangé depuis le matin, et il se sentait faible. Il grignota le petit pain tiède en suivant le chien dans la rue principale. A un feu rouge, l'animal s'arrêta et Adam vint se ranger à côté de lui ; il lui restait encore un peu de pain dans la main, au milieu du papier à pâtisserie tout taché de graisse, et il pensa qu'il pourrait en offrir un morceau au chien ; mais il réfléchit que s'il faisait cela, l'animal risquerait de se prendre d'amitié pour lui, et c'était dangereux ; après, ce serait lui qui le suivrait, et il ne savait pas où aller, il ne voulait pas prendre la responsabilité d'avoir à conduire quelqu'un. & aussi, il avait faim, et préférait ne pas sacrifier le peu de nourriture qui lui restait. C'était pourquoi il finit de manger le petit pain au chocolat et regarda à ses pieds le corps sombre et velu qui pantelait, qui reniflait, les deux jarrets arrière bien tendus, en attendant sagement que l'agent de police autorise la traversée de la rue.

La ville était curieusement vide de chiens ; à part la chienne boxer qu'ils avaient croisée tout à l'heure sur la route de la plage, et que la vieille femme tenait en laisse, ils n'avaient rencontré que des hommes. Les rues portaient pourtant les stigmates d'une vie animale secrète, quelque chose comme l'odeur, les taches d'urine séchée, les excréments, les touffes de poils laissés sur le bord du trottoir, à la suite d'un coït brusque et fatal, exécuté en pleine inondation de soleil, entre les pas des passants et les grondements des autocars.

Ces insignes de la vie canine qu'on retrouvait au fur et à mesure, à condition de bien regarder, sur les dessins des trottoirs, marquaient apocryptiquement les allées et venues du labyrinthe de la ville. Ils servaient tous à reconstituer une notion d'espace et de temps qui n'aurait rien d'humain, et à ramener

chaque soir, sains et saufs, sûrs d'être soi, des
centaines de chiens dans leurs tanières habituelles.

Lui, Adam, était bel et bien perdu ; n'étant pas
chien, (pas encore, peut-être) il ne pouvait se
retrouver à travers toutes ces annotations posées à
plat sur la chaussée, ces odeurs, ces détails microscopiques qui surgissaient du macadam sonore et
enveloppaient mécaniquement, grâce au museau,
aux yeux, aux oreilles, ou même au simple contact
des coussinets des pattes, du grattement des ongles,
le bulbe rachidien. Et n'étant plus humain, en tout
cas, jamais plus, il passait sans rien voir en plein
centre de la ville, et plus rien ne disait plus rien.

Il ne voyait pas, Studio 13, Meubles Gordon,
Frigidaire, Épicerie Fine, Standard, Café La Tour,
Williams Hotel, Cartes Postales et Souvenirs,
Ambre Solaire, Galeries Muterse, Bar Tabacs
P.M.U. Loterie Nationale.

Qui avait tracé des lignes sur le trottoir ? Qui
avait posé délicatement des plaques de verre sur les
vitrines ? Qui avait écrit, oui, « Pyjamas et draps
rayés assortis » ? ou bien « Menu du Jour » ? Qui
avait dit un jour, Tout pour la Radio, Visitez nos
Rayons, Achetez nos Bikinis en Solde, Collection
Automne, Vente de Vins Gros Détail Mi-gros, etc. ?

C'était pourtant placé, ainsi, pour que des gens
comme Adam, en été, puissent s'y reconnaître,
s'assurer de leur gourmandise, ou de leur désir de
dormir tout nus dans des pyjamas rayés assortis à
des draps rayés, et à des oreillers rayés, avec peut-
être un papier rayé sur les murs de la chambre, et
des papillons de nuit rayés se cognant aux abat-jour

102

rayés, dans des nuits rayées, striées de néon, des jours rayés de rails et de voitures. Alors, quand on voyait Adam, les deux mains enfoncées dans les poches de son pantalon sali aux genoux, suivre, le dos voûté, un SEUL chien, même pas en laisse, couvert de laines noiraudes, on se disait tout bas, au moins, « il y a des types bizarres sur cette côte », quand ce n'était pas : « il y a des individus qui ne seraient pas déplacés à l'asile ».

Un chien est sûrement beaucoup plus facile à suivre qu'on ne le pense d'ordinaire. C'est d'abord une question de coup d'œil, de hauteur du regard ; il faut fouiller entre les fourmillements des jambes pour découvrir la tache noire qui vit, qui palpite, qui court en dessous des genoux ; Adam y parvenait assez aisément pour deux raisons : la première était que, parce qu'il se tenait légèrement voûté, son regard avait tendance à se porter naturellement vers le sol, c'est-à-dire vers les animaux quadrupèdes qui y vivent ; l'autre raison était qu'il y avait longtemps qu'il s'entraînait à suivre quelque chose ; on raconte que lorsqu'il avait douze ou quinze ans, en sortant de l'école, Adam passait des demi-heures à suivre les gens ainsi, souvent des adolescentes, au milieu de la foule. Il ne le faisait pas à dessein ; mais seulement pour le plaisir de se faire conduire dans des tas d'endroits, sans souci du nom des rues ni de rien de sérieux. C'est à cette époque qu'il avait eu la révélation que la plupart des gens, avec leurs coudes serrés et leurs yeux volontaires, passent leur temps à ne rien faire. A quinze ans il avait déjà su que les gens sont vagues, indélicats, et qu'en dehors des trois ou quatre fonctions génétiques qu'ils accomplissent chaque jour, ils arpentent la ville sans se douter des millions de cabanons qu'ils pourraient se faire construire dans la campagne, et y être malades, ou pensifs, ou nonchalants.

De l'autre côté de la rue, il y avait quand même un autre chien ; il accompagnait un homme et une femme d'une quarantaine d'années ; c'était une chienne de grande beauté, longue et soyeuse, campée sur de hautes pattes, et Adam et l'autre eurent tout de suite envie de la voir. Elle était entrée avec ses maîtres dans un Grand Magasin bourré de monde, qui engorgeait et dégorgeait par ses portes vitrées, à chaque seconde, des flots de visiteurs, la plupart des femmes, chargés de paquets et de sacs en papier. Le chien suivit une sorte de trace, le nez à ras de terre, et Adam suivit le chien. Ils pénétrèrent presque ensemble dans le magasin. Comme ils passaient la porte, une enseigne de néon s'alluma au-dessus d'eux et fit miroiter, entre les jambes, sur le dos velu de la bête, et un peu sur le parquet de linoléum, des lettres inversées : « Prisunic » « Prisunic » « Prisunic ».

Immédiatement ils furent entourés de gens, de femmes ou d'enfants, ou bien de murs, de plafonds et d'étals. Au-dessus, il y avait une espèce de plaque jaune, d'où pendaient, entre deux tubes de néon, les pancartes sur lesquelles on avait écrit, « réclames », « quincaillerie » ou « vins » ou « articles ménagers ». La tête passait très haut au milieu de ces rectangles de carton, et parfois, les accrochait, ce

104

qui les faisait virer longtemps autour de leurs cordes. Les comptoirs étaient disposés ainsi : en angles droits, avec des passages pour permettre aux clients de circuler. Tout cela brillait d'un tas de couleurs vives, vous bousculait à gauche et à droite, vous disait : « achetez ! achetez ! », vous montrait de la marchandise, des sourires, des bruits de talons de femmes sur le sol en matière plastique, et puis posait des disques sur le plateau du pick-up, au fond du magasin, entre le bar et le photomaton. Il y avait une musique générale de piano et de violon qui couvrait tout, sauf de temps à autre, la voix calme d'une femme qui parlait bas, la bouche tout contre le micro : « Attention aux pickpockets, mesdames, messieurs. »

« La vendeuse du secteur numéro 3 est demandée dans le bureau de M. le Directeur. La vendeuse du secteur numéro 3 est demandée dans le bureau de M. le Directeur... »

« Allô, allô ! Nous vous recommandons nos bas nylon sans couture, extra-résistants, toutes les tailles et trois coloris différents, perle, chair et bronze, en vente actuellement au rayon de la lingerie, rez-de-chaussée... Je répète... »

Le chien retrouva la chienne dans le sous-sol, au rayon électricité. Il avait dû explorer tout le rez-de-chaussée, se glisser entre des centaines de mollets, avant de l'apercevoir. Quand il la vit, elle descendait les premières marches de l'escalier qui conduit au sous-sol ; Adam espéra un moment que le chien n'oserait pas la suivre jusqu'en bas. Non pas qu'il n'eût pas envie de s'approcher lui aussi de la femelle, au contraire ; mais il eût fait volontiers le sacrifice de ce plaisir pour ne plus être à l'intérieur de ce magasin horrible ; il était étourdi par le bruit et par les lumières, vaguement repris par tout ce grouillement humain ; c'était un peu comme s'il faisait machine arrière, et la nausée hésitait dans sa gorge ; il sentait que l'espèce canine lui échappait dans ces lieux fermés de bakélite et d'électricité ; il ne pouvait s'empêcher de lire les prix autour de lui ; une sorte de commerce essayait de remettre les choses en ordre dans sa conscience. Il calculait du bout des lèvres. Un attachement ancestral à toute cette matière qu'ils avaient mis un million d'années à conquérir, s'éveillait sournoisement, rompait sa volonté, et débordait dans tout son être, traduit en minuscules tergiversations, en gestes infimes des paupières ou des muscles zygomatiques, en frissons le long de la nuque, en va-et-vient d'adaptation de la pupille ; le dos noir du chien ondulait devant lui, et Adam recommençait presque à le *voir*, à le soupeser au sein de son cerveau dans un trémolo natif de jugements en incubation.

De fait, le chien hésita devant les premières marches de l'escalier ; c'était un trou ni noir ni blanc, inquiétant, qui engorgeait la foule. Mais une petite fille, en passant, voulut lui tirer la queue, et balbutia : « Ch... chien... le veux... chien... » et il dut descendre. Adam le suivit.

En bas, il y avait moins de monde. C'étaient les rayons des disques, de la papeterie, des marteaux et des clous, des espadrilles, etc. Il faisait très chaud. L'homme, la femme et la chienne étaient debout

106

devant le comptoir de l'électricité, tripotant des lampes et des bouts de fils. La chienne s'était accroupie sous un abat-jour, et elle tirait la langue. Quand elle vit Adam et le chien elle se leva : sa laisse traînait à côté d'elle. Ses maîtres semblaient trop occupés par leurs achats pour s'apercevoir de quoi que ce soit. Adam sentit qu'il allait se passer quelque chose de drôle ; alors il resta debout devant l'étal des disques. Il fit semblant de regarder les pochettes en carton glacé, mais, la tête légèrement tournée vers la gauche, il observa les animaux.

Et soudain, la chose arriva. Il y eut une sorte de remous dans la foule, avec des bruits de guitare et des claquements de talons-aiguille. La petite ampoule bleue du photomaton s'alluma et s'éteignit, une main livide tira les rideaux de la cabine, et lui, se vit tout de neige dans la structure en zinc. A ses pieds maintenant, contre ses pieds, le corps laineux du chien noir couvrait le pelage jaune de la chienne ; pendant des minutes, hommes et femmes continuèrent à passer, à environner, à marteler le linoléum de leurs souliers ferrés. La chienne avait pris une couleur de vieil or, et sous ses pattes largement écartées, largement étalées, le sol se modelait doucement, avec des reflets mouchetés, avec des centaines d'ombres spectrales superposées ; dans le coffre du magasin enfoncé en dessous du niveau de la terre, on parlait plus fort, on riait de plus en plus, on vendait et on achetait à tour de bras. Les photographies se succédaient en cliquetant, et chaque éclair de magnésium brisait quelque chose au milieu d'un cercle blanc, où les chiens, la

107

gueule ouverte, les yeux agrandis par une espèce de terreur avide, semblaient lutter ensemble. Adam, le front en sueur, plein de haine et de jubilation, sans bouger, faisait tourner son cerveau en rotations rapides ; une sirène hurlait au centre de sa boîte crânienne, que personne n'entendait, mais qui disait : « Alarme, alarme » comme si la guerre allait exploser d'un instant à l'autre.

Puis le rythme ralentit, la chienne se mit à geindre, presque de douleur. Un enfant pénétra dans l'espace de la dénivellation, rit en les montrant du doigt. Tout avait déferlé. Comme si on avait accéléré pendant quelques secondes les images d'un film, il y avait encore de brusques ressauts de folie : mais Adam avait déjà détaché ses yeux de l'amas des chiens, et il respirait, en appliquant ses empreintes digitales sur les couvertures des disques. Le bruit des guitares diminua, et la bouche fraîche de tout à l'heure épela à nouveau, au ras du micro :

« Les derniers modèles de notre collection d'été son disponibles en solde au Stand de la Lingerie... Jupons fantaisie, cardigans, blouses anglaises, maillots de bain et sweaters légers, mesdames... »

Alors Adam se retourna et, à peine voûté, il commença à remonter l'escalier de nylon vers le rez-de-chaussée, précédé du héros en laine noire ; ils laissaient derrière eux, au milieu du labyrinthe ombragé, tout près du rayon de l'Électricité, dans le ventre orange de la chienne, rien du tout, un vide, et c'était drôle, qui serait dans bientôt quelques mois comblé par une demi-douzaine de petits chiots bâtards.

Ils remontèrent ensemble la grand-rue. Il était déjà tard ; le soleil baissait déjà. Ça fait encore une journée de finie, une à ajouter à des milliers d'autres. Ils marchèrent sur le côté de la rue exposé au soleil, sans se hâter.

Il y avait plus d'automobiles que de passants, et on pouvait à la rigueur se sentir un peu seul sur le trottoir.

Ils passèrent devant deux ou trois cafés, parce que c'était une de ces villes du Sud où il y a au moins un café par immeuble. Pas un seul homme ne se douta que le chien n'était pas avec Adam, mais que c'était Adam qui était avec le chien. Adam marchait doucement, en regardant de temps en temps les gens qui le croisaient. La plupart des hommes et toutes les femmes portaient des lunettes noires. Ils ne le connaissaient pas, ni le chien.

& ça faisait un bon moment qu'ils n'avaient plus l'occasion de voir ce grand type dégingandé traîner dans les rues de la ville, les mains dans les poches de son vieux pantalon de toile sale. Ça devait faire un bon moment qu'il habitait tout seul dans la maison abandonnée, en haut de la colline. Adam regardait leurs lunettes noires et il imaginait qu'au lieu d'aller vivre tout seul dans son coin, il aurait pu faire quelque chose d'autre : par exemple, acheter un perroquet qu'il aurait porté tout le temps sur l'épaule, en marchant : de sorte que si on l'avait arrêté, il aurait pu laisser le perroquet dire pour lui :

« Bonjour comment ça va ? »

109

et les gens auraient compris qu'il n'avait rien à leur dire. Ou bien, il aurait pu se déguiser en aveugle, avec une canne blanche et de grosses lunettes opaques ; alors les autres n'auraient pas osé l'approcher, sauf parfois pour l'aider à traverser les rues ; et il se serait laissé faire, sans dire merci ni rien, si bien qu'à la longue on l'aurait laissé en paix. Aussi, il aurait pu se faire donner une petite guérite où il aurait vendu des billets de la Loterie Nationale toute la journée. Les gens auraient acheté autant de billets qu'ils auraient voulu, et il aurait empêché quiconque de lui parler en criant régulièrement, d'une voix de fausset,

« Les derniers Gagnants pour ce soir
Tentez votre chance ! »

De toute façon, le chien, c'était aussi bien qu'autre chose, puisque les rares promeneurs qu'il croisait sur le trottoir le regardaient à peine, derrière leurs lunettes fumées, et semblaient sans la moindre envie de lui dire bonjour. Ça prouvait qu'il n'appartenait plus tellement à cette race détestable, et que, comme son ami Le Chien, il pouvait aller et venir dans les rues de la ville, fouiner dans les magasins, sans qu'on le voie. Bientôt peut-être, il pourrait lui aussi uriner tranquille sur les essieux des voitures américaines ou les panneaux d'interdiction de stationner, et faire l'amour en plein air, en pleine poussière, entre deux platanes.

Au bout de la grand-rue, il y avait une espèce de fontaine en cuivre vert, dans le genre de celles qu'on voyait un peu partout, autrefois. Encastrées dans le trottoir, avec une manivelle pour faire venir l'eau, et une grille de fonte qui recouvre l'égout. Le chien avait soif, et il s'arrêta près de la borne-fontaine ; il attendit un moment, indécis, flaira le caniveau, puis se mit à lécher la grille, là où s'était accroché un rien de mousse, où traînaient des paquets de cigarettes roulés en boule. Adam s'approcha à son tour, silencieusement, hésita, et fit tourner la manivelle. On entendit quelques gargouillis, puis l'eau tomba en cascade, sur la tête du chien, éclaboussant le bout des chaussures d'Adam. L'eau tomba, comme si c'était bien le mouvement de la manivelle qui la créait, et le chien but plusieurs gorgées, la gueule grande ouverte ; quand il eut terminé, il s'écarta de la fontaine, secoua la tête, et s'en fut. Adam eut à peine le temps de boire deux ou trois goulées, avec le reste de l'eau qui continue à tomber, même quand on cesse de tourner la manivelle. Il s'essuya la bouche en marchant et prit une cigarette de sa poche.

Il devait y avoir un signal élémentaire du temps, quelque part, dans la ville, un vol de pigeons, peut-être, ou bien le soleil qui disparaissait derrière les maisons de cinq étages, parce que maintenant le chien marchait plus droit et plus vite. Il avait pris une façon de marcher qui n'était pas de la hâte, mais qui était franchement indifférente à tout ce qui se passait autour de lui ; il avait les oreilles dressées, tournées vers l'avant, et il posait ses pieds très brièvement sur le sol, comme s'il avait conscience de tracer une ligne directe impossible à dévier. Il trottait au beau milieu du trottoir, dans un rien de soleil, croisant à huit kilomètres-heure les carrosseries des voitures, les klaxons, les raies vertes et rouges des autobus. Tout ça pour aboutir, sans doute, à la ville, à la maison, où une femme charnue, qu'il ne verrait que jusqu'en dessous des seins, lui donnerait à plat sur le parquet de la cuisine, une assiette en plastique pleine de chair et de légumes hachés menu. Peut-être un os, rouge et blanc, qui saignerait comme un coude.

Derrière lui, presque en courant, Adam traversa une série de rues toutes pareilles, des jardins, des parcs qui fermaient, des places tranquilles ; une série de portes cochères, des bancs marrons où les clochards dormaient déjà, la tête tournée vers les dossiers ; des hommes et des femmes montaient dans leurs voitures ; deux ou trois vieillards, l'air insouciant, boitaient tout en noir ; des ouvriers rouges entouraient de lanternes à pétrole les sortes de cratères où ils avaient travaillé toute la journée sous le plein ciel. Un bonhomme sans âge descendait aussi sur le trottoir d'en face en portant une caisse remplie de vitres sur son dos ; de temps à autre, il hurlait vers les fenêtres des maisons un drôle de cri lugubre, quelque chose qui ressemblait à « Olivier... Olivier... » mais ce devait être :

« On y vient... On y vient... »

Voilà au milieu de quoi passait le chien ; dans les rues, entre les maisons, sous les toits hérissés d'antennes de télévision, ou de cheminées en briques ; dans le dédale de tuyaux, de fenêtres luisantes, en plein dans la rue grise, en bas, au pas de course, le corps dur comme une épée.

Voilà comment il défilait, sans regarder les pans

de murs des maisons, ni les buissons des jardinets, malgré les milliers de cavernes qu'on aurait pu découvrir, si on avait arraché ce qui les voilait, les milliers de cavernes au fond desquelles les gens étaient tapis, prêts à vivre entre les tables de chêne lourdement garnies de fleurs et de corbeilles de fruits, les rideaux de velours, les lits à deux places et les reproductions de tableaux impressionnistes.

Ce que faisait le chien, c'était, marcher vite, rentrer chez lui ; c'était, traverser une dernière rue du village en passe de dormir, longer un dernier mur couvert d'affiches, pousser du museau le battant d'une grille en fer forgé, et se perdre tout près, quelque part entre la façade de la villa et le bosquet d'orangers, bien à lui, bien à eux, pas à Adam.

Ce qu'avait fait le chien, maintenant, c'était, abandonner Adam au seuil de la maison, le dos appuyé contre le pilier de ciment, là où on grave un nom et un numéro, Villa Belle, 9, là où il pourrait scruter, entre les vingt-six barreaux de la grille, et contempler un jardin velu, vert et rose comme une image enfantine, et se demander s'il y avait fait chaud le jour ou s'il y pleuvrait cette nuit.

H. Il y avait quelque chose de nouveau dans la maison abandonnée, en haut sur la colline. C'était un rat de belle taille, non pas noir comme la plupart des rats d'égout, mais plutôt blanc, entre le gris et le blanc, avec le museau, la queue et les pattes roses, et deux yeux bleus perçants, sans paupières, qui lui donnaient un air de courage. Il devait être là depuis un bon moment, mais Adam ne s'était pas encore aperçu de sa présence. Adam était monté dans la salle de séjour du premier étage, là où il s'était allongé une fois sur le billard avec Michèle. Il n'y était pas retourné depuis, en principe parce qu'il n'y avait pas pensé ; à moins que ce ne fût par paresse d'avoir à grimper le petit escalier de bois qui menait à l'étage.

Puis il s'était rappelé le billard, et il s'était dit qu'il pourrait passer quelques heures à jouer. C'était pour cela qu'il était revenu.

Il ouvrit donc la fenêtre, et repoussa un des volets afin d'y voir clair. Il chercha un peu partout les boules de billard ; il pensait que les propriétaires les avaient cachées dans un meuble, et il força tous les tiroirs avec un couteau. Mais il n'y avait rien, ni dans la commode, ni dans le buffet, ni dans l'armoire, ni dans la petite table en bois de citronnier, à part de vieux journaux et de la poussière.

Adam entassa les journaux par terre, pour les lire plus tard, puis retourna vers le billard ; il découvrit alors, sur le côté droit du meuble, une espèce de tiroir fermé à clé, où on pouvait imaginer que les boules devaient tomber après être passées par les trous de la table de jeu. Avec son couteau, Adam creusa une ouverture autour de la serrure. Il mit bien vingt minutes avant de pouvoir forcer le tiroir. A l'intérieur, il trouva effectivement une dizaine de boules d'ivoire, les unes rouges, les autres blanches.

Adam prit les boules et les posa sur le tapis du billard. Il manquait encore une canne pour pouvoir jouer. Mais les propriétaires avaient dû bien les cacher, cette fois, peut-être dans une autre pièce ; peut-être même les avaient-ils emportées avec eux, Dieu sait où.

Adam se sentit brusquement fatigué de chercher. Il regarda autour de lui dans l'espoir de trouver quelque chose qui pût remplacer les cannes. Il n'y avait guère que les pieds d'un fauteuil Louis XV ; il aurait fallu les démonter, et de plus, ils étaient tordus, peints à la couleur dorée, et Adam ne voulait pas se salir les mains d'or.

Il se souvint alors d'avoir vu dans le petit jardinet qui se trouvait devant la villa, deux ou trois rosiers, ligotés à des tiges de bambou qui servaient de tuteurs. Il descendit dans les plates-bandes, arracha un des rosiers et déterra la tige de bambou.

Avant de remonter, il coupa avec son couteau une des roses du rosier ; elle n'était pas très grande, mais elle était bien formée, assez ronde, avec des pétales jaune tendre qui fleuraient bon. Il la plaça dans une bouteille de bière vide, sur le plancher de sa chambre, à côté du tas de couvertures. Puis, sans même la regarder, il remonta à l'étage.

Il joua au billard tout seul pendant quelques minutes ; il projetait les boules les unes contre les autres, sans trop faire attention aux couleurs. Une fois, il arriva à en faire tomber quatre du même coup. Mais à part cette fois-là, qui semblait plutôt due au hasard qu'à autre chose, il dut reconnaître qu'il n'était pas très fort. Ou bien il ratait les boules qu'il visait, ou bien il ne parvenait pas à frapper au bon endroit : la canne touchait la sphère d'ivoire un peu sur le côté, au lieu du centre, et elle s'en allait dans tous les sens, en pivotant sur elle-même, comme folle. A la fin, Adam renonça à jouer au billard ; il prit les billes et les lança sur le plancher, s'essayant au jeu de boules. Il n'était pas plus adroit pour cela, notez, mais les boules en tombant sur le plancher faisaient un certain bruit, et créaient certains mouvements, de sorte qu'on pouvait s'y intéresser davantage, et même s'en satisfaire.

De toute façon, c'est pendant qu'il s'amusait à ce jeu-là qu'il vit le rat. C'était un beau rat musclé, debout à l'extrémité opposée de la pièce, sur ses quatre pattes roses, et qui le regardait avec insolence. Adam, en le voyant, se mit tout de suite en colère ; il essaya de l'attraper avec une boule de billard, pour le tuer, ou au moins lui faire très mal ;

mais il le manqua. A plusieurs reprises, il recommença. Le rat ne semblait pas avoir peur. Il regardait Adam dans les yeux, sa tête blême tendue en avant, le front plissé. Quand Adam lançait sa balle d'ivoire, il faisait un bond de côté, en jetant une espèce de petit couinement plaintif. Lorsqu'il eut lancé toutes les boules, Adam s'accroupit sur ses talons, de façon à se trouver environ à la hauteur des yeux de l'animal. Il pensa qu'il devait habiter comme lui la maison, peut-être depuis moins longtemps. Il devait sortir la nuit, de quelque trou de meuble, et trotter du haut en bas de la villa, à la recherche de nourriture.

Adam ne savait pas exactement ce que mangent les rats ; il n'arrivait pas à se souvenir si ce sont des carnivores ou non. Si ce que disaient les dictionnaires était vrai : « Rat : n. m. Genre de petits mammifères rongeurs à longue queue annelée. »

Il se rappelait seulement les deux ou trois légendes qu'on raconte à leur sujet, les histoires de naufrages, de sacs de blé, et de peste. A vrai dire, il avait ignoré jusqu'à ce jour qu'il pût exister des rats blancs.

Adam le regardait et écoutait intensément ; et il lui trouvait un air de parenté avec lui-même. Il pensa que lui aussi, aurait pu se terrer le jour, entre deux planches vermoulues, et vagabonder la nuit ; chercher des miettes entre les lattes du plancher, et avoir, de temps à autre, la chance de tomber, au détour d'une cave, sur une portée de cancrelats blancs, dont il aurait pu faire une belle fête.

Le rat le fixait toujours avec ses deux yeux bleus,

sans bouger ; autour de son cou, il y avait des bourrelets de graisse, ou de muscles. Compte tenu de sa taille, qui était légèrement supérieure à la moyenne, et de ces fameux bourrelets de muscles ramollis, ce devait être un rat avancé en âge. Adam ne savait pas non plus combien de temps vivent les rats, mais il pouvait facilement lui accorder quatre-vingts ans. Peut-être était-il déjà à moitié mort, à moitié aveugle, et incapable de se rendre compte qu'Adam lui voulait du mal.

Lentement, doucement, insensiblement, Adam oublia qu'il était Adam, qu'il avait des tas de choses à lui, en bas, dans la chambre, au soleil ; des tas de chaises longues, des journaux, des gribouillis de toutes sortes, et des couvertures imprégnées de son odeur, et des bouts de papier, sur lesquels il avait écrit, comme pour des lettres, « ma chère Michèle ». Des bouteilles de bière avec leurs goulots cassés, et une sorte de rose-thé, qui étendait entre quatre murs son parfum ramifié de chaude fleur, minute par minute. Son parfum jaune de rose jaune dans une chambre jaune.

Adam se transformait en rat blanc, mais d'une métamorphose bizarre : il gardait toujours son corps à lui, ses extrémités ne devenaient pas roses, et ses dents de devant ne s'allongeaient pas ; non, ses doigts sentaient toujours le tabac, ses aisselles la sueur, et son dos restait plié en avant, dans la position accroupie, tout près du plancher, condi-tionné par la double cambrure de la colonne vertébrale.

Mais il devenait rat blanc parce qu'il se disait rat

blanc ; parce qu'il avait tout d'un coup l'idée du danger que représente la race humaine, pour l'engeance de ces petits animaux myopes et délicats. Il savait qu'il pouvait couiner, courir, ronger, regarder avec des petits yeux ronds sans paupières, bleus et courageux ; tout cela serait inutile. Un homme comme lui suffirait à jamais ; il n'aurait qu'à vouloir faire quelques pas, élever son pied un peu en l'air, pour que le rat soit tué, écrasé, les côtes brisées, la tête oblongue traînant sur le bois du parquet, dans une minuscule mare d'humeur et de lymphe.

Et soudain, devenu la peur, métamorphosé en le danger-pour-les-rats-blancs, il se leva ; ce qu'il avait plein la tête, ce n'était plus de la colère, ni du dégoût, ni quoi que ce soit de cruel. C'était à peu près l'obligation de tuer.

Il décida de faire les choses raisonnablement. Il ferma d'abord portes et fenêtres, pour que la bête ne puisse pas s'enfuir. Puis il alla ramasser les boules de billard ; quand il s'approcha, le rat recula un peu en arrière, dressant ses oreilles courtes. Adam posa les boules sur le tapis du billard, et commença à parler au rat, à voix basse, avec de drôles d'accents rauques dans la gorge. Il murmurait :

« Tu as peur de moi, hein ? Rat blanc... Tu as peur... Tu veux faire comme si tu n'avais pas peur... Avec tes yeux ronds... Tu me regardes ? Je reconnais que tu es courageux, rat blanc. Mais tu sais ce qui t'attend. Ils le savent tous, tous ceux de ton espèce. Les autres rats blancs. Et les gris, et les noirs. — Ce que je vais te faire, tu l'as attendu depuis longtemps, Rat blanc, le monde n'est pas fait pour toi. Tu n'as doublement aucun droit de vivre : d'abord, tu es un rat dans un monde d'hommes, avec des baraques d'hommes, et des pièges, et des fusils, et de la mort-aux-rats. Ensuite, tu es un rat blanc dans un pays où le rats sont noirs en général. Alors, tu es ridicule, et ça fait une raison de plus... »

Il compta les boules ; il en manquait une. Elle devait avoir roulé sous l'armoire. Avec la canne de bambou, Adam racla le sol sous le meuble, et ramena la sphère d'ivoire. Elle était rouge, celle-là, et froide, et de l'avoir dans la paume de la main, elle semblait plus grosse que les autres. Par conséquent plus meurtrière.

Quand tout fut prêt, Adam se tint devant le billard, décidé ; il se sentait devenir géant tout à coup ; un type très grand, dans les trois mètres de taille, débordant de vie et de puissance. Un peu devant lui, contre le mur du fond, placée à côté du carré de lumière livide qui venait de la fenêtre, la bête était campée sur ses quatre pattes roses, avec beaucoup de patience.

« Sale rat ! » dit Adam.

« Sale rat ! »

Et il lança la première boule, de toutes les forces dont il était capable. Elle éclata sur le haut de la plinthe, quelques centimètres à gauche de l'animal, avec un fracas de tonnerre. Une demi-seconde après, le rat blanc fit un bond de côté, en criant. Adam exulta.

« Tu vois ! Je vais te tuer ! Tu es trop vieux, tu n'as plus de réflexes vilain rat blanc ! Je vais te tuer ! »

Et puis il se déchaîna. Il lança cinq ou six boules les unes après les autres ; quelques-unes se cassèrent contre le mur, d'autres rebondirent sur le plancher et vinrent rouler près de ses pieds. Une des boules, en se brisant, envoya un éclat sur la tête du rat, juste derrière l'oreille gauche, et le fit saigner. Le rongeur se mit à courir le long du mur, et de sa gueule ouverte sortit comme un souffle d'air sifflant. Il se précipita vers l'armoire pour se cacher, et dans sa hâte donna du museau contre l'angle du meuble ; il disparut dans la cachette en glapissant.

Adam, incapable désormais de se tenir sur ses jambes, tomba à quatre pattes. Il balbutia avec fureur :

« Sors de là, sale bête ! Sale rat ! rat ! sale rat ! sors de là ! »

Il envoya quelques boules de billard sous l'armoire, mais le rat blanc ne bougea pas. Alors il se traîna sur les genoux et fouilla dans l'ombre avec son bâton de bambou. Il cogna quelque chose de mou contre le mur. Le rat finit par sortir et courut à l'autre bout de la pièce. Adam rampa vers lui, son couteau de cuisine à la main. Avec ses yeux, il accula la bête contre un mur : il vit le pelage raide un peu souillé de sang, vers l'occiput. Le corps chétif pantelait ; les côtes se soulevaient et retombaient spasmodiquement ; les yeux bleu pâle étaient exorbités par la peur. On lisait dans deux cercles noirs enchâssés au fond des prunelles trans-

121

parentes, une idée de la fatalité, l'inspiration d'un dénouement chargé de mort et d'angoisse, un reflet humide et mélancolique ; cette peur était mêlée d'une nostalgie secrète, ayant rapport à beaucoup d'années heureuses, à des kilogrammes de grains de blé ou de tranches de gruyère, savourés doucement parmi la pénombre fraîche des caves des hommes.

Et Adam sut qu'il était cette peur. Il était un danger colossal, couvert de muscles, si on veut une espèce de rat blanc géant avide de dévorer ses congénères. Tandis que le rat, le vrai, devenait à cause de sa haine et de sa terreur, un homme. Des tressaillements nerveux secouaient le corps du petit animal, comme s'il allait pleurer, ou tomber à genoux et réciter des prières. Arc-bouté sur ses quatre pattes, Adam avançait en criant, en grognant, en marmonnant des injures ; les mots n'existaient plus ; ils ne partaient ni n'étaient reçus, et de ce mouvement intermédiaire, ressortaient éternels, véritables, négatifs ; ils étaient parfaitement géométriques, dessinés sur décor d'inimaginable, avec une touche de mythique, dans le genre des constellations. Tout était écrit autour du motif central de Bételgeuse ou d'Epsilon Cocher. Adam était perdu en plein abstrait ; il vivait, ni plus ni moins : il lui arriva même de *couiner.*

Il empoigna des boules et les jeta sur la bête, cette fois touchant juste, brisant des os, faisant claquer des chairs sous le pelage, en criant des mots sans suite, comme, « rat ! », « crime ! crime ! », « salaud ! rat blanc ! », « crie, crie, arrah ! », « écraser !... », « je tue », « rat ! rat ! rat ! rat ! »

Il jeta le couteau, la lame la première, et couvrit les paroles du rat blanc avec une des injures les plus basses qu'on puisse jamais adresser à ce genre d'animaux :

« Sale, sale chat ! »

C'était encore loin d'être fini ; la petite bête myope, à moitié mutilée, bondit hors d'atteinte d'Adam. Elle n'existait déjà plus.

Au terminus de cette vie remplie de souvenirs très denses, elle était une sorte de fantôme pâle, aux formes vaporeuses, trouble comme un peu de neige ; elle fuyait sur le sol marron, insaisissable et perpétuelle. Elle était un nuage lobulaire, ou bien un flocon de mousse douce, dissocié du sang et de la terreur, naviguant à la surface des eaux sales. Elle était ce qui reste d'un moment de lessive, ce qui flotte, ce qui bleuit, ce qui parcourt l'épaisseur de l'air, et éclate sans qu'on ait jamais pu la polluer, sans qu'on ait jamais pu la tuer.

Adam la vit glisser, à gauche, puis à droite, devant lui ; une espèce de fatigue s'ajouta à sa volonté, le rendant sobre.

Alors il cessa de parler. Il se remit debout sur ses jambes et décida de finir le combat. Il prit une boule de billard dans chaque main, — presque toutes les autres étaient brisées, maintenant. Puis il se mit à marcher vers le rat. En passant le long de la plinthe, il vit le fameux endroit, qu'il marquerait d'une croix au charbon, plus tard, où le rat blanc avait commencé à perdre la vie. Du début du massacre, il ne restait plus, sur le parquet de bois, que quelques touffes de poils clairs, des morceaux d'ivoire, semblables à des éclisses d'os, et une mare. Une mare de sang violet, épais, déjà terne, que les lattes sales buvaient goutte à goutte. Dans une heure ou deux, le temps d'entrer à plein corps au sein de l'éternité, tout serait fini. Le sang aurait l'air d'une tache de n'importe quel liquide, du vin, par exemple. En se coagulant, il deviendrait dur, ou poudreux, et on pourrait le gratter avec la pointe de l'ongle, on pourrait y poser des mouches sans qu'elles se noient, sans qu'elles s'en nourrissent.

Avec un rideau mouillé devant les yeux, Adam marcha jusqu'au rat. Il le vit comme s'il avait essayé de regarder à travers un paravent de douche, un pan de nylon parcouru de gouttelettes derrière lequel se cache la femme nue, couleur de chair, au milieu des bruits de l'averse et de l'odeur des bulles de savonnette.

Le rat blanc, couché sur le ventre, semblait dormir au fond d'un aquarium. Tout était parti à vau-l'eau hors de la sphère d'habitation de l'animal, laissant un secteur nu et immobile ; maintenant très proche de la béatitude, le rat attendait la minute-limite, où un demi-souffle expirerait sur ses moustaches raides, le propulsant à jamais dans une sorte de vie double, dans la jonction précise des tas de clairs-obscurs de la philosophie. Adam l'écouta respirer tranquillement ; la peur avait quitté le corps de la bête. Il était bien loin, à présent, à peine agonisant ; avec deux yeux pâles, il attendit que les dernières boules d'ivoire, accablant son squelette de

124

coups de boutoir, l'expédient au paradis des rats blancs.

Il irait là-bas, un peu à la nage, un peu par les airs, plein d'une joie mystique. Il laisserait par terre son corps nu, pour qu'il se vide de tout son sang, goutte à goutte, et que ce sang indique longtemps l'endroit sacré du plancher qui avait encastré son martyre.

Pour qu'Adam, patiemment, se baisse jusqu'à terre, et ramasse son cadavre disloqué.

Pour qu'il le balance un instant dans ses mains, et qu'il le jette, en pleurant, au sein d'une longue chute courbe, depuis la fenêtre du premier étage jusqu'au sol de la colline. Un buisson d'épines recueillerait son corps et le laisserait mûrir à l'air libre, en plein soleil.

I. Question :

« Ma chère Michèle

Je voudrais bien que tu remontes ici, à la maison, un de ces jours. Je ne t'ai pas vue depuis la fois où on avait fait la course, rappelle-toi, en bas le long du cap. C'est ridicule le temps que je perds à faire n'importe quoi; c'est peut-être parce qu'il fait si chaud que je me demande si l'été finira un jour. J'ai trouvé un rat blanc mort dans un buisson d'arbouses, au pied du mur de la villa. Il devait avoir crevé depuis un bon moment, il était tout jaune, sauf les taches de sang, qui ressemblaient à de la poussière. & il avait des petites rides concentriques autour des yeux; les paupières fermées étaient en forme d'x; et il était tombé dans un tas de buissons épineux; les arbouses ou les airelles étaient mûres, et ça faisait des centaines de pointillés vermillon autour de sa tête. Les épines l'avaient mis en pièces, à moins que ce ne soit le soleil qui l'ait rendu dans cet état. Je suppose qu'avec le soleil un cadavre doit vieillir plus vite.

Et aussi, quelqu'un a écrit avec un canif sur une feuille d'aloès,

Cécile J. vous emmerde,
Cécile J. vous dit merde.

Je me demande qui a bien pu écrire ça. Une petite fille qui passait par là, ou bien une de ces imbéciles qu'on voit quelquefois dans l'herbe, le dimanche après-midi, avec des types à moustaches. Elle devait être en colère parce que son type à moustaches était sorti avec une autre fille ; alors, elle a pris son canif, et au lieu de faire comme d'habitude, des cœurs à compartiments, où elle aurait inscrit,
Cécile Éric
elle a mis
Cécile J. vous dit Merde.
Et moi je lui retourne l'argument.

Ce qui m'amuse quelquefois, c'est d'être assis chez moi, dans la maison, les pieds au soleil ; je me souviens aussi de trucs de ce genre. Il y a longtemps que ça s'est passé, mais je m'en souviens encore ; il y avait une espèce de grande École de Filles, pas loin de chez moi. Quatre fois par jour, elles passaient devant là où j'habitais : à 8 heures du matin, à midi, à 2 heures de l'après-midi, et à 5 heures et demie. Moi, j'étais toujours sur leur passage. Elles arrivaient en général par bandes de dix ou douze ; elles étaient toutes bêtes, et la plupart laides. Mais j'en avais repéré quatre ou cinq qui étaient vaguement jolies, et ça m'amusait de les

127

voir passer ainsi, quatre fois par jour. J'avais
l'impression d'avoir des espèces de rendez-vous
sûrs ; je pouvais faire ce que je voulais, aller à la
pêche, m'absenter une semaine, être malade, je
savais qu'elles passaient quand même régulièrement ; c'était bon parce que ça me donnait
l'impression d'avoir un emploi du temps. Comme
quand on retourne chez soi et qu'on voit qu'il y a
toujours quatre murs, et la table, et la chaise, et les
cendriers comme on les a laissés.

Ça m'amuse de me souvenir de ça, ici ; dans une
maison qui n'est pas à moi ; avec les chaises longues
qui sont des chaises longues volées sur la plage ; et
les cierges qui sont des cierges volés dans la
chapelle du Port. Les journaux pris dans les
poubelles de la ville. Les bouts de viande et de
pommes de terre, les boîtes d'ananas au kirsch, les
morceaux de ficelle, les bois brûlés, les bâtons de
craie, et tous ces trois quarts de choses qui sont la
preuve que je vis et que je vole. Je suis content
d'avoir trouvé cette maison ; enfin, je peux avoir la
paix, même si je ne sais pas quoi faire de mes vingt-
quatre heures. Vingt-quatre heures d'arbres et de
silence, je suis pris dans la bande dessinée de mon
choix. »

Réponse :
  « Je ne peux pas te répondre ; je ne peux pas
répondre à ce que tu me demandes au sujet de celle
qui a écrit cette phrase sur la feuille d'aloès ; mais
j'ai pensé à des tas d'histoires ; c'est un peu comme

si je n'osais pas me les raconter, et qu'il fallait que j'écrive pour faire sortir toutes ces choses étranges du trouble où elles sont d'habitude. De toute façon, ce n'est pas laid, parce que mises bout à bout, toutes ces petites aventures qu'on voit partout, ces bouts de papier sur lesquels il y a écrit trois mots, ces feuilles où on a gravé des phrases à coups de canif, ces injures qu'on entend quelquefois en traversant les rues, etc., elles m'amusent et je crois que je les aime bien.

Hier je suis allée au cinéma; c'était un film bizarre, mais ça m'a donné envie de parler; je pense que tu gaspilles ton temps à des choses sans intérêt; tu te gaspilles toi-même; tu n'aboutiras à rien; tu as peur de tout ce qui est sentimental; moi j'ai envie de te raconter une histoire. N'importe laquelle. N'importe laquelle. »

Réponse :
« Soit. Racontons des histoires. Elles n'ont pas grand-chose à voir avec cette sacrée réalité, mais c'est un plaisir; racontons les histoires les plus délicates possible, quelque chose comme l'histoire d'un jardin qui serait à la fois sous la neige et au soleil. Il y aurait des cerisiers un peu partout. Sauf au fond du jardin, où ce serait un grand mur, très blanc. La neige se serait accrochée aux branches des cerisiers et sur le haut du mur. Seulement, à cause du soleil, elle fondrait doucement, et elle tomberait dans l'herbe, avec des bruits de gouttes, floc-floc.

Et un des arbres se plaindrait : « silence !

129

silence ! je ne peux pas dormir ! » gémirait-il. En faisant craquer ses ramures.

Mais les gouttes continueraient à tomber par terre, en faisant encore plus de bruit. Le soleil dirait :

« Dormir ! Qui parle de dormir ! Personne ne doit dormir quand je suis là, et que je veille ! »

Et sur les poiriers, il y aurait de grosses poires mûres, avec une cicatrice à la place de la bouche. Les oiseaux auraient fait cette cicatrice, mais ça pourrait quand même ressembler beaucoup à une paire de lèvres. Et les poires riraient très fort.

Alors un des cerisiers, le plus âgé, commencerait à se plaindre :

« Silence ! Il faut que je dorme ! Il faut que je dorme ! Sans quoi je ne pourrai jamais fleurir ! »

Les gouttes n'en tiendraient pas compte. Juste avant de tomber, quand elles sont encore retenues par la queue sur les branches, elles crieraient avec des voies suraiguës : « Silence ! silence ! La queue du chat balance ! » Pour se moquer.

Ça serait partout pareil dans le jardin. Les particules de neige s'écraseraient doucement, paisiblement, sur l'herbe, et ça serait drôle, parce que ça donnerait un bruit de pluie alors que le soleil brillerait à pleins feux. & tout le monde se plaindrait. L'herbe, parce qu'elle est verte et qu'elle voudrait changer de couleur. Les brindilles mortes parce qu'elles sont mortes. Les racines parce qu'elles voudraient bien voir le ciel ; les mottes de terre parce qu'elles ont trop de phosphate, les brins d'herbe parce qu'ils étouffent. Et les feuilles de fraisier, parce qu'elles ont du duvet blanchâtre et que c'est vaguement ridicule, pour une feuille, d'avoir du duvet blanchâtre. Puis le jardin changerait petit à petit ; il n'y aurait presque plus de neige sur les cerisiers ; plus du tout sur le haut du mur. Il n'y aurait presque plus de soleil, non plus, pour la faire fondre. Les bruits commenceraient à être différents. Par exemple, le cerisier, pour se venger, ferait craquer ses branchages. Les poires mûriraient, tout d'un coup, et elles tomberaient par terre ; les unes s'écraseraient, en tachant l'herbe de brun blet. Les autres réussiraient à s'enfuir, et elles ramperaient en bavant du suc par leurs cicatrices. Le mur, lui, serait quand même toujours droit, calme, silencieux. Tout blanc. Il ne bougerait pas. Et il se produirait ceci : en voyant le mur si beau, si noble, tout le reste du jardin prendrait honte de son agitation sonore.

Alors, graduellement, on verrait le jardin redevenir doux et glacé. Il n'y aurait plus rien que des turbulences anodines, en tous points microscopiques. Encore quelques heures, et ce serait blanc, vert, rose ; comme un beau gâteau de sucre candi, tranquille, et le sommeil, avec la nuit, viendrait bien à point, oui, réellement bien à point, sur toutes ces feuilles, hein. »

Réponse :
« Ma chère Michèle,
Aujourd'hui encore, j'ai pensé que l'été finirait bien un jour ; je me suis demandé ce que je ferais quand l'été serait terminé, qu'il ne ferait plus si

chaud, sans soleil, qu'on verrait l'eau envahir toutes les choses, l'eau de pluie, incessamment, goutte après goutte.

Il y aura l'automne, et l'hiver. On dit qu'il fera froid quand l'été sera fini. J'ai pensé que je ne saurais plus où me mettre. J'ai pensé que les gens qui habitent cette maison reviendraient, un soir, en voiture. Ils claqueraient les portières et grimperaient le sentier qui monte à travers la colline ; ils envahiraient à nouveau la maison. Alors, j'ai pensé qu'ils me flanqueraient dehors, peut-être à coups de pied. A moins qu'ils n'appellent les gendarmes. Et on m'amènera quelque part, de force, sûrement dans un endroit où je n'aurai pas envie de rester. C'est tout ce que je peux imaginer. Après, ça redevient flou, je ne sais pas ce qui m'arrivera.

On me reprochera certainement des quantités de choses. D'avoir dormi là, par terre, pendant des jours ; d'avoir sali la maison, dessiné des calmars sur les murs, d'avoir joué au billard. On m'accusera d'avoir coupé des roses dans le jardin, d'avoir bu de la bière en cassant le goulot des bouteilles contre l'appui de la fenêtre : il ne reste presque plus de peinture jaune sur le rebord en bois. J'imagine qu'il va falloir passer sous peu devant un tribunal d'hommes ; je leur laisse ces ordures en guise de testament ; sans orgueil, j'espère qu'on me condamnera à quelque chose, afin que je paye de tout mon corps la faute de vivre ; si on m'humilie, si on me fouette, si on me crache au visage, j'aurai enfin une destinée, je croirai enfin en Dieu. On me dira peut-être que je vis en tel ou tel siècle, le

XXVIe par ex., et vous verrez jusqu'à quel futur je durerai.

Mais je préfère penser à ce que je pourrai faire, si on me laisse partir en liberté.

C'est difficile à dire, parce que j'ai une foule de plans dans la tête, déjà. Et c'est drôle, parce qu'au fond, je n'y ai pas tellement réfléchi ; j'ai eu des idées, naturellement, comme tout le monde, en me promenant seul dans la ville, ou avec toi, Michèle, ou encore abruti dans ma chambre, allongé sur ma chaise longue.

Par exemple, je pourrais me mettre en deuil, avec une barrette noire sur un complet gris. Je marcherais dans les rues, et les gens penseraient que j'ai perdu quelqu'un de ma famille, un proche, un parent, ma mère. Je suivrais tous les enterrements, et quand la cérémonie serait terminée, il y en auraient qui me serreraient la main, et d'autres qui m'embrasseraient, en murmurant tout bas des phrases de regret. Ainsi, ma plus grande occupation serait de lire la rubrique nécrologique dans les journaux. J'irais à toutes les funérailles, les belles comme les pauvres. & je m'habituerais peu à peu à la vie des enterrements. J'apprendrais les phrases qu'il faut dire, la façon de baisser les yeux ou de marcher tout doucement.

J'aimerais aller dans les cimetières, et je toucherais avec plaisir le front des morts ; les yeux pâles et distendus, les mâchoires vides ; les dalles de marbre des tombes, et je lirais ce qu'on a écrit au milieu de la couronne mortuaire, sur la banderole qui s'agrafe aux violettes de plâtre :

« Regrets »
Je pourrais au besoin psalmodier :
« Ce jour, jour de colère,
De calamité et de misère,
Ce jour grandiose et amer.

Quand tu viendras juger
La Terre par le Feu... »

Je pourrais aussi voyager ; j'irais dans beaucoup de villes que je ne connais pas, et je me ferais un ami dans chaque ville. Puis, plus tard, je retournerais dans ces villes : mais je ferais exprès d'y aller les jours où je serais sûr de ne pas pouvoir rencontrer cet ami. Par exemple, j'irais à Rio le jour du Carnaval. Je sonnerais à la porte de cet ami, mettons Pablo, et naturellement il ne serait pas là. Alors, je pourrais prendre une feuille de papier, et j'écrirais une courte lettre :
« Mon cher Pablo,
Je suis venu aujourd'hui à Rio pour te voir.
Mais tu n'étais pas chez toi. Je suppose que
tu étais au Carnaval, comme tout le monde.
Je regrette de n'avoir pu te trouver. On
aurait pris un pot ensemble et on aurait
parlé. Je repasserai peut-être l'année
prochaine. Ciao.
Adam Pollo. »
Ou bien j'irais à Paris le jour du Quatorze Juillet, à moins que ce ne soit à Moscou pour le Défilé sur la Place Rouge, à Rome pour le Concile, ou à Newport le jour du Festival de Jazz.
La vraie difficulté serait de bien choisir mes

134

amis ; il faudrait que je sois certain de leur absence le jour où je viendrais les voir.

Sans quoi, le petit jeu serait rompu, et je risquerais de ne plus avoir le courage de continuer. Je me tromperais de dates, et quand je sonnerais, leurs portes s'ouvriraient toutes grandes, et ils s'exclameraient, avec un bon sourire :

« Adam Pollo ? Toi ici ? Quelle bonne surprise ! Si tu étais venu demain, tu ne m'aurais pas vu, il y a la Course de Taureaux... »

Oui, une certaine méthode ne serait pas dépourvue d'intérêt pour ce genre d'amusements. Il faudra que j'y pense souvent ; je m'achèterai peut-être un almanach, pour y consigner les dates des fêtes et des événements, dans chaque ville du monde. Évidemment, il y aurait toujours le risque que l'un d'eux soit tombé malade, ou devenu original, et qu'il n'ait pu aller à la fiesta. Mais ce sont ces dangers qui donnent du goût à la tentative. Ce que je t'ai dit là, ce ne sont que deux idées entre mille autres ; parce que j'ai inventé un tas de combinaisons différentes pour vivre en société. Je pourrais être malade de l'éléphantiasis, ce qui, j'ai remarqué, dégoûte toujours la plupart des gens, et les maintient à distance. Je pourrais aussi être prognathe ; là, les autres sont apitoyés, et ils ne veulent jamais voir comment les dents d'en bas jaillissent en avant quand on entrouvre les lèvres. Boiter d'une jambe, à cause d'un eczéma, être un triste sire, ou bien se curer les dents avec une petite cuiller en celluloïd rouge, dans le genre de celles qu'on trouve dans les paquets de lessive, en guise de prime, ne sont pas de mauvais moyens. On peut aussi se chercher des caries avec la pointe d'un couteau, pendant des journées entières. D'une façon générale, tout ce qui ressemble à une maladie, à de la folie, ou à des infirmités, est bon.

Mais il y a des positions favorables, dans la vie sociale, qui font qu'on vous laisse en paix ; certains métiers, comme sourcier, souteneur, jardinier, sont particulièrement intéressants.

J'ai réfléchi souvent que j'aimerais bien être opérateur dans la cabine de projections d'un cinéma. D'abord, on est enfermé dans une petite pièce, tout seul avec la machine. A part la porte et les meurtrières qui laissent passer le rayon lumineux, il n'y a pas d'ouvertures. Tout ce qu'on a à faire, c'est placer la bobine sur son axe, et pendant qu'elle se déroule, avec un ronron agréable, on peut fumer des cigarettes, et boire de la bière au goulot, en regardant la lumière de l'ampoule électrique violacée, et en se disant qu'on est comme à bord d'un paquebot de tourisme, un des rares personnages à ne pas être dupe de ce qui se passe. »

Réponse :

« Ma chère Michèle,

Maintenant qu'il paraît qu'il va pleuvoir bientôt Maintenant qu'il paraît que le soleil va faiblir, de jour en jour, d'un rai à l'autre, jusqu'à sa mort par la métamorphose en boule de neige, et que je vais devoir suivre son refroidissement, engoncé au fond de ma chaise longue,

Maintenant que j'ai l'impression que ça va être le début du triomphe des infirmes et des culs-de-jatte, Maintenant que j'abandonne la terre au règne des termites, je crois que tu devrais venir.

N'as-tu donc pas envie, comme moi, de venir dormir au milieu des derniers restes de la lumière ?

N'as-tu pas envie vraiment de venir me raconter une histoire tranquille, pendant que nous boirions de la bière ou du thé, et qu'on entendrait des bruits passer la fenêtre ? Et puis on serait nus, et on regarderait nos corps, on compterait quelque chose sur nos doigts, et on referait mille fois la même journée ?

On lirait le journal.

Quand donc les gens de la maison reviendront-ils ? Je voudrais bien que tu me dises une fois, qui a gravé ces choses sur la feuille d'aloès, et qui a tué cet animal,

le rat blanc mort empalé peut-être aux deux yeux bleus vitrifiés avec son courage dans l'embrouillamini des buissons d'arbouses et qui n'a pas pourri mais qui s'est embaumé et doit être aujourd'hui tout transpercé de chaleur. »

J. Il pleuvait. Donc le chien ne serait pas à la plage cette fois-ci. Où serait-il ? Personne ne le savait. Chez lui, sans doute ; à moins qu'il ne se décidât quand même à errer dans les rues, avec son gros dos laineux bossu sous les gouttes.

Adam alla voir à la plage, sans trop d'espoir. La plage était laide, sous la pluie. Les galets mouillés n'avaient plus l'air de galets, le ciment de ciment, et la mer la mer. Tout avait coulé l'un sur l'autre, et s'était mélangé en faisant de la boue. Naturellement, on ne voyait rien du soleil. A sa place dans le ciel, il y avait un drôle de petit nœud de mouettes, et à l'endroit où il se reflétait d'habitude, un autre petit nœud d'algues noires.

En ville, Adam trouva qu'il faisait presque froid. Il ne savait pas trop où aller ; il ne savait pas s'il aimait la pluie ou non. S'il ne l'avait pas aimée du tout, il n'aurait pas hésité à entrer dans un café, et à boire tranquillement de la bière en s'ennuyant. Mais il n'était pas assez sûr de ne pas l'aimer pour faire cette dépense. En se laissant aller, il arriva dans une espèce de Grand Magasin. A cause de la

138

pluie, il y avait trois fois plus de monde que d'ordinaire. Adam se faufila entre les rayons, en se disant qu'il ne resterait pas là très longtemps.

Puis il se trouva bloqué par une grosse femme qui regardait des chaussettes. Adam regarda aussi et vit qu'il y en avait de toutes les tailles. Le bleu dominait, sauf pour les chaussettes d'enfants, où c'était le blanc. La grosse femme s'intéressait principalement à cette catégorie. Elle les touchait un peu toutes, les étirait avec ses mains rougeaudes. En lui soulevant la robe-tablier avec le bout de la chaussure, Adam vit qu'elle avait des varices ; ça faisait une série de nœuds violacés sous la peau, et ça donnait envie de voir plus haut, comment ça se passait au niveau des cuisses. Mais un mouvement de foule attira Adam, et il abandonna la femme sans avoir pu en savoir davantage. Il s'arrêta devant le comptoir des disques, attendit un moment son tour, puis demanda à la serveuse :

« Vous avez Mac Kinsley Morganfield ? »

Avant qu'elle réponde, Adam regarda le visage de la fille ; il pensa qu'elle était jolie, avec sa face molle de petite fille à peu près saine, ses cheveux noisette, et surtout deux grosses lèvres très rouges, sans fard, qui s'entrouvraient en silence et faisaient briller au centre de la cavité chaude de la bouche une goutte de nacre ; certainement le son de sa voix allait découler du creux de sa gorge, et, en quatre vibrations de cordes vocales aiguës, terminer ce léger tremblement des commissures des lèvres, accomplir la dernière en date des apothéoses humaines, mi-désir, mi-coutume.

« Qu'est-ce que c'est ? » dit-elle.

« Mac Kinsley Morganfield » dit Adam ; « un type qui chante. »

« Qu'est-ce qu'il chante ? » dit la serveuse ; ses yeux hésitaient, vagues et fuyants, autour de la partie circum-oculaire du visage d'Adam.

« C'est un chanteur américain » dit Adam ; « un nègre qui chante le blues. » La jeune fille s'en alla vers le fond du comptoir. Elle ouvrit un tiroir et se mit à chercher dans une rangée de disques.

Adam l'observa dans le dos, et surtout vers la nuque, la nuque ployée en avant, ronde, blanche, sous la naissance de milliers de petits cheveux fous. Il ne comprenait toujours pas le pouvoir d'un nom imaginaire, comme « Mac Kinsley Morganfield » ou « Gallaher's blues » ou « Ricardo Imprès » à faire ainsi ployer à volonté la nuque ronde des petites filles vendeuses de disques dans les Grands Magasins.

Après, elle se retourna, et dit non, qu'elle n'avait pas ce disque-là.

Adam avait encore envie de voir sa nuque ; il lança un autre nom, au hasard.

« Et Jack Crivine ? »

Mais la fille sembla comprendre. Elle sourit un peu et répondit :

« Non, je ne connais pas. »

Adam, déçu, la remercia et s'en alla. Et pourtant, tandis qu'il fuyait, il sentit son œil, grand œil vert, qui regardait son dos.

Il y avait des livres, accrochés à une espèce de tourniquet en fil de fer ; Adam pensa qu'il pourrait

venir dans le magasin, tous les jours, à la même
heure, par exemple, et lire une page d'un livre
choisi. Si le livre avait 251 pages, il mettrait
environ 251 jours à le lire. Probablement un peu
plus, compte tenu des couvertures, préfaces, tables
des matières, et des jours où il ne pourrait pas venir.
Adam prit un livre au hasard sur le tourniquet ; il
l'ouvrit vers le milieu et lut :

en arrière jusqu'aux bossoirs pour reprendre son
élan ; mais à chaque charge nouvelle, sa course
devenait plus limitée. Le porc la cernait. Tout à coup,
et principalement parce qu'il était surpris de sa
propre témérité, il lança un cri épouvantable, et
fondit sur elle. Il l'avait coincée contre le cabestan, et
pendant l'espace d'un éclair il put la mordre et la
piétiner. C'est une chèvre très assagie qui fut alors
emmenée dans ses quartiers ; mais les enfants étaient
disposés à l'aimer à jamais, pour les coups héroïques
qu'elle avait portés au vieux tyran.

Toutefois, il n'était pas absolument dépourvu de
sentiments humains, ce cochon. Le même après-
midi, étendu sur le grand panneau, il était en train de
manger une banane. Le singe du bâtiment, se
balançait au-dessus de lui, au bout d'une corde
lâche. Et, guignant cette proie, il se laissa glisser
aussi bas que possible, de manière à la lui arracher
des pattes. On n'aurait jamais pu penser que le
masque immobile d'un porc pouvait exprimer une
telle stupeur, un tel désespoir, un sentiment si piteux
d'injustice.

Adam referma le livre ; cette page, à proprement
parler, n'avait rien de si émouvant ; et cependant,
en raccrochant le livre au tourniquet de fil de fer,
Adam sourit tendrement. Il pensa qu'il découvrirait
petit à petit, au sein de son monde clos, des tas de

141

choses inconnues, des combats de bêtes fauves, des ponts de bateaux surchargés de charbon et de soleil. Avec seaux d'eau et rouleaux de cordages goudronnés. Il se promit de revenir le lendemain, ou plus tard, pour lire une autre page.

Il était content de vivre dans un univers modèle réduit, bien à lui, tout doux, que mille jeux divers occupaient.

K. Adam sortit tout à coup du magasin. Il mit une cigarette entre ses lèvres ; en louchant, il put la voir se tacheter de gouttes d'eau. Quand le papier fut complètement mouillé, il l'alluma et écouta le grésillement que faisait la braise en luttant contre l'humidité.

Il descendit quelques rues, de façon à aboutir à la promenade du bord de mer.

Il y avait longtemps, aujourd'hui, très longtemps qu'il n'avait pas plu. On pouvait s'en rendre compte, rien qu'à l'odeur que dégageait la pluie, en se mêlant à la poussière des trottoirs.

Adam se mit en route le long de la mer ; l'eau douce dégoulinait en ruisseaux le long de ses tempes, à travers ses cheveux, et à l'intérieur du col de sa chemise. Elle se frayait un passage en rigoles dans la carapace de sel que des mois de soleil et de bains de mer avaient façonnée. C'était une drôle de promenade : une route assez large, goudronnée, qui passait au bas des jardins ; la première partie longeait les quais du port, la seconde une série de

143

petites criques, qui servaient de plages aux touristes. Il n'y avait qu'un trottoir, du côté de la mer. Ainsi, les jours de beau temps, on pouvait admirer en passant une foule de sadiques pensifs qui, dos courbé, les coudes appuyés à la balustrade, admiraient une autre foule de masochistes endormis, nus en bas sur les plages.

On faisait son choix ; quelquefois en haut, avec les sadiques, on rivait ses deux gros yeux sur un ventre quelconque, habituellement percé d'un nombril.

Quelquefois en bas, on avançait un peu en trébuchant sur les galets bouillants, puis on se dénudait, et on se fixait sur le dos, les bras en croix, sous l'avalanche de la chaleur et des regards qui lorgnent. La preuve, c'est, qu'en un jour comme celui-ci, il n'y avait personne d'accoudé à la balustrade, parce qu'il n'y avait personne d'assez fou pour s'étendre nu, sous la pluie, sur la plage. A moins que ce ne fût le contraire.

De toute façon, il n'y avait personne. Adam marcha doucement, les mains dans les poches. La pluie avait éteint sa cigarette ; il la jeta par-dessus le parapet et la regarda tomber plus bas sur les quais. En relevant les yeux, il aperçut au loin, deux grues, et un bateau.

Absolument rien dans ces ferrailles noires ne bougeait. Les bras étendus, les grues restaient figées dans une espèce de crampe sinistre ; le navire, encastré entre elles, fumait à peine. Il portait partout une couleur faite de rouge obscur, et la pluie mouillait ses hublots. A la poupe, en lettres majuscules, on voyait un demi-nom recourbé. C'était :

« DERMY »

et

« SEILLE »

Ce qu'on ne voyait pas, ce devait être, « Commandant » ou « Amiral » ou « Capitaine » ou encore « Ville de ». Ç'aurait pu être « Pachy » ou « Epi » ou n'importe quoi. L'autre mot, en dessous, on aurait pu facilement parier dix millions que c'était « Marseille », si on avait eu les dix millions, ou si c'en avait valu la peine.

Mais ce n'était pas tout ; la pluie tombait toujours, et on entendait venir de toutes parts un bruissement de feuilles mortes ; c'était le fracas uniforme, qui résonnait seul dans le paysage sale. Adam se sentit prendre par une nonchalance funeste ; il se pencha un peu, et s'appuya contre la balustrade de fer. Il la prit entre ses doigts et laissa l'eau de ses bras dégouliner comme du sang sur les barreaux mouillés. Il pensa sans doute aussi à sa mort prochaine, à son corps vidé, étalé en long sur le ciment d'un quai de pluie et de nuit, à son cadavre volontaire, blanc comme un matin, qui rayonnerait encore d'un mince filet de sang, d'un cheveu de vie courante, l'ultime racine s'enfonçant au plus profond de la terre. Il écouta le bruit qui fusait de la mer comme une cascade ; tout, devant lui, jusqu'à la pointe des docks, était doux et tranquille, et pourtant tremblotait de menace et de haine. Il sentit son cœur battre de plus en plus fort, de plus en plus vite ; et il s'affala, la poitrine contre

145

la balustrade de métal. Les quais déserts étaient encombrés de marchandises abandonnées, les unes recouvertes de bâches, les autres non.

Debout contre l'eau et sur l'eau, on avait laissé traîner deux grues et un navire. C'étaient des ruines aiguisées, des empilements de lames de rasoir brisées, qui crissaient en fendant les gouttes de pluie. On avait tout quitté, pour un peu d'orage ; quelque objet, l'ombre pâle d'un reste de meurtre, recouvrait les matériaux épars. Il n'y avait plus de travail, et c'était la mort.

Peut-être, sait-on jamais, restait-il encore un souffle de vie, par-ci, par-là, caché, derrière les décombres. Pas dans les trous d'obus, en tout cas ; ni par là-bas, on vous dit. Une touffe d'herbe, ivre de pluie, ployée sous la poussière de charbon, et crevant encore les placages de bitume. Peut-être une paire de fourmis, peut-être un chat, peut-être une espèce de marin, en train de fumer sa pipe, dans un bidonville vidé.

Mais ceux-là ne comptaient pas ; ils n'étaient que fantômes et Cie.

Comprenez-vous, ce qui arrivait à Adam, en tel jour de pluie, aurait aussi bien pu lui arriver n'importe quel autre jour. Un jour de grand vent, par exemple. Ou un jour d'équinoxe, ou bien un de ces fameux jours de soleil. Avec d'immenses plaques de lumières étalées sur la terre ; il y aurait eu une foule énorme sur la Promenade, des femmes, des enfants. Les voitures auraient fait un grondement continu derrière lui ; il aurait rencontré des groupes de garçons et de filles, en sweaters, en T

146

shirts, et en blue-jeans, qui l'auraient croisé en allant à la plage; ils auraient fait gueuler leurs transistors en passant devant lui. Comme

> « But darling darling
> Keep in touch
>
> Keep-in-touch
>
> Keep-in-touch-with-me. »

Et là-bas, en bas, sur les docks, on aurait fait virer les grues, on aurait fait fumer le navire, crier les hommes, rouler des fûts d'huile et arrimer les gros rondins de liège; on aurait fait la terre sentir la houille et le mazout, et l'air résonner de coups de marteaux sur les coques rouillées des cargos. C'est cela, on aurait fait tout ce qui se fait un jour de soleil. Mais Adam aurait deviné quand même; il se serait assis, tout abasourdi, sur un banc de la promenade, et il aurait vu comme aujourd'hui l'espace se peupler de fantômes. Il aurait senti la mort envahir tous ses mouvements, au lieu d'être grise et sans travail, la mort aurait été rouge, blanche et laborieuse.

Il y aurait quand même eu un bruit unique, surpassant tous les autres, voisin de la pluie, tout proche du vacarme des cascades, ou du sifflement des locomotives, qui aurait fusé de toutes choses. C'était une espèce de destin : Adam avait dépassé les données de ses sens, et dès lors, pour lui, plus rien ne bougeait. Il réconciliait toutes les mesures du temps et du mouvement, du papillon au rocher. Le temps, devenu universel, se détruisait par sa propre complexité. Maintenant, dans sa compréhension du monde, tout était exactement mort ou vif.

Après, ça n'importait plus tellement qu'il se relève, qu'il se remette à marcher le long de la rambarde, en sifflotant un air de valse entre ses dents. Qu'il passe le long d'une grande flaque d'eau jaune, en train de bouillir sous la pluie. Qu'il écrase du bout de la semelle une boîte d'allumettes vide où il y a écrit, sur l'envers : (I 25 A) — Ça n'importait pas non plus qu'il essaie, en marchant, d'entrevoir au fond d'un jardin le petit temple de stuc qu'une vieille famille bourgeoise avait fait dresser, en des temps plus prospères. Ou qu'il croise au hasard un groupe de séminaristes, drapés frileusement dans leurs soutanes noires, en train de chuchoter :

« A Castelnaudary, vous ne saviez pas ? »

« Il m'a dit cependant qu'il valait mieux ne » et de rire.

Non, ça importait peu, parce qu'ils avaient cessé de vivre de toute vie vivace ; ils n'étaient plus clairs, plus vainqueurs, mais rien que des apparitions maigres, les annonciateurs d'un grand vide qui allait survenir, un jour ou l'autre. Ils prophétisaient toutes les occasions de mort, la rafale de mitraillette tirée d'une voiture, le couperet de la guillotine, les étouffements sous des oreillers, les étranglements, les poisons, les meurtres à coup de hache, les embolies, ou tout simplement les écrasades en pleine

148

rue, sous quatre pneus de caoutchouc vulcanisé.

Adam l'attendait à chaque pas, cette fin brutale. Ce n'est pas difficile à imaginer. Il pouvait être foudroyé par un éclair ; on le ramènerait du haut de la colline, sur une civière, noir et brûlé, sous les grognements de la tempête. Il pouvait être mordu par un chien enragé. Empoisonné par l'eau. Ou bien, trempé de pluie comme il l'était, il pouvait fort aisément attraper une fluxion de poitrine. Il pouvait, en laissant traîner sa main sur la rembarde, se blesser avec une écharde de métal et contracter le tétanos.

Recevoir un aérolithe sur la tête. Ou un avion. La pluie pouvait occasionner un glissement de terrain et faire crouler la promenade, en l'écrasant sous des tonnes de terre. Un volcan pouvait surgir sous ses pieds, là, à chaque seconde. Plus simplement, il se pourrait qu'il glisse sur le macadam mouillé, ou sur une peau de banane, pourquoi pas, et se rompre les vertèbres cervicales en tombant en arrière. Un terroriste pourrait le prendre pour cible, ou un fou, et l'abattre d'une balle dans le foie. Un léopard s'échapper d'une ménagerie et le mettre en pièces au coin d'une rue. Il pourrait massacrer quelqu'un et être condamné à la guillotine. Il pouvait s'étrangler en mangeant une dragée. Ou bien la guerre, la guerre soudaine, éclater une catastrophe gigantesque, un genre de bombe, soulever un champignon de fumées au milieu des éclairs, et l'anéantir, le volatiliser, lui, Adam, le chétif Adam, en une crispation atmosphérique infime. Son cœur cesserait de battre, et le silence envahirait son corps ;

dans une réaction en chaîne, le froid monterait lentement le long de ses membres, jusqu'à la stupéfaction immense ; il découvrirait vaguement dans ses replis de chair rouges, autrefois tièdes, quelque chose d'un cadavre.

Chacun de ses pas était un danger nouveau ; qu'un coléoptère vînt à pénétrer par sa bouche ouverte et bloquât sa trachée-artère ; qu'un camion en passant perdît une roue et le décapitât, ou que le soleil s'éteignît ; ou qu'il prît soudain à Adam la fantaisie de se suicider.

Il se sentit las tout à coup ; peut-être las de vivre, las d'avoir à se défendre sans cesse contre tous ces dangers. Ce n'était pas tant sa faim qui comptait, que le moment où il déciderait qu'il serait prêt à mourir. Il avait horreur de ce changement bizarre, qui interviendrait certainement un jour ou l'autre, et l'obligerait à ne plus penser à rien.

Adam s'assit sur le dossier d'un banc ; il avait dépassé les docks depuis un bon moment. A cet endroit, la promenade longeait les criques rocheuses. Un homme passa à bicyclette sur la route ; il était vêtu d'un imperméable en toile cirée et de bottes de marin. Dans sa main droite, il portait une canne à pêche démontée et dont les tronçons avaient été fixés par trois élastiques à chaussettes. Les sacoches de sa bicyclette semblaient pleines, de chiffons, de poisson, ou d'un chantail de laine ; en pédalant sur la route, avec un bruit gluant, il tourna la tête vers Adam et le regarda. Puis il cria d'une voix enrhumée, en montrant la direction d'où il venait :

« Hé ! Il y a un noyé, là-bas ! »

Adam le suivit des yeux. Pensant qu'il n'avait pas compris, l'homme, déjà loin, se retourna et cria de nouveau :

« Un noyé ! »

Adam se dit qu'il avait raison : les noyés, comme chacun sait, constituent un divertissement de choix, pour tous ceux qui errent sans but le long de la mer, trempés jusqu'aux os, et parfois assis sur le bord du dossier d'un banc. En se levant, il pensa qu'il y aurait ainsi, un peu partout, un noyé par jour. Pour montrer aux autres comment il faut faire ; pour les mettre en demeure de périr.

Adam marcha plus vite ; la route faisait un tournant autour d'une sorte de cap, et on ne voyait rien : la noyade devait avoir eu lieu de l'autre côté ; peut-être au Roc-plage, ou au niveau du fortin allemand, en face du Grand Séminaire ; il paria que, malgré la pluie, il y aurait beaucoup de gens en train de regarder vers la mer, beaucoup de gens, et tous heureux, en dépit de ce léger pincement des narines et du cœur, où l'impudeur s'arrêterait un instant, le temps de se charger d'un rien de honte, avant de déferler, mêlée à l'haleine épaisse des repas et des vins, vers celui-*ci*, vers l'*objet*. En effet, dès qu'Adam eut passé le tournant, il vit, assez loin sur la route, un rassemblement. C'était un groupe d'hommes, la plupart des pêcheurs en cirés. Il y avait aussi une camionnette de pompiers, les portières arrière ouvertes. En s'approchant, Adam distingua une autre voiture arrêtée ; mais c'était une voiture de marque étrangère, quelque chose comme la Hollande, ou l'Allemagne. Le couple de touristes était descendu et ils essayaient de voir, sur la pointe des pieds.

Au fur et à mesure qu'Adam s'approchait de l'endroit, il lui semblait découvrir plus d'animation. En se penchant par-dessus le parapet, il vit, sur la place, un radeau pneumatique en matière plastique jaune, et deux hommes-grenouilles en train d'ôter leurs combinaisons.

On n'avait pas dû repêcher le corps depuis bien longtemps parce qu'on voyait encore, sur le petit escalier qui montait vers la route, des flaques d'eau de mer que la pluie n'avait pas encore fondues. Dans l'une d'elles traînaient de minces brins d'algues. Quand Adam arriva, on le laissa passer au premier rang sans rien dire, peut-être parce qu'il avait lui-même, à force d'être resté sous la pluie, l'air d'un noyé.

Et Adam vit qu'au milieu du cercle des badauds, posé à plat sur le sol de gravillons comme un tas de chiffons, il y avait cette chose ténue, ridicule, qui n'avait plus rien de terrestre, et rien non plus d'aquatique. Ce monstre amphibie, c'était un homme sans âge, n'importe lequel d'entre les hommes. Sa seule particularité, qui donnait envie de rire, d'un rire du fond de gorge, c'était la somme d'eau qu'il représentait, tant en chairs qu'en habits, au centre de ce paysage mouillé; c'était d'être un noyé sous la pluie. La mer avait déjà défait son corps. Encore quelques heures, et on sentait qu'il aurait ressemblé à un poisson. Il avait deux grosses mains bleues, et sur les pieds, l'un nu, l'autre

152

chaussé, on voyait des touffes de varech. Du plus profond des vêtements tordus, rincés, imbibés d'eau de mer, la tête et le cou pendaient, inertes. Son visage était bizarrement mobile, bien que mort ; il fourmillait de toutes parts d'une sorte de mouvement étranger à la vie ; l'eau qui gonflait les joues, les yeux et les fosses nasales, tressautait sous la peau, à chaque goutte qui tombait du ciel. Cet homme de quarante ans, honnête et travailleur, était devenu en l'espace de quelques heures un homme liquide. Dans la mer, tout avait fondu. Les os devaient être de la gelée, les cheveux des goémons, les dents des graviers, la bouche une anémone, et les yeux, grands ouverts, fixaient droit en l'air, vers l'endroit d'où vient la pluie, cachés derrière une pellicule vitreuse. Invisible, une atmosphère mêlée de vapeur devait faire des bulles, entre les côtes en forme de branchies. Le pied nu, vissé dans la jambe du pantalon comme un postiche, avait gardé des couches profondes de la mer une peau graisseuse ou grise, simulant entre les orteils des extensions de nageoires naissantes. C'était un têtard géant, descendu par accident du haut de la montagne ; là-bas, les flaques d'eau dans les creux de tourbe, frissonnaient solitaires sous le vent.

Quand un des sapeurs-pompiers tourna la tête du noyé, la bouche s'ouvrit et il vomit. Un des spectateurs dit :

« oh... »

L'animation des badauds était tombée ; maintenant, ils restaient figés sur place, de pierre, et la pluie ruisselait sur leurs têtes. Seuls les sapeurs-pompiers bougeaient encore, giflant à pleines mains l'homme mort, parlant entre eux à voix basse, manipulant des flacons d'alcool.

Mais le noyé restait seul, ramassé sur le sol, les yeux troubles, prêts à une détente imaginaire, peut-être à un bond qui le ramènerait vers l'élément de sa résurrection. Et la pluie dure continuait à tomber sur ses chairs bleues, en clapotant plus fort, comme si elle frappait sur une mare.

Puis, tout se passa très vite ; on apporta une civière blanche ; les sapeurs firent reculer le cercle des spectateurs ; on eut un instant la vision d'un corps bizarre qui fuyait, gris et mélangé, vers l'ambulance. Les portières claquèrent. Il y eut une rumeur, la foule marqua un pas ; et la voiture retourna vers la ville, emportant son fardeau dégouttant ; sur le milieu de la route, là où les gens évitaient encore de marcher, pour juste quelques heures, il se mit à flotter malgré la pluie une odeur puissante de mer. La mare en forme de roue était bue lentement par le sol de graviers, et tous, on est le cœur serré par un passage étrange ; le corps de l'homme mort, maintenant, se dépouillait tranquillement de son souvenir risible. Il coulait bas au fond des esprits, qui n'essayaient même plus de le retenir, de l'imaginer ballotté dans les morgues et les fosses communes. Il était un drôle d'archange, blanc ou couvert de cuirasses. Il était enfin vainqueur, unique et éternel. Sa main impérieuse, gantée de bleu, nous montrait la mer d'où il était né. Et le rivage, la frange de vagues toute baignée d'ordures, nous invitaient vers eux. Des sirènes en forme de flacons de brillantine vides, des sardines décapitées, des jerrycans et des poireaux fleurde-lisés, chantaient à voix rauque leur cantique d'appel ; nous devrions descendre l'escalier encore maculé de flaques, et sans ôter nos habits, laisser aller nos corps au milieu du flot. Nous franchirions la lisière où flottent les peaux d'orange, les bouchons et les taches d'huile, et nous irions droit vers le fond. Dans un peu de vase, pénétrés par le dard de l'osmose, avec le fretin entrant dans nos bouches, nous serions immobiles et doux.

Jusqu'à ce qu'un groupe d'hommes, vêtus comme des monstres, vienne nous chercher, croche des gaffes derrière nos nuques, et nous ramène au jour, et nous conduise en ambulance vers la morgue et le paradis.

L. Quand on a vu un noyé, une fois, à peine retiré de l'eau, encore couché sur la route, on n'a pas grand-chose à ajouter. Surtout quand on a compris pourquoi il y a des gens qui se noient, certains jours. Le reste ne compte pas. Qu'il pleuve ou qu'il fasse beau temps, que ce soit un enfant ou un homme, ou une femme nue avec un collier de diamants, etc., cela indiffère. C'est l'espèce de décor d'un drame permanent.

Mais quand on n'a pas compris, par exemple. Quand on se laisse distraire par les détails qui semblent justifier l'événement, lui donner une réalité, mais qui n'en sont que la mise en scène ; alors, il y a beaucoup à dire. Ils s'arrêtent, descendent de leurs automobiles, et les voilà qui entrent en jeu. Au lieu de voir, ils composent. Ils se lamentent. Ils prennent parti pour l'un, ou pour l'autre. Ils élucubrent et écrivent des poèmes.

Il demande d'où vient cette poussière souterraine à sa place sur les choses. Régnant doucement. au beau milieu des rouages. un granit en miettes.

156

ça pétrifie les surfaces planes, dit-il.
il veut encore de l'ennui et du goût : les cendres.
il écoute. il faut alors le laisser tel
attendre son bon plaisir de grand prêtre.
il attend de toutes les formes qu'elles lui rappellent
un vœu oublié : on dirait qu'il attend la guerre.

c'est vrai, il se peut qu'il se trompe
que la Guerre ne Soit plus Donneuse de Courage
mais Casseuse de Cailloux
C'est peut-Être Elle qui Émiette le Granit
C'est peut-Être Elle qui Fabrique la Poussière
la plus Dure
Les Écorchures millimétriques

Il demande
Il veut Il attend
Il compte sur ses doigts
et se ramasse pour bondir

il — oui, — AIME
la poussière dure

c'est pour ça qu'il ne sait pas
qu'il y a le sable,
ce qui s'appelle le sable
ce qui s'appelle la cendre
& les feuilles jaunes et les fientes
et la terre pluvieuse
les laves & autres graines
oui. tout ça.
qui s'appelle tendre poussière.

Et bien sûr (puisque celui qui écrit se fabrique un destin), ils font petit à petit partie de ceux qui ont noyé le type.

L'un d'eux, il s'appelle Christberg, dit :

« Mais, qu'est-ce qui s'est passé ? »

« Il y a eu un accident » dit sa femme Julie.

« Vous avez vu comment il était gonflé ? Il devait être resté un sacré bout de temps dans l'eau. Il paraît que ça faisait deux jours... » dit un pêcheur appelé Simonin.

« Sais-on qui c'est ? » dit Christberg.

Ils sont tous restés au même endroit, pourtant. Encerclant la tache d'eau de mer, où flottent des débris. — Comme si l'homme-de-tout-à-l'heure, le noyé, s'était mis à rétrécir, jusqu'à n'être qu'un minuscule insecte, à peine visible, nageant encore au milieu de la mare.

« C'est un homme ou une femme ? » demandait Julie.

« J'en ai vu un comme ça l'année dernière. A peu près au même endroit. Un peu plus loin quand même. Après le restaurant là-bas. J'étais à la plage, et il y avait une femme qui allait de l'un à l'autre en demandant. Vous n'avez pas vu Guillaume ? Comme ça, à tout le monde. On lui disait non. Elle — elle a fait ça pendant un certain temps. Après, on a vu quelque chose qui flottait entre deux eaux, pas trop loin du rivage. Il y avait un type qui savait bien nager, et il s'est mis à l'eau. Il a été le chercher. C'était Guillaume. C'était le — C'était un petit gosse de, de douze ans, je me souviens. Quand

158

l'autre l'a ramené à terre, il n'était pas beau à voir, je vous le dis. On l'a, on l'a étendu sur les galets, et il était tout mauve. On voulait empêcher sa mère de le voir, mais on n'a pas pu, c'était trop tard, elle est passée quand même. Elle l'a vu, et elle s'est mise à le tourner et le retourner sur les galets, en pleurant et en criant comme ça :

Guillaume, hé ! Guillaume !

Eh bien, à force de le retourner, vous savez, tout lui est sorti par la bouche. Du fiel, et des trucs laiteux, tout. Et des litres d'eau de mer. Mais c'est drôle, hein, il était mort quand même » raconta un homme qui s'appelait Guéraud.

« Mais qu'est-ce qui s'est passé exactement ? » répéta Christberg.

« Il paraît que c'est un noyé » chuchota sa femme.

« Vous croyez qu'il est mort ? » demanda Bosio.

« Après deux jours, je ne vois pas comment il pourrait encore être en vie » dit Joseph Jacquineau.

« Ils vomissent toujours quand on les retourne. Ils ont tellement avalé d'eau de mer, vous comprenez, la moindre secousse les fait rendre. Ah c'est pas joli la mort » dit Hozniacks.

« Même avec les choses, les piqûres qu'on leur fait au cœur et tout ? Ils disent qu'on peut les sauver même quand ils sont morts depuis des jours » dit Bosio.

« Vous y croyez, vous, à ces trucs ? » dit Simone Frère.

« Sais pas » dit Bosio.

« Allez savoir » dit Hozniacks, « je »

« Moi j'ai vu un type, mais ce n'était pas pareil. Celui-là, c'était un type qui avait été renversé par une voiture. Sans exagérer, les deux roues avant lui étaient passées sur le corps ; une sur le cou, l'autre sur les jambes. C'est bizarre, ça laisse les dessins des pneus sur la peau, ces voitures-là. Eh bien je vous garantis qu'on aurait pu faire toutes les piqûres qu'on aurait voulu, au bonhomme. Ça ne l'aurait pas réveillé. Il y avait du sang partout, jusque dans les ruisseaux. Et puis il avait les deux yeux qui lui étaient sortis de la tête. Comme un chat écrasé, absolument comme un chat écrasé » expliqua un homme appuyé sur une canne, et qui se nommait M. Antonin.

« Ils ont mis trois heures avant de le trouver » dit Véran. « Ils ont cherché partout le long de la côte. Et ici, ils ont fouillé pendant trois heures. Trois heures entières, ils ont fouillé. Je les ai vus depuis le début, parce que je me promenais le long de la mer. Je les ai vus par hasard. »

« C'est donc qu'on savait qu'il avait disparu ? » demanda Guéraud.

« Sûrement » répondit Véran.

« Il s'est peut-être suicidé. Il a laissé une lettre chez lui et on l'a retrouvée » dit Hozniacks.

Quelques-uns partaient déjà, en longeant le parapet. Ils faisaient claquer les portières en montant dans les voitures, et on entendait des groupes de badauds qui se hélaient :

« Hé ! Jeannot ! Tu viens ?

— Oui, attends-moi !

— Dépêche-toi !

« — Paul ! Paul !

— Hé ! Jeannot ! Alors !

— C'est fini, il n'y a plus rien à faire ici, viens ! »

La pluie les chassait les uns après les autres ; quelques nouveaux venus ralentissaient, en voiture, ou à pied, puis repartaient aussitôt, un peu inquiets de n'avoir pu savoir ce qui s'était passé ; ceux qui restaient avait rompu le cercle. Maintenant, ils s'étaient détournés des derniers vestiges de la mare d'eau salée, et ils regardaient du côté de la mer. L'horizon était vague, imprécis de brume et de couleur grise. Peu de mouettes volaient et la terre avait l'air d'être ronde.

« Il était en bateau ? » demanda Hozniacks.

« Ou alors il est tombé d'un rocher, en pêchant » dit Olivain.

« Non, non, ça doit être un bateau qui a chaviré, il était trop loin du rivage » dit Véran.

« Peut-être qu'il a eu un malaise ? Ça arrive » dit la femme à lunettes appelée Simone Frère.

« Oui, mais il y a deux jours, la mer était grosse » dit Bosio.

« Et en deux — en deux jours, il peut avoir fait du chemin. Les courants sont forts, par ici » dit Olivain.

« C'est vrai, la preuve c'est qu'on l'a cherché de partout » dit Hozniacks.

« Moi, j'ai vu un noyé, l'été dernier. Un jeune type. Je ne sais pas pourquoi, il avait plongé tout habillé d'un pédalo. Pour faire le malin, probablement. Et puis il a coulé d'un seul coup. On l'a repêché, on a tout essayé, la respiration artificielle,

161

les massages, les piqûres et tout le bazar. Mais il n'est pas revenu » raconta Jacquineau.

« Oui, je me rappelle avoir lu ça dans les journaux » dit Véran.

« Mais il n'était plus jeune, celui-là ? » dit Hozniacks.

« Il y a beaucoup de noyades par ici » dit Simone Frère. La pluie dégoulinait sur leurs mentons, et collait leurs cheveux ; s'ils avaient su, ou vu, comme ils ressemblaient de plus en plus à des noyés. Il ne resta plus qu'un groupe de cinq personnes. C'était :

Hozniacks	pêcheur
Bosio	pêcheur
Joseph Jacquineau	retraité
Simone Frère	mère de famille
Véran	sans profession

Ils n'arrivaient pas à s'en aller. C'était le dernier souvenir de cet homme mort sous leurs yeux, et qui hantait encore un peu ces lieux, qui les maintenait réunis, à découvert sous la pluie. C'était leur mémoire humaine qui les rendait solidaires sans amour, et, plus que la mort ou la souffrance, leur faisait redouter ce long voyage de solitaire à travers l'abîme. Tout cela jusqu'au jour, dans un mois, une semaine, ou avant, où l'un d'eux parlerait une ultime fois de ce fait divers.

Ce serait, mettons Hozniacks. Au café, avant de rentrer chez lui, il raconterait encore un coup :

« L'autre jour, je passais au bord de mer, en revenant de la pêche, parce qu'il pleuvait. J'ai vu un homme qui était noyé. Il était tout gonflé

162

d'eau, tout bleu, et personne n'a pu le ranimer. On en a parlé dans le journal, d'ailleurs, le lendemain.

Las de la vie

M. Jean-François Gourre, âgé de 54 ans, exerçant la profession de représentant de commerce pour une marque de savonnettes, a été trouvé noyé hier après-midi par la brigade des sapeurs-pompiers. La thèse de l'accident devant être repoussée, l'enquête a conclu au suicide. Le malheureux aurait mis fin à ses jours en se jetant d'une barque de louage. Quand le corps a été repêché, la noyade remontait à trois jours. Il semble que M. Gourre, honorablement connu dans les milieux commerçants, ait cédé à une crise de neurasthénie. A sa famille ainsi qu'à ses amis nous présentons nos plus sincères condoléances.

Oui, je pensais bien qu'il s'était suicidé. Je l'avais dit aux autres. Ce type-là, il avait tout l'air d'un suicidé ; j'ai tout de suite pensé qu'il ne s'était pas noyé normalement. »

Drapées dans du noir, la veuve Gourre et sa fille Andrée, quinze ans et demi, marcheront dans les couloirs de la Morgue. Un petit homme voûté, vêtu de blanc, faisant tinter des trousseaux de clés dans sa poche, les précédera jusqu'à la grande salle réfrigérée. Il ouvrira la porte, tournera son crâne chauve ou blême vers les femmes et leur dira d'une voix douce :

« Suivez-moi. »

Elles le suivront ; elles le regarderont chercher parmi les numéros des tiroirs ; écarter une espèce de drap blanc très propre du fond du tiroir numéro 2103 V, et chuchoter :

« C'est celui-ci. »

Quand elles auront reconnu le cadavre frais et rosé, le petit cadavre de M. Jean-François Gourre, leur mari et père, elles s'en iront sans rien dire. On n'en parlera jamais plus, ni à table, ni le soir, au salon, avec les parents et amis. Ni même aux commerçants en allant faire les courses. C'est tout juste si, de temps à autre, quelqu'un osera dire à l'une d'elles :

« Sincères condoléances... »
sans même lui serrer la main.

Entre elles et lui, ce sera bien fini ; il n'était pas bon ; il mentait souvent, trompait sa femme, regardait sa fille par le trou de la serrure de la porte de la salle de bains, quand elle montait toute nue dans la baignoire. Il était bon. Il était un bon père. Il n'allait jamais au café ; on ne pensait pas qu'il allât souvent au bordel. Il allait quelquefois à la messe le dimanche et surtout, il gagnait honnêtement et régulièrement son pain.

Il avait même promis d'acheter la Télévision. Il n'avait jamais existé.

Son mari était mort à la guerre, en héros, en montant à l'assaut d'une forteresse japonaise. Le père d'Andrée avait été tué dans un accident d'auto, ou d'avion, quand elle n'avait que trois ans. Il était beau, riche, et amant. Dommage que le destin l'ait ravi si tôt !

Voilà à peu près ce qui a dû se passer, hors d'Adam, entre quelques hommes, le jour où ce type a été retiré noyé, puis traîné sur le bord de la route, alors qu'il pleuvait, et que tout était mouillé.

Ce qui fait qu'à présent, il y a une sorte de Dieu qui habite chacun d'eux tour à tour, et qui les appelle à Lui, à l'heure qu'Il a choisie, pour les faire vivre en ce qu'ils n'ont jamais été jusqu'alors, des hommes morts.

M. On les oublierait. On les laisserait vivre de leur côté, rentrer chez eux, faire ce qu'ils ont à faire, tous ces autres, Hozniacks, Guéraud, Bosio, Simone Frère, Olivain, Véran, Joseph Jacquineau, Christberg et le petit Guillaume. Adam se laissait dépasser par eux, en cours de route. Il était un de ceux qui étaient partis les premiers, mais parce qu'il était fatigué, terriblement fatigué, il avait traîné le long du bord de mer. Il s'était arrêté un moment sous un platane, pour s'abriter de la pluie. Mais le feuillage était alourdi d'eau, et l'averse le traversait facilement. Alors il avait recommencé à traîner, inondé, les poches remplies de pluie. Il avait voulu fumer une cigarette, mais le paquet était mouillé et les cigarettes inutilisables : papier et tabac formaient une bouillie granuleuse sur les parois de sa poche.

Par petits groupes, les badauds rentraient chez eux ; on entendait encore vaguement des bribes de conversation, toutes n'ayant pas trait à l'accident. Ça parlait de noyades, d'avalanches, de syncopes, de pêche au lancer ou de politique.

Adam avait un point de côté. Il ne se sentait plus du tout seul. Il ne cherchait même plus à comprendre. Il commençait à se souvenir qu'il avait dû se tromper bien des fois.

En arrivant devant le Port, il s'arrêta sous la bâche d'un Bar-Tabac. Il regarda le tourniquet de cartes postales ; il y en avait en couleurs et en noir et blanc. Une des séries de cartes postales représentait la même jeune femme, un peu laide de visage, mais belle de corps, en bikini. Adam entra dans le bar et l'acheta, ainsi qu'un paquet de cigarettes. Puis il ressortit, et se tint sous la bâche, à l'abri de la pluie, pour regarder la photo. En cinq couleurs, la jeune femme à genoux sur une espèce de plage de galets, souriait très fort. Avec la main droite, elle dégrafait la culotte de son bikini ; on voyait un morceau de hanche assez rond, bronzé. De l'autre main, elle voilait l'extrémité de ses seins. Pour bien faire comprendre qu'elle avait la poitrine nue, on avait laissé traîner à côté d'elle le soutien-gorge. Et pour bien faire comprendre que c'était un soutien-gorge, on l'avait déplié à plat sur les cailloux, avec les bonnets en l'air. Tout ça était assez ridicule ; le carton était beau, glacé, riche, onctueux, transparent comme du sucre, plein de reflets. Adam pensa, en y faisant courir le regard et crisser la pointe de l'ongle du médius, qu'il était environ mille fois plus érotique que la femme demi-nue de la photographie. La puissance de communication de ce simple objet, si on y réfléchissait, se détachait entièrement de son intention pornographique ; le message collectif était pauvre, et ne pouvait guère susciter que le rire ou la mélancolie ; mais sa vérité était bien en deçà ; elle se situait au niveau de la géométrie, ou de la technique ; la chapelure de bois et la cellulose formaient un halo qui sanctifiait la jeune femme, et la déclarait à tout jamais vierge et martyre, bienheureuse. Elle semblait régner sur le monde comme une madone, loin du blasphème, des onanismes et des rigolades ; le glaçage de la photo pouvait la préserver au cours des siècles, aussi sûrement qu'une vitrine de musée. Une grosse goutte d'eau, poussée par le vent, se détacha de la frange de la bâche et tomba au milieu de la carte postale. Elle s'étala là-dessus brusquement : quelque part entre le nombril et le sein gauche de la vénus.

Adam retourna le carton ; sur le verso, il y avait juste écrit :

« Photo Duc » « Véritable photographie au bromure, reproduction interdite »

« 10, rue des Polinaires, Toulouse. »

Pour Adam qui avait parié lire :

« Jolie fille sur la plage. »

Ou un truc grossier dans le style de :

« Voulez-vous jouer avec moi ? »

Ce fut une déception.

Adam marcha dans les rues jusqu'à la nuit. Vers huit heures il mangea un morceau de pain ; il s'assit sur un banc dans la gare des autobus. Il regardait les gens passer, groupés sous des parapluies, ou bien serrés dans leurs imperméables.

De l'autre côté de la place, derrière deux ou trois autobus arrêtés, il y avait un cinéma. La façade était éclairée au néon ; une petite foule attendait au-dehors l'heure de l'ouverture, sous la pluie. Le cinéma s'appelait le Rex ; c'était écrit en lettres de néon rouge qui clignotaient de temps à autre. Sous le nom « Rex » il y avait une grande affiche qui représentait un bonhomme en imperméable, en train d'embrasser une bonne femme en imperméable sur une sorte de digue. Ils avaient tous les deux des têtes rouges et des cheveux jaunes, comme s'ils étaient restés trop longtemps à la plage. Le fond de l'affiche était barbouillé en noir, sauf une grosse boule jaune, à côté d'eux, qui ressemblait à un réverbère. Mais ce qui était bizarre et lugubre, c'étaient les visages aux couleurs violentes de cet homme et de cette femme, figés dans une raideur maladroite ; leurs yeux étaient laids, révulsés vers le ciel, leurs sourcils étaient cassés, et leurs bouches, larges, ouvertes, avaient l'air de deux blessures en train de saigner, l'une contre l'autre.

Le titre du film, c'était, « Le Port De La Drogue », ou quelque chose comme cela ; Adam pensa que Samuel Fuller aurait été content de voir l'affiche qu'on avait dessinée pour son film. Il eut un instant l'envie d'entrer dans le cinéma. Mais il se rappela qu'il n'avait plus assez d'argent. Il finit de grignoter son morceau de pain, puis il alluma une cigarette.

Un peu plus loin sous les arcades, deux ou trois filles attendaient l'autobus. Elles étaient couvertes de robes à fleurs, de châles, de bas couleur chair, de parapluies, de sacs à main imitation cuir, et probablement de parfums, si on s'était approché pour les sentir. Adam se demanda si c'était samedi. Il essaya de faire des calculs, mais en vain. A la fin, il décida que ce devait être samedi, samedi jour du bal etc. Il se dit qu'il pouvait aller dans un de ces endroits où il passait les soirées autrefois, la Pergola, le Shooting Star ou le Mammouth Club. Boire un verre de bière, et prendre une fille pour quelques heures. Ce qui l'arrêta, c'est qu'il n'avait jamais aimé danser. Non seulement il dansait mal, mais tout le monde savait qu'il dansait mal. Alors, se dit-il, à quoi bon ? Personne n'apprendrait rien. De plus il n'avait plus assez d'argent.

Un autobus arriva et emmena les filles ; quelques minutes plus tard, elles étaient remplacées par d'autres filles qui ressemblaient curieusement aux premières. A côté d'elles, et les regardant ; deux ouvriers nord-africains fumaient ; ils ne disaient rien ; ils fumaient des cigares, et en fumant ils regardait les jambes des filles.

Il y eut comme cela trois cars successifs, et à chaque fois, ils emmenaient un petit groupe de filles et d'ouvriers. Ce devait absolument être samedi. Un peu avant le quatrième car, un homme en haillons pénétra sous les arcades ; il traînait avec lui un ballot de vieux cartons et de journaux de rebut, qu'il avait dû trouver dans une poubelle. Il cala le fardeau contre un des pilliers, juste en face du banc où se trouvait Adam, et il s'y assit pour attendre l'autobus. Placé de la sorte, il avait l'air d'un clochard ou d'un mendiant, plutôt que de toute autre chose. Adam vit qu'il portait des lunettes.

Adam se leva soudain, et marcha vers lui, décidé à lui parler. Après quelques hésitations, ils parlèrent un court moment, à voix presque basse. Le clochard à lunettes ne le regarda pas. Il garda la tête penchée un peu de côté, un peu en avant, et fixa la pointe de ses chaussures. De temps à autre, il se gratta, la jambe, sous les aisselles, et dans les cheveux. Il ne parut pas étonné, ni intimidé ; seulement un peu méprisant, et ennuyé. Avec sa main gauche, il maintint sans arrêt le paquet de cartons et de journaux sur lequel il était assis, pour qu'il ne s'effondre pas. Il était sale, mal rasé, et sentait fort. Il ne fit pas de gestes, sauf à un moment, pour montrer vaguement la direction d'où venaient les autobus. Il dit qu'il ne fumait pas, mais demanda quand même une pièce de monnaie à Adam, qui la lui refusa.

Quand l'autobus arriva, il se leva doucement, reprit son paquet de journaux et de cartons, et monta sans même regarder Adam. En le suivant des yeux, Adam le vit, à travers les vitres, qui fouillait lentement dans les poches de son pardessus trop grand, pour payer le contrôleur. Il penchait sa tête maigre vers le sol, et de la main gauche, il retenait ses lunettes, à cause des cahots, qui les faisaient glisser, millimètre par millimètre le long de son nez.

Adam n'eut pas le courage d'attendre le cinquième autobus. Les hommes étaient éternels, et Dieu était la mort. Les hommes étaient éternels, et Dieu était la mort. Les hommes étaient éternels, et Dieu était la mort. Les Hommes étaient éternels, et Dieu était la mort.

En entrant dans le « Magellan », les toilettes et le téléphone étaient au fond, à gauche. Quand on en avait fini avec les toilettes, qu'on ouvrait la porte sur laquelle était indiqué : messieurs, tout cela dans le brouhaha de la chasse d'eau, on trouvait l'annuaire posé sur une étagère, en dessous du téléphone. Pour faire la communication, il fallait donner le numéro au barman. Il l'inscrivait sur un bout de papier : 84.10.10, il le composait sur le téléphone du comptoir, puis transmettait la communication à l'autre téléphone, au bout du comptoir, encastré dans sa cabine acoustique. Il faisait alors un signe de la main, en disant :

« C'est à vous ! »

A ce moment-là, on appuyait sur un petit bouton rouge, sur le socle du téléphone, et on entendait une voix nasillarde qui répondait :

« Allô ? Allô ? »

« Allô ? Michèle ? »

« Ce n'est pas Michèle c'est sa sœur. — qui... »

« Ah bon. Dites, Germaine, Michèle n'est pas là ? »

« Non. »

« Elle n'est pas là ? »

« Ce n'est pas Michèle c'est sa sœur. — Qui... »

« Écoutez, vous ne sauriez pas, par hasard, où est Michèle ? »

« Mais qui est à l'appareil ? »

« C'est un copain de Michèle, Adam... »

« Adam — ah, Adam Pollo ? »

« Oui, c'est ça. »

« Oui — vous avez quelque chose d'important à transmettre ? »

« Eh bien, oui, assez... C'est-à-dire que — je

172

voulais simplement savoir ce que, ce que Michèle devenait. Il y a un bout de temps que je ne l'ai pas vue, et, vous comprenez... »

« Oui. »

« Vous ne savez pas où elle peut être en ce moment ? »

« Michèle ? »

« Oui, Michèle. »

« Écoutez, je ne sais pas — elle est sortie aux alentours de deux heures avec la voiture. Elle ne m'a rien dit de spécial en partant. »

« Et... vers quelle heure pensez-vous qu'elle sera rentrée ? »

« Vous savez, tout dépend. Tout dépend de l'endroit où elle est allée. »

« Mais en général ? »

« Oh, en général, elle est toujours à la maison vers — vers onze heures, par là... »

« Voulez-vous dire que vous ne savez pas si elle sera rentrée ce soir ? »

« Ce soir ? »

« Oui, de toute la nuit. »

« Oh, ça m'étonnerait — ça m'étonnerait qu'elle ne rentre pas de toute la nuit. Notez que ça lui arrive quelquefois ; elle a une amie chez qui elle va coucher quelquefois. Mais ça m'étonnerait quand même. Quand elle ne rentre pas, en général elle nous avertit, soit un coup de téléphone, soit en partant. Alors, comme elle ne m'a rien dit, je pense qu'elle ne va pas tarder à rentrer. »

« Ah bon. Et — vous pensez après onze heures ? »

« Oh je pense avant. Je ne sais pas. »

« Oui. »

« Écoutez, le mieux — si vous avez une commission à faire, vous me la laissez, et je la lui transmettrai dès qu'elle sera rentrée... »

« C'est-à-dire, je n'ai pas de commission. Je voulais, je voulais simplement prendre de ses nouvelles. »

« Je sais. Mais si vous voulez lui donner rendez-vous, je ne sais pas, moi. Ou si vous voulez qu'elle vous rappelle quand elle sera rentrée. Vous avez un numéro de téléphone ou quelque chose ? »

« Non, je n'ai pas le téléphone. Je suis dans un bar. »

« Alors le mieux est que vous rappeliez dans une heure ou deux. Avant minuit, bien entendu. »

« Avant minuit ? »

« Oui, vers onze heures. »

« Oui, — l'ennui, c'est que je ne peux pas. Voyez-vous, je prends le train dans une heure. Je dois m'embarquer pour le Sénégal. J'aurais voulu lui dire au revoir avant de m'en aller. »

« Ah — vous vous embarquez pour le Sénégal ? »

« Oui, je — »

« Ah, je vois... »

« Écoutez : pensez-vous que Michèle soit chez son amie, en ce moment ? »

« Je ne sais pas du tout. »

« Vous ne savez pas du tout. Et — vous ne pourriez pas me donner le nom de son amie ? Comment s'appelle-t-elle ? »

« Sonia. Sonia Amadouny. »

« Elle a le téléphone ? »

« Oui, elle a le téléphone. Vous voulez que j'aille chercher son numéro ? »

« S'il vous plaît, oui. »

« Attendez une seconde, je vais aller voir. »

Adam transpirait sous la coupole acoustique. Contre son oreille, il y avait un tas de bruits bizarres : des pas, des phrases incompréhensibles ; puis une espèce d'explication, loin, entre le living-room et l'escalier du premier étage : « Germaine qui s'était ? C'était un copain de Michèle maman, il part pour le Sénégal et il voudrait dire au revoir à Michèle. Pour le Sénégal ? Oui, il voudrait avoir le numéro de Sonia, c'est quoi exactement le numéro de Sonia ? 88.07.54. ou 88.07.44. ? Le numéro de qui ? Le numéro de Sonia, tu sais, Sonia Amadouny ? Ah, Sonia Amadouny, 88.07.54. 88.07.54 ? Tu es sûre ? Oui... Tu vas le lui donner ? Oui. »

« Allô ? »

« Oui ? »

« 88.07.54. »

« 88.07.54 ? »

« Oui, 88.07.54. C'est ça. Sonia Amadouny, 88.07.54. »

« Bon merci. »

« Il n'y a pas de quoi. »

« Bon, je vais lui téléphoner. En tout cas, si jamais — si jamais Michèle revenait avant onze heures... »

« Oui ? »

« Non, ça ne fait rien, tant pis. Je vais essayer de

175

la voir comme ça, autrement, ça ne fait rien. Dites-lui seulement que j'ai téléphoné. »

« Bon. »

« Bon, merci. Excusez-moi et merci. »

« Au revoir. »

« Au revoir, mademoiselle. »

Quand on commence à jouer avec le téléphone, il ne faut pas hésiter ; il ne faut jamais s'arrêter, même quelques secondes, pour réfléchir. Que dire à Amadouny ? N'est-ce pas trop tard pour téléphoner ? Michèle ne doit pas être là-bas, etc. Il faut recommencer, appeler le barman, crier : 88.07.54, et, « s'il vous plaît, c'est très urgent ! » courir vers l'autre téléphone, pressser sur le bouton rouge, et se laisser glisser dans le langage fantomatique, où les mots semblent s'élever vers des nues invisibles, comme des cris de souffrance mystique ; il faut se dépouiller de méfiance, et sans regard pour le ridicule, doter d'humanité l'instrument noiraud qui dérape dans le creux de la paume moite, qui colle sa bouche en forme de tamis contre l'oreille, et murmure, en attendant de créer des communications nasillardes, son chant de machine : il faut attendre, la tête presque enfouie dans les carapaces de bakélite où règne une tiédeur électrique, que cesse le sifflement, que résonnent les clapotements des étincelles et que du fond d'un abîme, s'élève une fausse voix, dont le mensonge va vous envelopper, vous conduire, au point qu'y croyant ou non, vous allez devoir dire, entendant votre propre voix remonter les fils, et se mêler aux allô lointains,

176

allô monsieur Amadouny ? est-ce que je pourrais parler à Sonia s'il vous plaît ?

Si elle n'est pas là, il faut insister, expliquer qu'on part pour le Sénégal, dans une demi-heure, et qu'on doit absolument trouver Michèle. On apprend alors que Michèle et Sonia sont sorties ensemble dans la voiture de Michèle. Qu'on les a manquées de deux minutes. Qu'il se peut qu'elles soient allées danser en ville ; mais qu'en tous cas elles ne sont certainement pas allées au cinéma, puisque à table elles en ont parlé en disant qu'il n'y avait rien d'intéressant à voir. Elles sont parties toutes les deux, dit-on, il y a à peine deux ou trois minutes. Elles ne sont vraisemblablement pas allées danser à la Pergola, au « Hi-Fi », ou au « Mammouth » parce que le samedi soir il y a trop de monde ; restent le Staréo et le « Whisky ». Sonia n'aurait pas de préférences, mais Michèle, si elle est snob, a dû préférer le Staréo. Michèle est snob à 67 %.

67 chances sur cent pour qu'elle ait entraîné Sonia Amadouny dans cette boîte prétentieuse, avec de fausses lumières tamisées, de faux easy-chairs en faux satin rouge, et de faux gigolos en train de danser avec de fausses filles de financiers. Heureusement, personne ne voulait y croire.

Il n'y avait personne au Staréo : les habitués avaient évité de venir un samedi soir. Ils se réservaient pour le jour d'affluence, le lundi. Adam avança dans la salle obscure et chercha des yeux Michèle, ou Sonia Amadouny ; elles n'y étaient pas. Il s'approcha du bar et demanda, à voix haute :

« Vous connaissez Sonia Amadouny ? »

L'homme le regarda d'un air ennuyé. Il avait les tempes grises et une cravate de soie. Il secoua la tête. Un pick-up déversait de la musique douce. Accoudés au bar, à côté d'Adam, il y avait deux éphèbes blonds qui souriaient.

Adam les dévisagea, et le reste ; tout était vraiment très calme, très doux, très écœurant. C'était la première fois depuis longtemps qu'on respirait un air aussi pur ; on avait envie de s'arrêter là, dans cette espèce d'oubli, et d'attendre n'importe quoi, plus rien ; de boire un peu de whisky, dans un grand verre froid, et de se placer à côté de ces deux beaux garçons efféminés ; à côté de leurs vestes de daim délicates et fugaces, à côté de leurs lèvres trop rouges, de leurs peaux trop blanches, de leurs longs cheveux trop blonds ; avec leurs rires, leurs mains, leurs yeux noirs cernés d'un léger halo bistre.

Mais d'abord, il fallait marcher jusqu'au « Whisky », à quelque cent mètres ; c'était au premier étage ; et probablement la boîte la plus fréquentée de la ville. Deux salles contiguës, une avec un bar, l'autre avec des banquettes ; Adam passa la tête par la porte. Ici l'air était tendu, bourré de bruits ; les lampes étaient rouge sang, tout le monde dansait et criait. Sur un disque de hot, de Coleman, de Chet Baker, de Blakey. Une femme, debout derrière la caisse, se pencha vers lui et lui dit quelque chose. Adam n'entendit pas. Elle lui fit signe d'approcher. A la fin, Adam comprit un bout de phrase : il fit un pas vers elle et cria :

« Quoi ? »

« Je dis — vous entrez ! »

Adam resta dix secondes immobile, sans penser, sans parler ; il se sentait éclaté de toutes parts, étalé sur au moins dix mètres carrés de bruit et de mouvement. La femme du comptoir répéta :

« Entrez — entrez ! »

Adam mit ses mains en porte-voix et dit à son tour :

« Non. Vous connaissez Sonia Amadouny ? »

« Qui ça ? »

« Sonia Amadouny ? »

« Non. »

La femme ajouta quelque chose, mais Adam s'était déjà reculé et il n'entendit pas ; l'obscurité, les lueurs rouges, les déplacements convulsifs des jambes et des hanches, les deux salles contiguës, ronflaient comme des moteurs. C'était comme si on était entré d'un seul coup dans une carapace d'acier, dans la culasse d'une motocyclette, par exemple, et qu'on était prisonnier entre quatre murailles de métal, avec, épaisseur, violence, explosions, essence, et, flammes, flammèches, charbon, explosions, et, odeur de gaz, huile épaisse, visqueuse comme du beurre en fusion, morceaux de noir et de rouge, éclairs de lumière, explosions, un grand souffle lourd et puissant qui écartèle, pétrit et écrase contre quatre parois de ferraille brute, éclaboussements, rognures de limaille, cliquetis, avant-arrière, avant-arrière, avant-arrière : *chaleur*.

Adam cria encore : « Non, je voudrais... »

Et, plus fort : « Sonia Amadouny ! »

« ...Sonia Amadouny ! »

La femme répondit quelque chose, puis, comme Adam n'entendait toujours pas, haussa les épaules et fit signe avec sa figure que non.

Il ne pleuvait presque plus ; tout juste une ou deux gouttes, de temps en temps. La ville était détrempée. Adam arpenta les rues toute la nuit. De 9 heures et demie du soir à 5 heures du matin. C'était comme s'il y avait eu un gros soleil brûlant tout au passage, transformant tout en tas de cendres.

Adam pensa en marchant :
(Je me suis trompé de jeu. J'ai voulu faire les choses trop à la légère. Je me suis trompé. Imbécile. Voilà ce que je voulais faire : je voulais suivre cette fille, Michèle, à la trace. Comme pour le chien. Je voulais faire un jeu comme, un, deux, trois, quatre, cinq, six, sept, huit, neuf, dix, onze, douze, tu y es ? treize, quatorze, quinze, seize, dix-sept, dix-huit, tu y es ? dix-neuf, vingt, vingt et un, vingt-deux, vingt-trois, vingt-quatre, je compte jusqu'à trente, vingt-cinq, vingt-six, vingt-sept, vingt-huit, vingt-neuf, vingt-neuf et demi, vingt-neuf trois quarts, et, et, 30 ! et puis chercher partout dans la ville. Dans les recoins des murs, dans les encoignures des portes, dans les boîtes de nuit, les plages, les bars, les cinémas, les églises, les jardins publics. Je voulais te chercher jusqu'à ce que je te trouve enfin, en train de danser le tango avec un étudiant en pharmacie, ou assise sur une chaise longue devant la mer. Tu aurais laissé des indices, bien sûr, pour

que je puisse te retrouver ; ç'auraient été les règles
du jeu. Un nom ou deux, Amadouny Sonia-Nadine,
Germaine, un mouchoir par terre, où traîne un peu
de rouge à lèvres rose-orange, une épingle à cheveux, dans une allée déserte. Une conversation
entre deux garçons, dans un Self-Service. Une
indication sournoise laissée sous la nappe en plastique bleu ciel d'une pâtisserie de nuit. Ou deux
initiales enfoncées à la pointe de l'ongle dans
la banquette de moleskine du trolleybus n° 9 :
M.D. ; et moi, petit à petit, je me serais dit : « *Je
brûle !* »

Et puis, à six heures vingt-cinq du matin, épuisé,
je t'aurais enfin trouvée, serrée dans ton imperméable d'homme, la bouche ferme, les cheveux mouillés
de rosée, ta robe de laine un peu froissée ; les yeux
fatigués d'être restés ouverts toute la nuit. Seule,
sans personne, tapie au fond d'une chaise longue,
sur la promenade, face au lever du soleil gris.)

Mais personne n'attend personne ; il y a des
choses plus graves dans le monde, évidemment. Il y
a un monde surpeuplé, mourant de faim, tendu de
toutes parts. Il fallait chercher au sein de cette
réalité-là, fouiller les moindres détails ; ce n'était
pas la vie d'un homme et d'une femme qui importait.

Ce qui était beaucoup plus grave, c'était cet
univers total. Deux milliards d'hommes et de
femmes se concertent pour édifier des choses, des
villes, préparer des bombes, conquérir l'espace.

Les journaux disent : « Le vaisseau spatial
Liberté II a tourné sept fois autour de la terre. »

181

« La Bombe H de 100 mégatonnes a explosé dans le Nevada. »

C'était en effet comme si un gros soleil avait lui partout, tout le temps. Un soleil en forme de poire, mesurable en degrés Beaufort, un soleil à aurores démultipliées. On était en train de tresser un réseau inextricable autour de la planète. On la quadrillait méthodiquement, en prolongeant des lignes xx', yy', zz'. Et en contrôlait chaque carré.

La société se structurait en groupes spécialisés :

C'est-à-dire l'armée, les fonctionnaires, les médecins, les bouchers, les épiciers, les ouvriers métallurgistes, les ingénieurs électroniciens, les capitaines au long cours, les buralistes.

On construisait des immeubles de 22 étages, puis on fixait sur leurs toits des antennes de télévision. Sous terre, on mettait les canalisations, les fils électriques, les métros. On hérissait le chaos d'autrefois de poteaux et de digues. On creusait. On enfouissait. On faisait brûler, ou exploser. Des machines à lampes s'allumaient doucement, en ronflant, et lançaient sur tous les points du ciel leurs champs magnétiques. Les avions décollaient du sol, avec des bruits de papier qu'on déchire. Les fusées aussi, dans des nuages couleur safran, directes vers le point inconnu, au centre de l'espace. Puis se volatilisaient en gerbes noires.

Tout retournait à une aube nouvelle, au point du jour, faite de millions de volontés assemblées. Par-dessus tout, il y avait cette foule d'hommes et de femmes, assoiffée de violences et de conquêtes. Ils étaient groupés sur les points stratégiques du monde ; ils dressaient des cartes, dénommaient les terres, écrivaient des romans ou des atlas : les noms des lieux qu'ils peuplaient s'alignaient :

« Ecclefechan,	Écosse	55.3N.	3.14.W.
Eccles	Angleterre	53.28.N.	2.21.W.
Eccleshall	Angleterre	53.28.N.	2.21.W.
Echmïadzin	Arménie	40.20.N.	44.35.E.
Echternach	Luxembourg	49.48.N.	6.25.E.
Echuca	Victoria	36.7.S.	144.48.E.
Ecija	Espagne	37.32.N.	5.9.W.
Ecuador, rep.	Amérique du Sud	2.0.S.	78.0.W.
Edam	Hollande	52.31.N.	5.3.E.
Eddrachillis	Écosse	59.12.N.	2.47.W.

et leurs noms emplissaient les livres sur les tablettes des cafés :

> « Revd. William Pountney
> Francis Parker
> Robert Patrick
> Robert Patton
> John Payne
> Revd. Percival
> Robert de Charleville
> Nathaniel Rayner.
> Abel Ram, esq.

C'était parmi eux qu'il fallait chercher. On aurait tout trouvé, y compris Michèle assise à l'aube dans une chaise longue, froide et mouillée de rosée, frissonnante dans cet enchevêtrement de forces. Ils vivaient tous de la même vie ; leur éternité, elle se fondait peu à peu aux matériaux bruts dont ils étaient les maîtres. L'unité, cette unité fabriquée dans les hauts fourneaux, cette unité qui bout au milieu du métal en fusion comme dans un cratère, était l'arme qui les rendait supérieurs à eux-mêmes. Dans cette ville comme ailleurs, hommes et femmes cuisaient dans leurs marmites infernales. Protubérants sur le fond vague de la terre, ils attendaient quelque chose, suprême, qui les envelopperait d'éternité. Ils vivaient parmi leurs machines ; nus, opiniâtres, invincibles, ils faisaient resplendir leur terre. Leur monde presque achevé les arracherait bientôt, et pour toujours à la temporalité. On aurait dit que déjà sur leurs visages se peignait un masque de fonte ; encore un siècle, ou deux, et ils seraient des statues, des sarcophages : sous leurs moules de béton et de bronze, vivrait cachée, menue, mais immortelle, une sorte de parcelle de feu électrique. Ce sera alors le règne de la matière intemporelle ; tous seront en tous. Et il n'y aura plus guère qu'un homme, plus guère qu'une femme au monde.

Adam était partout à la fois dans les rues de la ville. Devant un parc noyé de noir, devant un cimetière pour chiens, sous un porche taillé dans la pierre ; parfois le long de l'allée bordée d'arbres, ou bien assis sur les marches de la cathédrale.

Seul dans cette étendue de minéral, il vaquait partout ; on le vit fumer une cigarette auprès de la Fontaine Fausse, ou sous le Pont du Chemin de Fer. Il fut indifféremment sous les arcades de la Grand-Place, au centre du Square, accoudé à la balustrade de la Promenade du Bord de Mer. Sur la plage aussi, face à une mer immobile. Étant partout, il lui arrivait de se croiser dans la rue, au détour d'une maison. Peut-être y avait-il, à cette heure, quatre heures moins le quart du matin, 4 000 ou 5 000 adams, sans contrefaçon possible, en circulation dans la ville. Il y en avait à pied, d'autres à bicyclettes, ou en voiture ; ils sillonnaient la cité de bout en bout, occupaient le moindre recoin de ciment. Une femme-adam, prise dans sa robe pourpre, courut derrière l'homme-adam, en claquant fort ses talons aiguille ; elle dit :

« Tu viens avec moi, *baby* ? »

et l'homme-adam la suivit, comme à regret.

Vers le quartier de l'Est, d'autres hommes-adam partaient pour leur travail en sifflant. Un vieillard-adam dormait roulé en boule sur un charreton à légumes. Peut-être bien qu'un autre d'entre lui mourait, à petits cris, dans son vieux lit jaune trempé de sueur. Ou qu'un autre se pendait avec sa ceinture, pour n'avoir plus d'argent, ou plus de femme.

Dans le Square, au milieu de la pelouse, Adam s'arrêta enfin ; il appuya son dos contre le piédestal d'une statue qui le représentait ; puis, vers cinq heures, il s'arrêta devant la vitrine d'une blanchisserie. Soûlé de fatigue, de joie, il sentit des sortes de larmes qui coulaient sur ses joues ; il se mit à pleurer soudain, sans regarder les centaines, les milliers de fenêtres qui s'ouvraient derrière lui. Les adams couraient sur le pavé sonore ; du bout des lèvres, comme s'il priait, il se récita deux vers d'un poème. Exactement quinze heures en avance, une barre de néon rougeoyant, au fond de la vitrine, effectuait un morceau de coucher de soleil.

Du bout des lèvres, comme s'il priait, sans plus savoir s'il faisait nuit ou jour, Adam récita deux vers d'un poème :

« 'Tis ye, 'tis your estranged faces,
That miss the many-splendoured thing. »

N. Soleil, un homme et une femme allongés sur un lit à deux places, dans une chambre aux volets à moitié fermés, un cendrier en terre cuite posé entre eux à même les draps, gris par endroits, brûlés en d'autres. La chambre est une chambre carrée, beige, trapue, vraiment encastrée au milieu du bloc de l'immeuble. Tout le reste de la ville est en ciment, en angles durs, en fenêtres, portes et charnières.

A côté d'eux, sur la table de nuit, un poste de radio allumé débite un flot de paroles seulement interrompu toutes les huit minutes par un îlot de musique.

« Par conséquent nous pouvons dire que la nouvelle année sera se montrera plus favorable au tourisme et cela nous ne pouvons que nous en réjouir étant donné l'importance considérable l'accent mis depuis toujours sur le tourisme et plus particulièrement le tourisme étranger qui constitue la principale ressource de notre beau pays (...) pour ce faire d'ores et déjà nous avons considérablement amélioré le système hôtelier tout le long de la côté,

aménageant les établissements qui étaient insuffi-
sants perfectionnant ceux qui n'étaient que normalement confortables et créant ainsi avec les hôtels
plus modernes tout le complexe touristique devenu
de plus en plus nécessaire à cause de la concurrence
que fait l'étranger et en particulier les pays du Sud
tels que l'Italie l'Espagne ou la Yougoslavie (...) eh
bien monsieur Duter nous vous remercions vive-
ment pour les renseignements que vous avez bien
voulu nous donner et et nous vous disons à très
bientôt pour une nouvelle interview sur l'économie
touristique de la région. (...) il est exactement
quatorze heures neuf minutes trente secondes,
Radio-Montecarlo a choisi Lip pour vous donner
l'heure exacte (...) Quatorze heures, c'est aussi
l'heure de la détente mais pas de n'importe quelle
détente la seule détente qui réconforte la détente-
Café (...) savourez l'arôme d'un bon café, chaud ou
glacé selon votre goût et détendez-vous détendez-
vous détend... »

Sur la même table de nuit, il n'y a pas de réveil,
ni de pendule. L'homme a gardé sur son poignet
une montre-bracelet, qui fait un petit habit de cuir
sur toute sa peau : à part la montre-bracelet, il est
nu. La femme aussi est nue ; elle porte une alliance
au quatrième doigt de la main droite. Entre l'index
et le médius de la même main, elle serre une
cigarette dont le papier mouillé de sueur, écrasé,
modèle les brins de tabac. Et elle fume.

Les habits sont roulés en boule, sans aucun soin,
sur une chaise ; poussés tout contre l'angle du
dossier et du siège. Sur le devant du poste de radio,

il y a une photo insérée contre l'indicateur des longueurs d'ondes ; elle représente le même homme et la même femme, habillés cette fois, dans une rue de Rome ; lui sourit, elle non. De l'autre côté de la photo, ils ont marqué leur nom :

Mme et M. Louise et Jean Mallempart

Il y a deux ans qu'ils ont ainsi écrit leur nom, pour plaisanter, parce qu'ils allaient se marier le mois d'après : ils l'avaient imaginé. Mais tout cela doit être vieux, à présent. Deux étés de chaleur, ou peut-être la brûlure des lampes de la radio ont complètement gondolé la photographie. Il n'y a rien de terriblement tragique, ou de ridicule, dans la chambre où, à cette heure, au troisième top exactement quatorze heures dix minutes, avec, soleil, volets tirés, sueur, musique d'orgue de cinéma, rien de bien précis ne bouge, à part la main de la femme qui fume, et l'œil rond de l'homme Jean Mallempart qui brille en haut de sa tête.

Dans l'épicerie, au bas de l'immeuble moderne, assez neuf, dans l'épicerie qui s'appelle « Alimentation Rogalle », le calendrier dit qu'on est à la fin du mois d'août, qu'on approche de la fin du mois d'août, quelque chose comme le 26, ou le 24. C'est écrit sur le carré d'éphéméride blanc vendu sous le nom de « drôlatique » à cause d'une phrase d'humour par jour, aujourd'hui c'est : qu'est-ce qui fait « toc » une fois sur mille — un mille-pattes avec une jambe de bois, que surmonte un carton où pose une femme blonde vêtue d'une robe à pois. Elle tient un verre à la main, et on a, en lettres majuscules rouges, précisé ce qu'elle boit : « BYRRH » « Apéritif ». Tout est chaud, presque bouillant. Ce sont ces odeurs fades de géraniums, et ces bruits de pneus qui glissent sur les routes. Nous sommes en été, et tout près de la fin du mois d'août. Sur les plages, les chaises longues crissent sous le poids des dos larges, bronzés, graisseux ; les lunettes noires gémissent quand on les plie. Dans une ou deux salles à manger, simultanément, une fourmi rouge mange à même la feuille de matière plastique verdoyante qui imite la rose jaune ou l'œillet rose.

Les hommes et les femmes entrent dans l'eau ; ils se baignent doucement, attendent un instant, les deux bras levés en l'air, que les vaguelettes d'un hors-bord au large les rejoignent et mouillent quelques centimètres de plus sur leurs ventres, puis se jettent en avant, la tête haute, perdent pied, et progressent dans l'élément qui peu à peu les dépouille de leurs noms et les rend ridicules, pantois, spasmodiques.

Toute l'eau est ronde, peinte en bleu criard ; à peine à cinquante centimètres du rivage, un petit garçon en maillot de bain, assis dans la mer, compte avec ses doigts les ordures refoulées par le courant. Il trouve :

une peau de banane
une demi-orange
un poireau
un bout de bois

190

une algue
un lézard décapité
un tube d'Artane, vide, cabossé
deux amas bruns, d'origine inconnue
une espèce d'excrément de cheval
un morceau de tissu de Bedford Cord
un mégot de Philip Morris

Sur la promenade, toujours au soleil, au carre-four avec le boulevard de la Gare, une vieille dame meurt d'insolation. Elle meurt très facilement, presque plusieurs fois tant c'est facile. En tombant, à plat ventre sur le trottoir, sans un mot, elle heurte de la main l'aile avant d'une voiture en stationne-ment, et sa vieille main desséchée se met à saigner imperceptiblement, tandis qu'elle meurt. Tandis que les gens passent, tandis qu'on recherche les gendarmes, le curé ou le médecin, et qu'une femme qui regarde se fige et récite tout bas

« Je vous salue Marie
Pleine de Grâces
Le Seigneur est avec Vous
etc. »

Un type italien, assis sur un banc, sort un paquet de cigarettes italiennes de sa poche. Le paquet est aux trois quarts vide, si bien que le nom, « Esporta-zione » se dépare de sa richesse et flotte sur les flancs du papier comme un fanion flapi. Il sort une cigarette, et ce qu'on pouvait attendre arrive : il fume. Il regarde les seins d'une jeune fille qui

191

marche. Les pull-overs collants, genre marinier, qu'on vend à Prisunic. Deux seins.

A force de blocs, d'immenses rectangles gris, de ciment sur ciment, et de tous ces lieux anguleux, on passe vite d'un point à un autre. On habite partout, on vit partout. Le soleil s'exerce sur le granulé des murs. A force de cette série de villes anciennes et nouvelles, on est planté en plein dans le tumulte de la vie ; on vit comme dans des milliers de bouquins accumulés les uns sur les autres. Chaque mot est une incidence, chaque phrase une série d'incidences du même ordre, chaque nouvelle une heure, ou plus, ou moins, une minute, dix, douze secondes.

Avec les mouches qui volent autour de sa tête, et ce cri d'enfant ébouillanté qui sort d'au fond des cours, Mathias essaie d'écrire son roman policier. Il écrit à la main, sur du papier d'école.

« Joséphime arrêta la voiture :

— tu veux descendre ici ?

— Ok, sonny, dit Doug.

A peine descendu, il le regretta.

— T'aurais mieux fait de ne pas faire le con.

La belle Joséphime avait sorti un petit revolver incrusté d'argent, merveille d'orfèvrerie belge, et maintenant elle dirigeait le museau de l'arme droit sur l'estomac de Doug.

Si c'est pas malheureux, pensa Doug, les femmes se mettent aussi à vouloir me canarder. Et mon fameux sex-appeal, alors ?

— Alors, qu'est-ce qui va se passer, maintenant ? ricana Doug ; tu sais, j'ai une assurance-vie.

192

— J'espère pour ta veuve qu'elle est de taille, dit Joséphime.

Et elle pressa sur la détente. »
et Douglas Dog mourut, ou ne mourut pas.

Mais on voit toujours pas mal de vignes vertes, bleues de sulfate, à travers beaucoup de fenêtres. Les enfants ramassent des escargots dans les petits sentiers, au soleil : les gastéropodes se sont tapis dans leurs coquilles, confiant aveuglément leurs vies aux minces joints de bave caoutchoutée qui font ventouse sur les tiges des lauriers. Les terrasses des cafés sont pleines : au Café Lyonnais, sous des lambris rouges, les gens se sont assis et parlent.

A la plage peut-être ?

Garçon, un bock. Un bock.

Un bock.

Billets pour la Loterie Nationale ! A qui le gros lot ?

Pas à moi merci.

Garçon un vin rosé.

Un vin rosé oui monsieur.

Voilà.

Combien ?

Un franc vingt monsieur.

Tenez, service compris.

Oui monsieur.

Merci.

Jean on se met où ?

J'ai vu M. Maurin hier et savez-vous ce qu'il m'a dit ?

Ah oui c'est un numéro.

Jamais. C'est impossible parfaitement impossible.

Après ça en tout cas moi je m'en vais faire mes courses hein j'ai pas mal de choses à acheter le beurre la viande le ruban pour la robe de chambre...

On s'en va ? Garçon ?

Mais qu'est-ce que ça peut foutre, je vous le demande qu'est-ce que ça peut bien foutre alors alors il m'a dit tout de même... Mais qu'est-ce que ça peut lui foutre hein qu'est-ce ?

Le café est un bel établissement où le rouge sombre domine, aussi bien sur les tables que sur les murs ; les tables, toutes rondes, sont placées géométriquement sur le trottoir, au point que, par journées de soleil, le store étant tiré, l'on pourrait croire voir du deuxième étage de l'immeuble, les pions d'un jeu de dames monochromique disposés avant la bataille. Sur les tables, les verres sont simples, et portent parfois sur leurs bords, une tache demi-lunaire de crème Chantilly et de rouge à lèvres mêlés.

Les garçons sont habillés de blanc ; à chaque commande, ils apportent sur les tables en même temps que les verres, des soucoupes de couleurs différentes, selon le prix de la consommation ; les hommes et les femmes boivent, mangent, parlent, sans faire de bruit ; les garçons, aussi, glissent en silence, des plateaux vides ou pleins à la main, des torchons sous le bras gauche, avec des ondulations de nageurs de fond. Le bruit vient surtout de la rue ; il est multiple quoique de sa diversité même il

194

parvienne à former un ensemble riche et d'une tonalité sensiblement monophone, comme, entre autres, le bruit de la mer, ou le froissement continu de la pluie : une seule note audible à laquelle viennent s'ajouter des millions de variantes, de tonalités, de modes d'expression ; talons des femmes, klaxons, moteurs des autos, motos, et autocars. Un *la* donné par tous les instruments d'un orchestre, simultanément.

Le mouvement matériel est unique : les masses grises des voitures qui font la chaîne au fond du paysage. Il n'y a pas de nuages dans le ciel, et les arbres sont parfaitement immobiles, comme faux.

Le mouvement animal, au contraire, est à son comble : le long du trottoir, les promeneurs et les piétons marchent ; les bras se balancent, s'agitent ; les jambes se tendent, reçoivent le poids du corps, à peu près 80 kilos, et fléchissent un instant, puis deviennent des leviers sur lesquels le reste du corps décrit une infime parabole. Les bouches respirent, les yeux roulent rapidement dans leurs orbites humides. Les couleurs se mobilisent et atténuent leurs propriétés purement picturales ; le blanc, en bougeant, s'animalise. Le noir se négrifie.

C'est de tout cela qu'il tire sa douceur, son mépris un peu sinueux, un peu aigre, comme s'il avait inventé la lune ou écrit la Bible.

Il marche dans les rues et ne voit rien. Il longe des squares entiers, des boulevards entiers, désertés, bordés de platanes, de marronniers, il passe devant de vraies préfectures, des mairies, des cinémas, des cafés, des hôtels, des plages et des arrêts d'autobus.

Il attend des copains, des filles, ou personne; souvent ils ne viennent pas et il est fatigué d'attendre. Il ne cherche pas de raisons, rien de cela ne l'intéresse, et peut-être qu'après tout cela ne le regarde pas. Alors il recommence à marcher tout seul, le soleil s'éparpille à travers le feuillage, il fait frais à l'ombre, chaud au soleil. Il perd son temps, il s'agite, il marche, il respire, il attend la nuit. Gageons qu'à la plage il a vu *Libby*, et qu'il lui a parlé, vautré sur les galets poussiéreux. Elle lui a parlé chiffons, trucs de jeunes, musique classique, etc. Le mauvais film qu'elle a vu. — C'est en s'occupant de pareilles choses qu'on oublie les autres; finalement ça fait du bien, et l'on se sent petit à petit redevenir homme invulnérable, héros, projetant toute sa concentration de matière cervicale sur un tas de galets sales et de bruits de ressac. Après, une heure après, on retourne dans la rue tout fier et tout flageolant tel un athlète hébété. Il n'y a plus de tragique? Allons donc, restent les petits détails, les idées générales, les cornets de glace, la pizza à cinq heures, le Ciné-Club et la Chimie Organique :

RÉACTIONS DE SUBSTITUTION

les atomes d'H peuvent être remplacés successivement par certains atomes de même valeur tels que Cl. Il faut soumettre à la lumière.
(et le brome) (Br)
$CH4 + Cl2 = CH3Cl + ClH$
$CH3Cl + Cl2 = CH2Cl2 + ClH$
$CH2Cl2 + Cl2 = CHCl3 + Cl4$

196

$$CHCl3 + Cl2 = CCl4 + Cl4$$
(Tétrachlorure de carbone)

Nous, d'abord, on n'a plus de réflexes psychologiques : c'est perdu. Une fille est une fille, un bonhomme qui passe dans la rue, c'est un bonhomme qui passe dans la rue ; c'est quelquefois un flic, un copain ou un père, mais c'est avant tout un bonhomme qui passe dans la rue. Demandez, qu'est-ce qu'on vous répondra ? « C'est un bonhomme qui passe dans la rue. » Ce n'est pas que nous soyons dispersés, non ; nous serions même plutôt fonctionnaires : d'une sorte de rigueur : les fonctionnaires des heures creuses.

Comme cette femme, Andréa de Commynes. La seule au visage un peu plâtré, un peu pâle au milieu des autres bruns et luisants ; la seule qui cache des yeux verts derrière des lunettes noires, et qui lise, une main prise dans la boucle de son collier de bronze, l'autre sur la reliure de son bouquin de cuir. Les vers ont mangé les pages, et le titre s'étale sur le dos du livre, martelé en lettres inégales, dont la couleur a disparu :

INGOLDSBY LEGENDS

Sans oublier cet avion qui traverse le ciel tout nu, silencieusement ; sans oublier cette statue sur laquelle le soleil pleut depuis six heures du matin, et qui représente, elle aussi, un homme nu au centre d'une vasque. Et les pigeons, et l'odeur de la terre sous les trottoirs, et les trois vieilles femmes assises sur le banc, hochant la tête devant des tricotages éternels.

Ou bien le mendiant, qu'on appelle le Siffleur. Qui est un type comme on en voit peu. On l'appelle ainsi parce que lorsqu'il ne mendie pas, il se promène dans toutes les rues en sifflant un vieil air de tango : Arabella. Puis il s'arrête, il se tasse dans un vieux recoin de mur, de préférence où domine le jaune des urines de chiens et d'enfants ; il relève la jambe de son pantalon, du côté du moignon, et il interpelle les touristes qui passent. Quand un s'arrête, il précise :

« Je vis comme je peux. Je me débrouille.
Je vends des vieux papiers. Dites, vous
n'auriez pas quelque chose ? Une petite
pièce pour un pauvre infirme, quoi ? »
L'autre dit :

« Ah non, je suis complètement fauché aujourd'hui. »
et :

« Vous aimez ça ?... ce, heu, cette vie ? »
il dit :

« Ma foi, je ne me plains pas. »
puis :

« Alors, c'est bien vrai ? Pas même une petite cigarette pour moi ? Monsieur ? Pour moi, pauvre infirme ? »

Son moignon fait des croûtes à l'air libre. Il ressemble souvent à cette espèce de légume qu'on vend au marché, l'été. Des milliers d'autos se rendent en file indienne au « Grand Prix Automobile ». Il y aura peut-être un, deux morts. On mettra de la sciure par terre, et on attendra le journal du lundi. Ce sera : « Tragique bilan des Courses du Grand prix » et pas plus mal qu'ailleurs.

Hornatozi fait suivre sa femme. Hornatozi, le fils de la maison de graines Hornatozi Père et Fils. Il va travailler dans son bureau de bois clair, et de temps à autre, il tire de sa poche la photographie de sa femme. Hélène est grande, jeune et rousse. Comme Joséphine, comme Mme Richers, elle porte souvent des robes noires. Hornatozi sait qu'avant-hier, entre 3 heures et 3 heures 30, elle est allée au numéro 99 de l'avenue des Fleurs. Sur la photographie, souillée par l'application de doigts, Hélène Hornatozi sourit face au néant, sa tête légèrement inclinée sur son épaule gauche. Elle porte ce sourire à la dérive, et de ses lèvres arquées s'envole le mystérieux saint-esprit qui crée les rapports entre hommes ; il semble qu'elle soit morte là, couchée sur le marbre de la pellicule, et qu'elle offre, sous son effigie verglassée les derniers restes de son corps de femme, un paquet d'os blancs sur fond noir, un masque vidé de chair où les couleurs se sont inversées ; flottant entre l'air et ce paravent translucide, le souvenir d'Hélène se contracte dans sa crampe négative et mortuaire, et les yeux, à prunelles blanches sur sclérotique noire, percent de deux trous le rempart des vivants, les faisant irréductiblement croire aux fantômes ; c'est de cette mémoire fixée par les bains révélateurs que la femme tire toute sa puissance ; un impondérable de malfaisance attire les regards sur son corps volup-

tueux, bâti pour l'amour ; sous les doigts d'Hornatozi, la silhouette blanche doublée de noir brûle de
mille feux de jalousie. Ses pouces plaqués sur la
bordure transpirent doucement et vont laisser, une
fois de plus, les rides graisseuses de leurs
empreintes. Il se penche, maintenant, son regard
hypnotisé droit dans les deux grandes orbites
creuses où la nuit paraît commencer ; car il voudrait faire ce voyage, serait-ce en esclave, pour
retrouver au bout de ses peines la délicieuse inti-
mité de jadis, la tiédeur de l'être caché dans l'être,
l'innocence, les envies assouvies, un enterrement
presque alcoolique ; mais elle, la femme dont il ne
sait plus si elle est morte ou si elle l'a trompé, lui
refuse d'une simple constatation de sa muraille de
celluloïd, l'accès en son étrange domaine, et c'est en
vain qu'il se courbe vers le carton luisant, et c'est en
vain qu'il respire vite, la bouche jetant des halos de
buée sur l'image, et c'est en vain que se gonfle sa
veine temporale et que s'affaissent ses épaules.
Voilà que déjà la méchanceté est abstraite, que les
pouvoirs maléfiques se sont détruits ; il ne
demeure d'aigu sur la photographie, qu'un reflet
venu de la fenêtre, répercuté par les ondulations du
papier, et qui court d'un bord à l'autre, prisonnier,
ridicule et par conséquent humain, comme une
bulle sur un bol de bouillon.

En bas, sur une longue étendue plate et poussiéreuse, toujours au soleil, en pleine chaleur, il y a des
quais ; des bateaux, des grues à charbon ; la Maison
des Douanes ; sur les docks, onze dockers travail-

lent. Toutes les trois minutes, la poulie décharge par terre une balle de coton ou de bois. Dans la perle d'odeur fade, le bruit coulissant, le blanc et l'air qui sursaute, les charges s'affaissent sur les docks.

Dans une chambre d'hôtel obscure, un étudiant nègre lit un policier de la Série Noire. Les vieilles femmes regardent avec des jumelles au fond des mansardes.

Louise Mallempart, vague et claire au fond des replis soyeux des draps, pense à une table, garnie d'une nappe à fleurs, au milieu de laquelle trônerait un seul grand verre d'eau froide.

Tout cela, c'est la chaleur qui s'étend en ramures, qui rampe très bas sur la terre. Un souffle minuscule, tremblotant, fait des rides autour des objets. Le sol, l'eau, ou l'air sont des amas de particules noires et blanches, qui se brouillent comme un million de fourmis. Il n'y a plus rien de vraiment incohérent, plus rien de sauvage. On dirait que le monde a été dessiné par un enfant de douze ans.

Le petit Adam a bientôt douze ans ; le soir, dans la ferme, pendant qu'il pleut dehors, pendant qu'il entend qu'on ramène les vaches dans les chemins creux, pendant qu'il écoute que l'angélus sonne, qu'il sent que la terre se flétrit, il prend un grand carton bleu et il dessine le monde.

En haut du carton bleu, à gauche, il fait une boule rouge et jaune avec ses crayons de couleur ; c'est comme le soleil, à ceci près qu'il n'y a pas de

201

rayons. Pour équilibrer, de l'autre côté, en haut à droite, il fait une autre boule : bleue, avec des rayons. Celle-là est le soleil puisqu'il y a des rayons. Puis il fait une ligne droite qui barre le carton au-dessous du soleil-lune et de la lune-soleil. Avec son crayon vert, il trace de petits traits verticaux plantés dans l'horizon. Ce sont des blés, des herbes. Certains ont des barbes, et ce sont des sapins. En noir, dans le ciel de craie blanche, un cheval à pattes d'araignée rue dans un bonhomme fait de boîtes de conserves et de cheveux. Et en marron, en violet, cernées de jaune, il dessine de grosses étoiles, partout où le carton peut en contenir. Au centre des étoiles, une espèce de point noir métamorphose l'astre en animal vivant qui nous considère de son noyau de bactérie, de son drôle d'œil unique de ciron.

C'est un monde bizarre, tout de même, qu'il dessine, le petit enfant Adam. Un univers sec, quasi mathématique, où tout se comprend facilement, selon une cryptographie dont la clé est imminente ; dans la ligne marron qui cadre le carton, on peut installer sans fatigue un peuple nombreux : les commerçants, les mères, les petites filles, les diables et les chevaux. Ils y sont fixés trait pour trait, et leur matière est indissoluble, indépendante, comparti-mentée. C'est presque à croire qu'il y a une sorte de dieu en boîte qui commande tout, au doigt et à l'œil, et qui dit à toutes choses, « soyez ». C'est à croire aussi que tout est dans tout, indéfiniment. C'est-à-dire, aussi bien dans le dessin maladroit d'Adam enfant, que dans le calendrier de l'Alimentation Rogalle, ou dans un mètre carré de tissu Prince-de-Galles.

Pour donner un autre exemple d'une folie devenue familière à Adam, on pourrait parler de cette fameuse Simultanéité. La Simultanéité est un des éléments nécessaires à l'Unité qu'Adam avait un jour pressentie, soit au cours de l'histoire du Zoo, soit à cause du Noyé, soit à propos de bien d'autres anecdotes qui sont volontairement oubliées ici. La Simultanéité est l'anéantissement total du temps et non du mouvement ; cet anéantissement doit être conçu, non pas forcément sous forme d'expérience mystique, mais par un recours constant à la volonté d'absolu dans le raisonnement abstrait. Il s'agit, à propos d'un acte quelconque, mettons, fumer une cigarette, de ressentir indéfiniment durant le même geste, les millions d'autres cigarettes vraisemblablement fumées par des millions d'autres individus sur la terre. Sentir des millions de légers cylindres de papier, écarter les lèvres et filtrer quelques grammes d'air mélangé de fumée de tabac ; dès lors, le geste de fumer devient unique. Il se métamorphose en un Genre ; le mécanisme habituel de la cosmogonie et de la mythisation peut intervenir. Ce qui est, en un sens, aller en direction opposée au système philosophique normal, qui part d'un acte ou d'une sensation, pour aboutir à un concept facilitant la connaissance.

Ce processus, qui est celui des mythes en général, comme, par exemple, la naissance, la guerre, l'amour, les saisons ou la mort, peut être appliqué à tout : chaque objet, une éclisse d'allumette sur une table d'acajou verni, une fraise, le son d'une horloge, la forme d'un Z sont récupérables sans limite dans l'espace et le temps. Et, à force d'exister des millions et des milliards de fois, en même temps que *leur* fois, ils deviennent éternels. Mais leur éternité est automatique : ils n'ont nul besoin d'avoir jamais été créés, et se retrouvent en tous siècles et en tous lieux. Il y a tous les éléments du téléphone dans le rhinocéros. Le papier émeri et la lanterne magique existèrent toujours ; et la lune est bien le soleil et le soleil la lune, la terre mars jupiter un whisky and soda et ce drôle d'instrument qu'on va bientôt découvrir, qui servira à créer des objets, ou à les détruire, et dont la composition est déjà connue par cœur.

Pour bien comprendre cela, il faudrait, comme Adam, essayer la voie des certitudes, qui est celle de l'extase matérialiste. Ainsi le temps se rapetisse de plus en plus ; ses échos se font de plus en plus courts ; comme un mouvement de balancier qui n'est plus soutenu, les années d'avant deviennent rapidement des mois, les mois des heures, des secondes, des quarts de seconde, des $1/1000^{es}$, puis, tout à coup, d'un seul coup, plus rien. On a abouti au seul point fixe de l'univers, et l'on est à peu de chose près, éternel. C'est-à-dire un dieu, puisque n'ayant ni à exister, ni à avoir été créé. Il n'est pas question d'immobilisation psychologique, ni à proprement parler de mysticisme ou d'ascèse. Car ce n'est pas la recherche d'une communication possible avec Dieu, ni le désir d'éternité qui motivent cette expression. Ce serait une faiblesse de plus de la part d'Adam de vouloir triompher de la matière, de sa matière, en employant les mêmes mobiles que cette matière.

Ce n'est pas franchement une question de désir ; comme tout à l'heure ce n'était pas franchement une question des cigarettes que l'on peut fumer *sur la terre*. Non, ce qui agit Adam, c'est la réflexion, la méditation lucide. Partant de sa propre chair humaine, de sa somme de sensations présentes, il s'anéantit par le double système de la multiplication et de l'identification. Grâce à ces deux données, il peut raisonner aussi bien dans le futur que dans le présent et le passé. Dans la mesure où on prend ces mots à leur juste valeur, c'est-à-dire en tant que mots. Ou dans le proche ou dans le lointain. Peu à peu il s'anéantit par l'autocréation. Il exerce une sorte de sympoésie, et finit non pas dans Beauté, Laideur, Idéal, Bonheur, mais dans oubli et absence. Bientôt il n'existe plus. Il n'est plus lui-même. Il est perdu, faible parcelle qui continue à se mouvoir, qui continue à se décrire. Il n'est plus qu'un vague revenant, seul, éternel, démesuré, terreur des vieilles femmes solitaires, qui se crée, meurt, vit et revit et s'engloutit dans l'obscur, des centaines, des millions et des milliards d'une fois infinie, ni l'un ni l'autre.

O. Voici comment Adam raconta la suite, plus tard ; il la relata soigneusement, écrivant au crayon à bille dans un cahier d'écolier jaune, sur lequel il avait inscrit en en-tête, comme pour une lettre, « Ma chère Michèle ». On retrouva le tout, à moitié calciné. Certains passages, soit que la page ait été arrachée pour servir à emballer l'une ou l'autre chose, des chaussures de basket, des ordures ménagères, ou même en guise de papier hygiénique, soit à cause de brûlures, font défaut. Ils ne seront donc pas reproduits et leur absence sera indiquée par des espaces blancs, sensiblement pareils en longueur et en qualité aux originaux.

« Quelques jours avant que les propriétaires ne reviennent, et me mettent à la porte de la villa, j'eus des histoires en ville. J'étais descendu comme d'habitude, vers deux ou trois heures de l'après-midi, pour tâcher de voir Michèle, ou le chien, ou quelqu'un d'autre, et surtout pour acheter des cigarettes, de la bière et à manger. Je tenais spécialement à voir Michèle, parce que j'avais besoin de lui emprunter encore 1 000 ou 5 000 francs ; j'avais fait une petite liste sur le dos d'un paquet de cigarettes vide,

sèches
bière
chocolat
trucs à bouffer
papier
des journaux si
possible voir un peu

et j'étais déterminé à la suivre dans l'ordre.

Les cigarettes, je les trouvai dans un bureau de tabac, à l'entrée de la ville. Dans un petit bar d'aspect tranquille, assez frais, qui s'appelait « Chez Gontrand ». On avait pendu des cartes postales sur les murs. Le comptoir au tabac était en bois, peint en marron. La vendeuse avait entre soixante et soixante-cinq ans. Elle avait une robe à rayures. Un chien-loup dormait au fond du bar, les bourrelets de son cou cachant la plaque d'aluminium rivée dans son collier et le nom, Dick, qu'on y avait gravé.

La bière, je l'achetai dans une épicerie, un magasin du type « servez-vous », vaste, propre et aéré. On m'a donné un panier en matière plastique perforée rouge, à l'entrée, pour que j'y mette mes achats. Là-dedans, j'ai laissé tomber une seule bouteille de bière blonde, avec un bruit de verre cognant sur de la matière plastique. J'ai payé et je suis sorti.

Le chocolat : dans le même magasin. Mais je l'ai

volé. J'ai fourré la tablette sous ma chemise, en partie coincée dans la ceinture de mon pantalon. Comme ça faisait une bosse, j'ai dû passer la caisse en rentrant très fort l'estomac, pour diminuer le volume. Je respirais mal. La vendeuse n'a rien vu, ni le grand escogriffe chargé de la surveillance entre les comptoirs. J'ai l'impression qu'ils se foutent de tout dans cette boîte.

Restaient les trucs à bouffer, les journaux et le papier.

Les trucs à bouffer :

J'ai acheté du cassoulet au Prisunic.

Les journaux :

Je les ai trouvés selon ma méthode habituelle, vous savez, en fouillant dans les binettes publiques accrochées aux réverbères. J'ai trouvé une revue en bon état, la revue des Dentistes de la Côte. Du beau papier, rempli de blancs ; je me suis dit, c'est nouveau, je vais m'amuser à tout mélanger, les alvéoles et la denture, les molaires et la méthode B de dévitalisation.

Le papier :

à Prilux, un cahier d'écolier. (Celui-ci est déjà presque fini ; quand j'en aurai rempli trois autres comme ça, je pourrai songer à me faire publier. J'ai déjà trouvé un titre qui accroche : les Beaux Salauds.)

Le plus important, c'était : si possible voir un peu.

~~C'est à dire, en marchant dans la ville, regarder les choses qui pourraient me servir plus tard, au~~

besoin chercher une baraque vide même en ruine où je pourrais habiter quand celle qui est sur la colline sera plus possible, et tâcher de voir le chien, des tas d'animaux, jouer à des jeux, prendre un bain aux Bains Publics, et emprunter 5 000 francs à Michèle. N'oubliez pas avant tout que je Si je pouvais trouver un travail quelconque à faire, quelque chose de peu absorbant, un truc manuel, plongeur au restaurant, habilleur à la Morgue, ou figurant aux Studios, je m'en contenterais. Je gagnerais juste de quoi acheter un paquet de cigarettes quand je veux, une fois par jour, par ex., & du papier pour écrire, et une bouteille de bière aussi, une fois par jour. Le reste, c'est du luxe. Je voudrais bien aller aux U.S.A. on dit que c'est possible de vivre comme ça là-bas, et d'avoir du soleil dans le Sud, et rien d'autre à faire qu'écrire, boire et dormir. Je pense aussi, rentrer dans les ordres, pourquoi pas ?

J'ai connu autrefois un type qui faisait de la céramique. Il s'est marié à une femme qui s'appelle Blanche, et il habite une maison dans la montagne. A trois heures, un jour, je suis allé chez lui : il faisait très chaud, et il y avait des fèves du Japon qui grimpaient sur la tonnelle. Le soleil faisait des croûtes partout. Il travaillait à moitié nu sous la tonnelle. Il gravait des dessins aztèques sur des espèces de potiches en terre ; et le soleil faisait sécher la terre, formait de petits grains de poudre tout autour du vase ; après, il mettait les émaux, et le four faisait cuire les couleurs : chaleur sur chaleur. Tout ça était harmonieux. Il y avait une salamandre à queue fendue qui dormait sur le sol cimenté. Je ne crois pas avoir jamais vu autant de chaleur sur chaleur de ma vie. Le paysage était à 39° et le four à 500°. Le soir, sa femme Blanche faisait bouillir les fèves du Japon ; c'était un type bien : il était tous les jours presque mort. Tout blanc, un morceau d'air dansant, un cube équilatéral en train de cuire.

Je me suis dit que je pourrais avoir, moi aussi, une maison dans la campagne. Sur le côté d'une espèce de montagne caillouteuse ; sous les pierres bouillantes, on aurait des serpents, des scorpions et des fourmis rouges.

Voici à quoi je passerais mes journées : j'aurais un bout de terrain plein de cailloux, exposé au soleil du matin jusqu'au soir. Au milieu du terrain, je ferais des feux. Je brûlerais des planches, du verre, de la fonte, du caoutchouc, tout ce que je trouverais. Je ferais des sortes de sculptures, comme ça, directement avec le feu. Des objets tout en noir, calcinés dans le vent et dans la poussière. Je jetterais des troncs d'arbres et je les ferais brûler ; je tordrais tout, je noircirais tout, j'enduirais tout d'une poudre crissante, je ferais monter haut les flammes, j'épaissirais la fumée en volutes lourdaudes. Les langues orange hérisseraient la terre, secoueraient le ciel jusqu'aux nuages. Le soleil livide lutterait avec elles pendant des heures. Les insectes, par milliers, viendraient s'y précipiter, et s'enfouiraient la tête la première dans la base incolore du foyer. Puis, élevés par la chaleur, grimperaient le long des flammes comme sur une colonne invisible, et retomberaient en douce pluie de cendres, délicats, fragiles, métamorphosés en parcelles charbonnées, sur ma tête et sur mes épaules nues ; et le vent des flammes soufflerait sur eux et les ferait frémir sur ma peau ; il leur donnerait de nouvelles pattes et de nouveaux élytres, une vie nouvelle, qui les lèverait dans l'atmosphère, et les abandonnerait, grouillants, flous comme des miettes de fumée, dans les trous des cailloux, jusqu'au pied de la montagne.

Vers, disons, cinq heures de l'après-midi, le soleil gagnerait. Le soleil brûlerait les flammes. Il ne laisserait plus, au centre du terrain, qu'une tache noire, parfaitement circonférique ; tout le reste serait blanc comme un paysage de neige. Le brasier aurait l'air de l'ombre du soleil, ou d'un trou sans fond. Et il ne resterait plus que les arbres calcinés, les masses de métal foudroyé, fondu, le verre tordu, les gouttes d'acier parmi les cendres comme de l'eau. Tout aurait poussé comme des plantes obscures, avec des tiges grotesques, des bavures de cellulose, des crevasses où grouille le charbon. Alors je les prendrais toutes, ces formes tétaniques, et je les mettrais en tas dans une chambre de la maison. Je vivrais bien au milieu d'une montagne de cailloux blancs et d'une jungle incendiée. Tout ça est connecté avec la chaleur. Elle décomposerait tout pour recomposer un monde pourri par la sécheresse ; la simple chaleur. Avec elle, tout serait blanc, et dur, et fixé. Comme un bloc de glace au

Pôle Nord, ça serait l'harmonie matérielle, grâce à quoi le temps ne coule plus. Oui, ce serait vraiment beau. Le jour, ce serait, chaleur plus chaleur, et la nuit, noir plus charbon.

[

]

Et un jour, je prendrais une bagnole. Je la mettrais au milieu du terrain et je l'arroserais d'essence. Puis je m'arroserais d'essence moi-même. Je me mettrais dans la voiture, et j'y bouterais le feu.

Et comme j'aurais gardé mes lunettes noires, on retrouverait sur mon corps calciné, sur mon crâne en boule, un drôle d'insecte noiraud, caricatural, dont le corps en matière plastique se serait inséré tout bouillant au fond de mes orbites. Deux tringles de fer, en forme de pattes, se dresseraient sur les côtés, et me feraient des antennes.

J'espère qu'on ne reconnaîtrait plus rien de moi dans cette momie gercée. Parce que je voudrais bien vivre tout nu et tout noir, définitivement brûlant, ~~définitivement créé.~~

Michèle.
Je t'ai cherchée très sérieusement.
D'abord, il y a eu ce Gérard, ou ce François, je ne

sais plus comment il s'appelle. Je le connaissais autrefois, du temps où je jouais au flipper. Ou du temps où j'étais étudiant en quelque chose. Il ne m'avait pas reconnu, parce que je me suis laissé pousser la barbe depuis, et que je porte des lunettes noires. Il m'a dit qu'il t'avait vue descendre vers le Vieux Port.

Je suis allé là-bas, et je me suis assis sur un banc, à l'ombre. J'ai attendu un peu, histoire de me reposer. J'étais en face de la digue, et il y avait deux Anglais déguisés en yachtmen qui parlaient. Ils affectaient de s'ennuyer mortellement sur la Méditerranée et l'un d'eux a dit :

« I am looking forward to the Shetlands. »

Pas mal de gens passaient et montraient les bateaux blancs à leurs enfants.

Au bout d'une heure, je suis remonté vers la Grand-Place, celle où il y a un jet d'eau. Dans le Café, j'ai trouvé une fille que tu dois connaître, elle s'appelle Martine Préaux. Je lui ai dit que Gérard, ou François, enfin ce type brun avec une chemise rose, t'avait vue descendre vers le Vieux Port. Elle m'a dit à peu près :

« Il est fou, je viens de voir Michèle dans l'autre Café, plus bas. Elle était avec un Américain. »

J'ai demandé :

« Un Américain ? Un marin américain ? »

Elle a répondu :

« Non, pas un marin, un type américain, c'est tout. Un touriste. »

J'ai demandé encore si elle pensait que tu y serais toujours. Elle m'a dit :

214

« Ça, je n'en sais rien. c'est possible, il n'y a pas tellement longtemps. »

Puis :

« Vous n'avez qu'à aller voir. »

Tu n'étais plus dans l'autre Café, à condition que tu y aies jamais été. Le garçon ne savait rien. Il ne voulait rien savoir. Il aurait fallu un pourboire et je n'avais pas les moyens ; alors, je me suis assis quand même, et j'ai bu un verre de grenadine à l'eau.

Comme je ne savais pas trop quoi faire, et que les trois quarts du temps, je n'arrive pas à penser si je ne fais pas des dessins sur des carrés de papier, j'ai arraché la première page de mon cahier d'école, et j'ai fait un plan de ville, en indiquant par des hachures les endroits où tu pouvais être. Ça m'a pris presque une heure. Par ordre d'importance, les endroits étaient :

> chez toi
> les cafés de la Place
> les magasins de l'Avenue
> le bord de mer
> l'église
> la gare des autobus
> la rue Smolett
> la rue Neuve
> la descente Crotti

Après, je me suis levé, j'ai payé le verre de grenadine et je me suis mis tout de suite à ta recherche. Il me restait environ 50 francs. Heureusement, j'avais encore les [

]

ce que tu m'as dit. Il avait une tête un peu molle, les cheveux ras, et de grandes jambes grasses. Comme il faisait nuit, je suis allé dans le fond du bar et j'ai demandé un verre de vin rouge.

D'abord, je n'avais pas l'intention de boire autant. Si j'avais voulu me saouler, j'aurais pris autre chose pour commencer ; de la bière, par exemple ; je ne supporte pas le vin rouge. Quand je me mets à en boire, je finis toujours par vomir, et je n'aime pas tellement vomir. C'est comme pour les excréments, je n'aime pas penser que j'abandonne une partie de moi-même quelque part. Je veux rester intègre.

Ce qui a fait que j'ai trop bu cette fois-là, c'est que j'avais les 5 000 francs dans ma poche, que je n'avais rien d'autre à faire, et que la tête de l'Américain ne me disait rien. J'ai d'abord dit :

« Un rouge »

comme j'aurais pu dire :

« Un Misty Isley »

ou :

« Un express et deux croissants »

L'important, c'est qu'après j'ai été trop fatigué pour crier autre chose au garçon. Je lui disais :

« Le même »

« Rouge ? »

Un signe de tête.

Il se passait quelque chose d'étrange : le Bar était plein de gens, les garçons allaient et venaient, et toi, tu étais assise près de la porte avec ce type américain. Je vous regardais tous, les uns après les autres, et vous faisiez tous la même chose, c'est-à-dire boire, parler, croiser les jambes, sourire, fumer en rejetant la fumée par les deux narines, etc. Vous aviez tous des visages, des bras et des jambes, des nuques, des sexes, des hanches et des bouches. Vous aviez tous le même bourrelet de chair rougie sous les coudes, le même bord apparent de glande lacrymale, la même fossette double au bas des reins, la même qualité d'oreille, roulée comme une coquille, frappée sans doute au même moule ; hideusement identiques. Pas un seul d'entre vous n'avait deux bouches, par exemple. Ou un pied à la place de l'œil gauche. Vous parliez tous en même temps, et vous vous racontiez les mêmes histoires. Vous étiez, tous, tous, tous pareils. Vous viviez par deux, par trois, quatre, cinq, six, dix, vingt-neuf, cent quatre-vingt-trois, etc.

Je me suis amusé à recomposer ce que vous disiez :

Suzanne est à la clinique.

Mais non, jamais de la vie, pourquoi ? il n'y
a pas de raison !
C'est à cause de Georges, je l'ai vu l'autre soir au
Mexico, il.

Dans un sens c'est vrai. Mais Ionesco n'est
salaud si on te demande ça tu diras que c'est
Hé ! Jean-Claude tu veux une cigarette ? Tu
sais
un demi à la pression tu n'as pas vingt
francs
C'est Henri, un copain de Jackie. Je suis em
Alors qu'est-ce qu'il y a ?
Voulez-vous la vérité ? Vous savez ce qui est
vrai ?

pas forcément moderne, il est dans la lignée des
moi, après. J'en ai marre, on s'en va, dis ?
Jeudi quand il pleuvait, eh bien, ça a marché
ployé à la Cité je décharge des caisses deux
pour mettre un disque pas la peine d'en parler
Alors j'ai pris une bonne douche. Il m'a dit
Il vous raconte des histoires, d'accord, elles sont
bonnes,
mais on s'en lasse, il n'y a plus
réalistes, hein, de Monnier, de Henri Monnier, par
exemple.
Il n'est pas encore dix heures, attendons au
Quand même je suis allé à Monaco
c'est foutu maintenant   ici ?
fois par semaine c'est pas mal payé et ça me donne
un peu de sport.

218

pas la peine de compter sur moi pour le prochain
match
Hé, Claude !   Rien de neuf
un mot de vrai dans tout ça
moins cinq minutes. Je suis sûre qu'il doit
venir, il n'a pas cessé de le dire.

Mais ça n'avait pas de sens, tous ces mots, toutes
ces paroles qui s'entremêlaient. Vous étiez tous des
hommes et des femmes, et je n'avais jamais autant
ressenti jusqu'alors combien vous représentiez une
race. J'aurais voulu tout à coup fuir chez les
fourmis, et apprendre sur elles autant que j'en
savais sur vous.
    J'ai bu encore quatre ou cinq verres de vin ; je
n'avais pas mangé, et à jeun, l'alcool me fait
toujours du mal. J'ai bu plus d'une bouteille de
rouge, comme ça, au fond du bar.
    J'avais une sorte de goût de nausée sur ma
langue. Il faisait chaud, et tout était bien moite. Je
me souviens, j'ai arraché une page du cahier
d'écolier, et j'ai écrit au milieu,

            Procès-Verbal d'une catastrophe
            chez les fourmis.

    Puis de l'autre côté, j'ai fait un texte ; mais je l'ai
perdu depuis, et je ne me rappelle plus ce qu'il
disait. Je crois que ça parlait de poudre, de
montagnes de poudre blanche.
    Je suis sorti du Bar à peu près saoul. En passant
près de toi, j'ai vu que tu montrais des photogra-

phies à l'Américain. Comme j'étais malade, je me suis promené longtemps dans la Vieille Ville. Je titubais et je raclais les murs. J'ai vomi deux fois dans les caniveaux. Je ne savais plus quelle heure il était, ni ce que j'étais en train de faire. Je me suis assis sur la margelle de la Fontaine Saint-François ; j'ai posé à côté de moi les paquets de nourriture et le cahier d'écolier. J'ai fumé deux cigarettes coup sur coup. Un petit vent froid faisait flapir les tentures des magasins.

Ma boîte d'allumettes était vide ; j'en ai fait un bateau, en plantant une allumette brûlée dans le dessus de la boîte. J'ai enfilé un bout de papier dans l'allumette, comme une voile, et j'ai posé le tout sur l'eau du bassin. Ça s'est mis à dériver alors, sur le liquide noir. Les souffles d'air, frappant sur sa voile, le faisaient zigzaguer vers le centre du bassin. Je l'ai regardé ainsi pendant plus d'une minute, puis, brusquement, je le perdis de vue. Le jet d'eau l'engloutit sous une pluie de gouttes et le recouvrit d'un brouillard vaporeux. L'eau se mit à bouillir autour de lui, et quelques secondes plus tard, il s'évanouit vers le bas comme une ombre, il s'évapora dans le tumulte des grisailles et des maelstroms noirs.

C'est à ce moment-là que j'aurais bien aimé entendre quelqu'un dire, quelqu'un me dire, salaud !

J'ai fini quand même par m'en aller, parce qu'une voiture de Police m'avait vu et avait ralenti. J'ai fait un détour par la Vieille Ville et je suis remonté vers le Jardin de la Gare des Autobus. Je pensais que je pourrais m'allonger sur un banc et dormir.

Dans le jardin, il y avait toi et le type américain. Quand je vous ai reconnus, je m'en suis foutu, parce qu'il faisait noir et que vous aviez l'air d'être bien. Je me suis assis à côté de vous et j'ai commencé à vous raconter des histoires. Je ne me souviens plus de ce que c'était, des calembours, des contes de fantômes, ou des phrases sans suite. Il me semble que je vous ai parlé de mon arrière-grand-père qui était gouverneur à Ceylan. Je ne sais plus. L'Américain a allumé une cigarette américaine en attendant que je m'en aille. Mais je n'avais pas envie de partir. Je t'ai demandé encore 1 000 francs. Michèle m'a dit qu'elle m'avait assez donné pour cette fois ; j'ai répondu qu'elle ne m'avait pas rendu l'imperméable que je lui avais prêté, et qu'il valait sûrement plus de 5 000.

Michèle, tu t'es mise en colère et tu m'as dit de foutre le camp. J'ai dit en riant, donne-moi 1 000 francs. L'Américain a jeté sa cigarette et a dit,

« Now, c'mon, git off »

J'ai répondu un juron américain. Michèle a eu peur, et m'a donné les 1 000 francs. L'Américain s'est levé et a répété : « Hey, git off ». J'ai redis le même juron. Michèle a menacé d'appeler la police.

Mais l'Américain a dit que ce n'était pas la peine, qu'il allait s'arranger tout seul. Je voyais trouble. Il m'a forcé à me lever du banc et m'a poussé en arrière. Je suis revenu sur lui, toujours en racontant des histoires ; je disais n'importe quoi, je ne me rappelle plus les mots. Je crois que je lui parlais de l'histoire de l'imperméable, qu'il coûtait 10 000 francs, qu'il était doublé en moleskine, et aussi de tout ce qu'on avait fait, cette fois-là dans la montagne. Michèle a commencé à partir en disant qu'elle allait chercher la police. Le Poste était juste de l'autre côté du Jardin.

L'Américain n'avait rien compris de ce que j'avais raconté, parce que j'avais parlé très vite, et à voix étouffée.

Il est revenu vers moi pour me pousser encore en arrière, mais je me suis accroché aux revers de son col. Alors il m'a envoyé un premier coup à gauche du menton, puis un autre, sous l'œil. J'ai essayé de lui donner un coup de pied dans l'aine, mais je l'ai manqué. Alors il s'est mis à me tabasser, sur la figure et dans le ventre, à coups de poing et de genou. Jusqu'à ce que je tombe par terre sur le gravier de l'allée. Il ne s'est pas arrêté là. Il a posé ses deux genoux gras sur ma poitrine, et il a tapé de toutes ses forces sur ma figure. Il m'a presque assommé, et il m'a cassé une dent de devant ; en la cassant, il a dû se faire mal au poing, parce qu'il s'est aussitôt arrêté. Il s'est relevé en soufflant, puis il est parti du jardin en appelant Michèle.

Au bout d'un moment, j'ai réussi à me redresser

et j'ai marché à quatre pattes jusqu'au banc. Je me suis assis et j'ai essuyé ma figure avec un mouchoir ; à part ma dent cassée, je ne sentais rien, mais je saignais beaucoup. Il avait dû m'envoyer un coup de poing sur le nez. En tout cas, j'avais les deux yeux gros comme des oranges. En essuyant le sang, je bougonnais tout bas ; j'étais encore un peu saoul, et je ne savais dire autre chose que :

« A cause de ce salaud, il va falloir que j'aille chez le dentiste, à cause de ce salaud, il va falloir que je dépense 2 000 francs chez le dentiste. »

Pas plus de cinq minutes plus tard, j'ai vu l'Américain et Michèle qui revenaient dans le Jardin avec un flic. J'ai eu juste le temps de m'en aller à travers les broussailles et de sauter par-dessus la haie. Je suis retourné dans la Vieille Ville, et je me suis lavé la figure et les mains sous une fontaine. J'ai fumé une cigarette pour me reposer. Ma dent commençait à m'élancer ; elle était à moitié cassée et j'avais l'impression que le nerf avait poussé hors de l'émail comme une herbe. J'ai pensé, il faut que je rentre chez moi, dans la villa abandonnée en haut de la colline.

Je suis retourné le plus vite que j'ai pu. En passant devant l'église du Port, j'ai vu qu'il était cinq heures moins vingt-cinq. Il y avait des voitures qui passaient avec leurs phares allumés, et des bêtes partout qui poussaient de drôles de cris, par paires. Je pensais tout le temps : « J'ai vomi deux fois et demain il faut que j'aille chez le dentiste, le dentiste-dentiste. » Je pensais tout le temps au fauteuil de cuir, et aux manettes d'acier qui tour-

223

noient dans l'odeur fade de l'amalgame, dans le carré frais d'air évaporé, très sanitaire.

[

]

Ici 3 pages du cahier ont été arrachées. Une quatrième porte un dessin qui représente une sorte de ville vue d'avion. Les rues ont été faites au crayon à bille. Une tache rouge, semblable à un Square, a été produite en appliquant sur le papier un pouce plein de sang provenant d'un bouton écorché. On a écrasé un mégot en bas de la feuille, à gauche. Avec une certaine minutie, dirait-on, et très complaisamment, comme le témoigne un cil tombé du bord d'une paupière par suite d'un penchement trop prolongé de la tête vers la feuille de papier. On peut calculer qu'il s'est passé un laps de temps d'environ trois ou quatre jours entre la page qui précède et la page qui suit les feuillets manquants. Cette page est la dernière du fameux cahier d'écolier jaune. Elle ne comprend que quelques lignes, écrites, elles aussi, au crayon à bille. Le bas de la feuille a été déchiré ; il y a beaucoup de ratures : les unes permettant encore de lire les mots, les autres les dissimulant complètement. Certains mots se sont trouvés tronçonnés, du fait du dérapage du crayon à bille sur le papier graisseux.

Dimanche matin, ma chère Michèle,
Michèle et l'Américain ont dû porter plainte à la police et dénoncer ma cachette. Très tôt ce matin, j'ai été réveillé par du bruit ; j'ai eu peur, je me suis

levé et j'ai regardé par la fenêtre. J'ai vu deux ou trois types qui montaient à travers la colline sans rien dire. Ils marchaient vite, et de temps à autre ils regardaient vers la villa. ~~J'ai pensé tout de suite que c'étaient des flics~~ ; en tout cas, j'ai eu juste le temps de prendre deux ou trois trucs, et de sauter par la fenêtre. Ils ne m'ont pas vu parce qu'il y a devant la fenêtre des plants ~~de rosiers de haricots~~ de rosiers. J'ai remonté un peu la pente, au-dessus de la maison, puis j'ai obliqué à gauche et je suis redescendu le long d'un torrent à sec. ~~Je ne suis pas passé~~ très loin d'eux et à un moment j'ai vu leurs silhouettes qui escaladaient entre les taillis ▨▨▨▨▨▨▨▨▨ de ronces. Je faisais attention à ne pas faire de bruit en éboulant les cailloux. ▨▨▨▨▨▨▨▨▨ ~~des tas.~~

J'ai rejoint la route ; j'ai commencé par marcher sur le talus, puis je suis descendu sur la chaussée. Il n'y avait pas longtemps que le soleil s'était levé ; on voyait un peu la mer, à gauche, entre les pins. On suffoquait dans l'odeur de résine et d'herbe. Alors j'ai marché doucement, comme si je me promenais. Après cinq cents mètres, j'ai trouvé un bout de chemin qui descendait vers les plages et je l'ai suivi. Je pensais qu'il valait mieux ne pas continuer sur la grand-route, parce que les flics me reconnaîtraient sûrement s'ils passaient en voiture. J'avais oublié ma montre dans la villa, mais le soleil marquait huit heures, pas plus. J'avais faim et soif.

En bas, à côté de la plage, il y avait un café fraîchement ouvert. J'ai bu un chocolat et j'ai mangé un beignet aux pommes. J'ai encore mal à ma dent cassée. Envion 1 200 f en poche. J'ai commencé à me demander s'il ne fallait pas que je m'exile. En Suède, en Allemagne, ou en Pologne. La frontière italienne n'était pas très loin. Mais ce n'ét   ile sans papiers et sans argent. ~~Je me suis dit aussi, je pourrais peut-être aller voir ma mère.~~ Je n'avais plus besoin de l'écrire au dos d'un paquet de cigarettes vide : ce que j'allais faire, c'était, si possible voir un peu. Pour habiter, en ville, il y a deux sortes de maisons différentes : il y a les unes, et puis il y a les asiles. Dans les asiles, il y a deux catégories : les asiles de fous et ceux de nuit. Parmi les asiles de nuit, il y a ceux pour les riches et ceux pour les pauvres. Dans ceux pour les pauvres, il y a ceux avec chambre et ceux avec dortoirs. Dans ceux avec dortoirs, il y en a de bon marché et d'autres qui ne coûtent rien. Dans ceux qui ne coûtent rien, il y a l'Armée du Salut. Et à l'Armée du Salut, on n'est pas toujours pris.

Voilà pourquoi, en fin de compte, c'était bon d'habiter tout seul une villa abandonnée, en haut d'une colline.

Évidemment, il y manquait ce qu'on appelle le confort. Il faut coucher par terre, à moins que les gens n'aient laissé un lit, ce qui n'était pas le cas là-bas. L'eau en général est presque toujours coupée (sauf la prise dans le jardin, tu te souviens, Michèle ?). On n'est pas protégé contre les cambrioleurs ni contre les animaux : il faut se défendre soi-même ; et quand on est seul, on se dé   raime mal contre les punaises, les moustiques, les araignées, ou même les scorpions et les serpents.

Puis on est à la merci d'une arrivée soudaine des propriétaires. Il a   ive que ces gens-là se mettent en colère en voyant leur maison occupée. On n'a pas grand-chose à dire pour se justifier, surtout quand il fait chaud, qu'on est un type jeune, robuste comme tout le monde, c'est-à-dire capable de travailler, et qu'en particulier on avait une chambre à soi en ville, avec tout ce qu'il fallait. Il se peut qu'ils aillent jusqu'à appeler la police, et on est vite pris, vagabond avec la mention, « sans   le fixe n   », voleur, déserteur, et, violation de domicile, abus de confiance, chantage ou mendicité.

Je ne suis pas aveugle, ni mutilé. Je vais partir pour les pays froids ; je vais voyager dans un train de marchandise, et mendier dans les rues de Rotterdam. Je vais m'asseoir sur la borne, à côté du filet de pêche, et je vais aller me baigner à la plage. Le chien passera peut-être par ici aujourd'hui. Dimanche, 29 Août, bientôt neuf heures du matin. Il fait chaud et lourd ; il paraît que les montagnes brûleront dans les environs. Ici je suis au secret.

Malh [

Sur le dos du cahier, Adam a signé son nom, en entier : « Adam Pollo, martyr ». Bien qu'on ne puisse rien affirmer avec certitude, il y a de fortes probabilités pour que le texte reproduit ci-dessus ait été terminé à l'endroit où on l'a retrouvé plus tard, par hasard, dans les W.C.-hommes du « Torpédo Snack-bar ».

P. Vers la fin de la matinée, quelque chose comme midi-une heure, il était comme un individu au centre de la plage. Il avait allongé son corps long, chétif, à même les galets bouillants. Pour que l'air passe un peu et diminue les effets torréfiants du soleil, il avait ménagé un léger espace entre le sol et son dos, en s'appuyant en arrière sur les deux coudes. Il s'était installé tout près du bord de l'eau, au point que chaque hors-bord qui passait au large, traînant des skieurs, venait mouiller la plante de ses pieds avec les vagues de son sillage.

Vu de loin, et de dos, il n'y avait pas grand-chose de changé. Il portait toujours le même short bleu indigo taché de cambouis, et les mêmes lunettes de soleil à monture en fil de fer doré. Ses habits étaient pliés en tas à côté de lui, surmontés d'une revue vieille de deux mois ; elle avait été ouverte vers le milieu, sur une page consacrée à une catastrophe ferroviaire, mais le vent, en soufflant latéralement, l'avait refermée ; maintenant, c'était la couverture de la dernière page qui était exposée : un petit garçon en train de manger des pâtes au fromage.

Plus loin, les pieds nus dans l'eau de mer, un autre petit garçon jouait tout seul. Adam ne le regardait pas ; Adam avait maintenant environ trente ans.

Adam Pollo avait une tête plutôt longue, un peu pointue par le haut. Les cheveux et la barbe taillés à coups de ciseaux étaient remplis de nœuds et d'escaliers. Il y avait quelque chose d'encore beau sur tout ce visage, des yeux un peu grands, ou peut-être un nez mou et mal formé, des joues *imberbes*, juvéniles, sous la couche de barbe jaune. Le buste étroit, occupé par des dizaines de côtes, tiraillé par la position inversée des bras, semblait de peu de résistance. Les épaules étaient charnues vers l'avant, musclées sans doute, les bras osseux. Les mains se trouvaient courtaudes, et larges, et grasses, et avaient indéniablement l'air de mains incapables d'ouvrir la plus simple agrafe de soutien-gorge. Tout le reste était selon. Mais de près, avec ce soleil qui marbrait la peau, et ces plaques d'eau de mer, on aurait dit que le corps d'Adam était lentement envahi par des taches de toutes sortes de couleurs, variant entre le jaune cru et le bleu.

Ainsi camouflé, il se trouvait pris au milieu d'une multitude d'autres taches, de marron, de vert, de noir, de noir et gris, de blanc, d'ocre, de vermillon sale ; ressemblant de loin à un tout petit enfant, de plus près à un homme jeune, et de tout contre à une drôle d'espèce de vieillard, séculaire et innocent. Il respirait à cadence rapide. A chaque inspiration, les poils autour de son nombril se redressaient et accusaient la présence fugitive d'environ 2 litres d'air, qui pénétraient dans les bronches, dilataient les bronchioles, écartaient les côtes, chassaient d'un mouvement de diaphragme le haut de l'estomac et l'intestin grêle. L'air entrait profondément, résonnait des coups du cœur, les replis de chair s'imbibaient de rouge-sang, et les veines étaient secouées régulièrement par un grand flot bleu qui remontait le long du corps. L'air s'insinuait partout, tiède, chargé d'odeurs et de parcelles microscopiques. Il envahissait la masse de viande et de peau et la parcourait d'un bout à l'autre de minuscules chocs électriques ; tout fonctionnait sur son passage : les clapets se refermaient, les capillosités de la trachée-artère repoussaient les poussières, et au plus profond de la grande cavité moite, teintée de pourpre et de blanc, le gaz carbonique s'accumulait, prêt à être chassé vers le haut, prêt à s'exhaler et à se fondre dans l'atmosphère ; il irait peser de-ci de-là sur la plage, dans les trous de galets, sur les fronts en sueur, ajoutant à la densité des cieux couleur d'acier. Au plus profond d'Adam, c'était l'aggloméré de cellules, de noyaux, de plasma, d'atomes aux combinaisons multiples : plus rien n'était étanche. Les atomes d'Adam auraient pu se mêler aux atomes de la pierre, et lui, s'engloutir très doucement à travers terre et sable, eau et limon ; tout aurait croulé ensemble, comme dans un gouffre, et se serait évanoui parmi le noir. Dans l'artère fémorale gauche, une amibe avait formé son kyste. Et les atomes tournaient comme de minuscules planètes, dans l'immense, l'universel corps d'Adam.

Face aux autres, les deux pieds traînant dans la

mer, à l'avant-scène de la plage, il était cependant individuel ; les rayons blanc-jaune du soleil tombaient verticalement sur son crâne en pain de sucre, et il ressemblait de plus en plus, avec sa mâchoire saillante, avec sa mauvaise barbe, et son air général de spécimen, à un personnage de prostase. Il fumait une cigarette à présent ; de fausses mouches en forme de reflets volaient devant ses yeux, et puis explosaient comme des bulles. Le sel blanchoyait sur les poils. Et le petit enfant de tout à l'heure, piétinait dans la mer en psalmodiant,

> « ... Criaient la gloire
> de Dieu,
> Chantaient l'amour
> de Dieu... »

Il s'arrêtait pour regarder sa mère qui dormait plus haut, affalée sur les cailloux, puis reprenait, sur une fausse note,

> « ... Criaient la gloire
> de Dieu, etc. »

Les avions passaient sans faire de bruit entre deux couches d'atmosphère. Les gens s'en allaient manger. Une guêpe avec une aile à moitié arrachée courait d'un galet à un autre ; elle faillit deux fois prendre le chemin de la terre ferme, mais par manque d'orientation au milieu de ce désert chaotique, elle se trompa et marcha vers la mer, vers la mort, où une seule goutte d'eau salée la noya au soleil. Le petit garçon chantait maintenant :

> « Oh Sarimarès
> belle amie d'autrefois,
> en moi tu demeures vi-ive. »

avec une voix plus sûre; puis il remonta sur la plage, et en passant, fit tomber la revue d'Adam. Alors il continua avec plus de précautions, fixant le dos d'Adam de ses deux yeux petits, aux paupières lourdes; jusqu'à la serviette éponge où dormait sa mère, qu'il tira à lui avant de s'asseoir et d'oublier.

Peu de temps après, Adam se leva et partit; il marcha rapidement vers le Bureau de Poste le plus proche du Port; il s'adressa au guichet de la poste restante. L'employé lui remit une enveloppe distendue par une lettre épaisse. Sur l'enveloppe, il y avait écrit, à la main :

Adam Pollo,
Poste Restante n° 15.

et l'adresse.

Parce qu'il faisait frais, et peut-être parce qu'il ne savait pas trop où aller, Adam ouvrit la lettre à l'intérieur du Bureau de Poste. Il s'assit sur une banquette, non loin de la table des annuaires. A côté de lui, une jeune fille rédigeait un mandat. Elle s'y prenait à plusieurs fois, hésitait, calculait mentalement; elle transpirait et serrait très fort entre ses doigts un crayon à bille-réclame entouré d'un élastique.

Adam déplia la lettre; il y avait trois pages, et l'écriture était large. Les caractères, beaucoup plus proches du dessin ou de l'hiéroglyphe que de l'alphabet romain, devaient avoir été tracés par une main lourde, peu féminine, habituée à peser sur les surfaces planes, et notoirement sur les feuilles de

233

papier. Une certaine fantaisie dans l'agencement des lettres, ou dans la chute des « s » terminaux, laissait prévoir de la tendresse, de l'animation, ou plus simplement ce léger énervement d'avoir à adresser des mots au hasard, sans nulle certitude d'être lu ; les pages s'étalaient là, incontestables, offrant un message où il fallait savoir lire entre les lignes, une sorte de devinette naïve et retorse ; en tout cas immuable, comme gravée dans une pierre murale, message de main de mortel qu'aucun temps ne saurait aliéner, et qui se donnait, clair telle une date, abstrus telle une solution de labyrinthe.

Il y avait plus d'une semaine que la lettre attendait dans les casiers de la poste restante.

19 août

Mon cher Adam,

Quelle a été notre surprise, à ton père et à moi, de voir ton billet dans la boîte aux lettres ; grosse, tu peux le croire. Nous ne nous attendions à rien de ce genre, ni pour ce que tu as fait, ni pour la façon dont tu nous l'as fait savoir. Nous espérons que tu ne nous caches rien — que rien de grave ne se dissimule sous cette affaire. Bien que nous n'avons pas aimé, ton père et moi, le peu de confiance que tu nous as témoigné. Nous sommes toujours très peinés, je t'assure.

Ton père était terriblement opposé à l'idée de t'écrire à la poste restante, comme tu avais demandé de le faire dans ton billet. Nous en avons discuté longuement, et tu le vois, j'ai contrecarré sa volonté, et j'ai pris sur moi de céder à ton caprice.

Mais je sens confusément que j'ai tort, parce que je ne sais que dire. J'aimerais pouvoir te parler calmement, me faire expliquer les raisons de ton geste, et deviner ce dont tu peux avoir besoin. Une lettre, je le sens — et encore plus une lettre à la sauvette comme celle-ci ne sera pas beaucoup utile dans ce sens-là. Enfin, puisque tu y tiens, je l'écris quand même. Je voudrais bien t'écrire amicalement, pour que tu comprennes l'absurdité de ton attitude, et la pénible inquiétude où elle nous a plongés, ton père et moi. Dès que tu recevras cette lettre de moi, quelles que soient tes intentions et quoi que tu fasses, réponds-y par retour de courrier. Tu me diras pouquoi tu es parti ainsi sans nous avertir, où tu te trouves actuellement, et ce dont tu peux avoir besoin. Comprends que c'est la première chose essentielle à faire pour calmer nos inquiétudes et notre peine. Fais cela pour moi, Adam, c'est tout ce que je te demande.

J'ai mis dans la même enveloppe le billet que tu nous avais adressé avant de t'en aller. Lis-le et comprends combien il était insuffisant pour nous rassurer. Nous ne nous attendions à rien de semblable. Tu ne nous avais parlé ni de voyage, ni de vacances. Nous pensions qu'après les récentes fatigues de ton service, tu allais pouvoir te reposer auprès de nous — nous pensions aller tous ensemble pendant quelque temps à la campagne chez ta tante — nous n'en avions pas trop parlé, évidemment, mais tu semblais fatigué depuis un moment et je savais que tu n'aimes pas faire de projets.

Inutile de dire qu'avec ça, nos vacances sont tombées à l'eau.

Philippe nous avait écrit la semaine d'avant. Il était d'accord pour venir nous rejoindre chez tante Louise dès que son travail le lui permettrait — et passer le mois d'Août en famille. Ton père avait réussi à se faire donner un congé pour cette période, et je pensais tout naturellement que tu étais d'accord, toi aussi. Je pensais qu'on pourrait être comme avant, tous réunis; vous avez grandi, Philippe et toi, mais vous savez qu'il suffit d'une bonne réunion de famille pour que vous redeveniez mes enfants, et que j'oublie votre âge et le mien. Et voilà que tu remets tout en question, avec un coup de tête. Ton père était très fâché en apprenant ce que tu avais fait. Pourquoi ne pas t'en être ouvert avant, Adam? Pourquoi ne nous en avoir pas parlé? Ou tout au moins, à moi, qui suis ta mère? Oui, pourquoi ne pas avoir essayé de m'expliquer? Si tu devais partir ailleurs, pour une raison ou pour une autre, s'il fallait absolument que tu t'en ailles, pendant un certain temps, tu peux être sûr que nous l'aurions compris. Nous ne nous y serions pas opposés —

Rappelle-toi encore, il y a quinze ou seize ans, quand tu avais voulu quitter la maison — Tu avais quatorze ans, à ce moment-là, pas vingt-neuf ans, et pourtant, souviens-toi, je ne me suis pas opposée à ce que tu t'en ailles. Je sentais que tu avais besoin de t'échapper un peu, loin de nous. La querelle avec ton père était sotte, bien entendu mais j'ai senti que c'était plus important qu'une dispute à propos du bol bleu cassé. Ton père est un homme irritable, tu le sais — Lui non plus ne se préoccupait guère du bol bleu ; mais il a cru que tu voulais le narguer, que tu voulais te moquer de son autorité, et c'est pourquoi il t'a frappé. Il a eu tort et il s'en est excusé — mais souviens-toi de ce que j'ai fait. Je t'ai rattrapé dans l'escalier et je t'ai demandé de réfléchir — je t'ai expliqué que tu étais trop jeune pour t'en aller tout seul dans la vie, au hasard — je t'ai dit qu'il valait mieux attendre encore quelque temps, laisser passer ta colère. J'ai dit que tu pourrais attendre une semaine ou deux, et puis, si tu voulais toujours t'en aller, tu pourrais chercher du travail quelque part, te placer comme apprenti, par exemple. Tu aurais pu vivre honnêtement de ton côté si c'était cela que tu voulais. Tu as bien réfléchi, et tu as compris. Tu as un peu pleuré de honte, parce que tu étais encore offensé et que tu croyais avoir perdu une bataille. Mais moi j'étais heureuse pour toi, parce que je savais que c'était la seule chose à faire.

Alors, mon cher Adam, ce que je ne comprends pas, c'est pourquoi n'as-tu pas fait la même chose que pour l'histoire du bol bleu ?

Pourquoi n'es-tu pas venu me parler ? Je t'aurais conseillé, comme autrefois, j'aurais essayé de t'aider. Tu ne peux imaginer la peine que m'a causée ton billet si sec et si bref, me mettant face à un état de fait, dans l'impossibilité de t'aider — Ton père a été en colère, mais moi, ce n'est pas pareil. On n'efface pas tant d'années de confiance et d'affection, mon enfant. Je regrette que tu n'aies pas réfléchi à tout cela avant de partir — car tu n'y as pas réfléchi, j'en suis sûre. Mais, je l'espère, il s'agit déjà presque du passé. Dès que tu auras reçu cette lettre, reviens à la maison, et nous ne te reprocherons rien — nous ne te demanderons aucune explication — ce sera vite oublié. Tu as grandi, tu es majeur depuis longtemps, et libre d'aller où tu veux — Nous en parlerons ensemble si cela te dit. Si tu ne veux pas retourner tout de suite, écris-nous une longue lettre, à ton père et à moi — Mais je t'en prie, Adam, ne nous laisse pas sur la mauvaise impression d'un mot griffonné à la hâte, sur la terrasse d'un café. Ne nous laisse pas sur notre inquiétude et sur notre déception. Écris-nous une lettre affectueuse, Adam, qui montre que nous sommes encore ton père et ta mère, et pas des étrangers vis-à-vis desquels tu restes hostile — Dis-nous ce que tu comptes faire, où tu veux travailler, comment tu te débrouilles, où tu as l'intention d'aller — J'ai vu dans les journaux qu'ils demandent des instituteurs en Afrique Noire et en Algérie ; ce n'est pas tellement payé, mais ce pourrait être un début avant de faire autre chose.

Il y a aussi des postes de lecteur de français en Scandinavie, et sûrement bien d'autres — avec les diplômes que tu as, tu obtiendrais facilement une situation dans un de ces pays, à moins que tu ne préfères rester ici. Tu pourrais alors louer une chambre en ville, dans un quartier qui te plaît. Nous te prêterions l'argent dont tu aurais besoin, quitte à nous rembourser plus tard — Tu viendrais nous voir de temps en temps au courant de la semaine, ou bien tu nous écrirais. En tout cas, nous saurions ce que tu fais, si tu vas bien, si tu as des problèmes d'argent ou autres.

Vois-tu, Adam, ce que tu as fait là, il faut t'en rendre compte, ne peut durer éternellement — tu ne peux continuer le reste de ta vie, avec un mur entre toi et nous ; tu ne peux rester sur la lancée d'un simple coup de tête. Il ne le faut pas. Tôt ou tard, il faudra que tu entretiennes des relations amicales avec quelqu'un d'entre nous — sinon, tu auras à le faire avec des étrangers. Il faudra que tu te formes un cercle d'amis, d'affection, sans quoi tu souffriras et tu risqueras d'en pâtir le premier. Alors, puisque tu dois de toute manière abandonner cette position de brusquerie et de méfiance, pourquoi ne pas le faire tout de suite, et avec nous ? Tout ce que nous avons fait pour toi, ton père et moi, a été fait dans l'idée de lutter contre ton asociabilité et ta pusillanimité — c'est parce que nous ne voulons pas que les autres te condamnent, parce que tu es notre propre chair, que nous persévérons dans notre affection. Le clan des Pollo, comme tu l'appelais autrefois, doit rester uni. Et même avec un élément aussi difficile que toi, il ne faut pas qu'il se désintègre — Je t'en prie, pense que nous représentons, Adam, une parcelle de quelque chose d'indestructible. C'est bien dans cet esprit que nous avons élevé Philippe, et c'est dans cet esprit que nous aurions aimé que tu fusses élevé.

Donc, mon cher Adam, rien n'est perdu — Avec de la bonne volonté, tout peut redevenir comme avant — En dépit de ce qui peut te paraître, nous restons toujours le clan des Pollo. Tu portes le nom, et le prénom d'un de nos ancêtres. L'arrière-grand-père s'appelait Antoine-Adam Pollo — Tu dois être une part importante de ce clan, même si tu ne fais pas comme les autres — même si tu te singularises par ailleurs. Il y a mille façons d'être unis, souviens-t'en, Adam. Tu peux choisir celle qui te convient ; sois sûr qu'elle me conviendra toujours.

J'attends dès demain une lettre de toi, une longue et gentille lettre. Écris-moi surtout ce dont tu as besoin — Je te préparerai un peu d'argent que je te donnerai quand tu passeras à la maison : cela te permettra d'attendre le moment où tu gagneras ta vie. Je te ferai aussi un paquet de linge propre, si tu veux, des chemises, un complet, des sous-vêtements.

Voilà, c'est tout ce que je voulais te dire — excuse-moi de t'avoir rappelé un souvenir humiliant, à propos du bol bleu. Mais je suis tellement sûre que tu n'es pas différent du jour où je t'ai rattrapé dans les escaliers, et je t'ai convaincu, doucement, qu'il ne fallait pas que tu t'en ailles de cette façon-là. Tout ceci restera un secret entre nous, si tu veux, et nous nous comprendrons bien mieux quand tu viendras nous voir — Je t'attends, mon cher Adam, à très bientôt, je t'embrasse bien affectueusement, et j'espère beaucoup de toi.

ta mère qui t'aime tendrement,

Denise Pollo.

Adam replia les feuilles ; dans l'enveloppe, il y avait encore un morceau de papier. Il était très froissé, sali. Une autre main avait écrit, hâtivement quelques lignes au crayon. C'était :

« Ne vous inquiétez pas pour moi. Je
m'en vais pour un certain temps.
Écrivez-moi à la Poste restante 15,
au Port. Ne vous en faites pas pour
moi tout va bien.
Adam. »

Quand il eut terminé sa lecture, Adam replaça les feuillets de la lettre à l'intérieur de l'enveloppe, ainsi que le billet intercalaire. Puis il glissa le tout au milieu de sa revue, ramassa ses affaires et sortit du Bureau de Poste. Une espèce de sueur avait collé ses cheveux sur son front, et sa chemise sur son dos.

Tout allait bien, en effet. Il faisait toujours beau pour l'été déclinant, et la Promenade du Bord de Mer grouillait de gens. Devant les Cafés, des jeunes en T shirts jouaient de la guitare et quêtaient. Tout était si blanc sous la lumière que ç'aurait pu être noir. On vivait sous des peaux de coups de soleil. Un encrier gigantesque, pourquoi pas, avait versé son liquide sur la terre ; c'était comme si on avait regardé le monde en transparence, à travers un négatif de photographie.

Adam ne suivait plus personne ; peut-être même que c'était lui qui était suivi, à présent. Il n'avançait plus au hasard. Chaque pas qu'il faisait traîner sur les gravillons losangulaires était mesuré ; il marchait strictement sur la route, le long de la mer, comme on remplit des fiches et des formulaires.

Nom .... Prénoms............
Date et lieu de naissance ....
Adresse ....
Profession ....
Êtes-vous (*) fonctionnaire ?
             Agent EDF-GDF ?
             Agent de Collectivité Locale ?
             Chômeur ?
             Étudiant ?
             Pensionné ?
             Ass. Volontaire ?
      (*) rayer la mention inutile.

De l'autre côté de la rue, un magasin de radio était contigu à un marchand de glaces. Adam acheta un cornet de glace à la praline et regarda la TV : il y avait deux types, un garçon et une fille, qui dansaient en collants noirs sur l'air de « Paper Moon » ; au fond de la vitrine, 3 autres postes de TV étaient branchés sur la même émission. Ils avaient tous l'air terriblement humain, avec le carré blanc similaire parcouru de milliers de fourmillements grisâtres ; par-dessus leurs images, la haute silhouette d'Adam se reflétait dans la vitrine, avec deux yeux, un nez, une bouche, des oreilles, un tronc, quatre membres, des épaules et des hanches.

Adam sourit à tout cela, d'une espèce de sourire qui voulait dire qu'il finissait de ne pas comprendre ; il lécha lentement la crème glacée et, pour la première fois depuis des jours, il parla tout seul. Il parla avec une voix bien modulée, au timbre plutôt grave, articulant chaque son l'un après l'autre. Sa voix résonna belle et forte contre le panneau de verre, couvrant les éclats de la musique et les bruits de la rue. On n'entendit plus qu'elle, sortant de la bouche d'Adam, sous forme de pyramide, se répandant sur toute la surface de la vitrine ainsi qu'un brouillard de buée. Dès le premier instant, elle parut se suffire à elle-même, et n'exiger aucun rajout, aucune réponse, un peu à la manière des mots ceints de halos qu'on voit surgir des gorges des personnages, dans les journaux enfantins.

« Ce que je voulais dire. Voilà. Nous sommes tous pareils, tous frères, hein. Nous avons les mêmes corps et les mêmes esprits. C'est pour ça que nous sommes frères. Évidemment, cela semble un peu ridicule, vous ne trouvez pas, de faire cette confession — ici — en plein midi. Mais je parle parce que nous sommes tous frères et pareils. Savez-vous une chose, voulez-vous savoir une chose ? Mes frères. Nous possédons la terre, tous, tant que nous sommes, elle est à nous. Voyez-vous pas comme elle nous ressemble ? Voyez-vous pas comme tout ce qui y pousse ? Et tout ce qui y vit a nos figures et notre style ? Et nos corps ? Et se confond avec nous-mêmes ? Tenez, par exemple, regardez autour de vous, à gauche et à droite. Y a-t-il une seule chose, y a-t-il un seul élément — dans ce paysage qui ne soit pas nôtre, qui ne soit pas à vous, et à moi ? Je vous parle de ce réverbère que je distingue en reflet dans la vitrine. Hein. Ce réverbère est à nous, il est fait de fonte et de verre, il est droit comme nous et porte à son sommet une tête semblable à la nôtre. La digue de pierre, là-bas, sur la mer, est aussi à nous. Elle est bâtie à la mesure de nos pieds et de nos mains. Si nous l'avions voulu, elle aurait pu être mille fois plus petite ? Ou mille fois plus grande. C'est vrai. A nous les maisons, pareilles à des cavernes, percées de trous pour nos visages, remplies de chaises pour nos fesses, de lits pour notre dos, de planchers qui imitent la terre, et par conséquent nous imitent. Nous sommes tous les mêmes, camarades. Nous avons inventé des monstres — des monstres, oui. Comme ces postes de télévision ou ces machines à faire les glaces à l'italienne, mais nous sommes restés dans les limites de notre nature. C'est par cela que nous sommes géniaux — nous n'avons rien fait d'inutile sur la terre, comme Dieu lui-même, frères, comme Dieu lui-même. Et je vous le dis, moi, hein. Je vous le dis, il n'y a rien de différent entre la mer, l'arbre et la Télévision. Nous nous servons de tout, parce que nous sommes les maîtres, les seules créatures intelligentes du monde. Voilà. La TV, c'est nous, hommes. C'est notre force que nous avons donnée à une masse de métal et de bakélite, pour qu'elle nous réponde un jour. Et ce jour est arrivé, la masse de métal et de bakélite nous répond, nous attache, entre dans nos yeux et dans nos oreilles. Il y a un cordon ombilical qui unit cet objet à notre ventre. C'est la chose inutile, à splendeur multiple, qui fait que nous dérivons en elle, et que nous nous y perdons, dans un peu de plaisir, oui, dans la joie commune. Frères, je suis la Télé, et vous êtes la Télé, et la Télé est en nous ! Elle a notre anatomie particulière, et nous sommes tous carrés, tout noirs, tout électriques, tout résonnants de ronrons et de musique, lorsque, tirés à elle par l'œil et l'ouïe, nous reconnaissons dans sa voix une voix humaine, et dans son écran une silhouette identique à la nôtre. Jugez-en, mes frères. Nous partageons cette image comme l'amour, et notre unité vague et obscure commence à apparaître ; derrière ce glacis, c'est comme — un sang épais et chaud qui coule, c'est comme une série de chromosomes, avec une paire de plus, qui va enfin refaire de nous une race. Qui sait si nous n'allons pas soutirer de là les pires vengeances — d'être restés séparés si longtemps. Nous être méconnus. Avoir mécru. Qui sait si nous n'allons pas enfin retrouver quelque tyrannosaure, quelque cératosaure, quelque déinothérium, quelque ptérodactyle énorme, couvert de sang, contre qui nous lutterions ensemble. Quelque occasion de sacrifice et d'holocauste, qui nous fasse enfin rejoindre les mains, et prier tout bas des dieux impitoyables. Alors, il n'y aura plus de TV, frères, ni d'arbres, ni d'animaux, ni de terre, ni de danseurs en collants ; il n'y aura que *nous*, frères, pour toujours, nous les seuls ! »

Adam était maintenant sur le trottoir d'en face. Il avait posé par terre, à côté de lui, son paquet d'affaires et sa Revue. Il se tenait le dos tourné à la mer, et le vent faisait baller ses pantalons jaunes. Il y avait quelque chose de légèrement pédantesque dans la façon dont il s'était placé : derrière lui, la rambarde étalait un quadrillage de madriers en fer peint ; on voyait entre les vides l'étendue des quais ou des docks avec les ouvriers débardeurs. Toute cette agitation était censée contraster avec le visage impavide, vaguement oblong, d'Adam. On sentait que, s'il y avait eu là un banc, Adam y serait monté. Pourtant, son attitude n'était pas celle d'un orateur public ; il avait su afficher sur toute sa silhouette un air général de désinvolture. Sa voix, à présent, vibrait moins dans les notes graves, et atteignait par instants un registre plus aigu, assez faux. Il ne cherchait d'ailleurs pas à parfaire une harmonie ; en fait, rien n'était plus discordant que la présence de cet homme parfaitement debout et immobile au milieu des clairs-obscurs mouvants du paysage ; et rien de plus désagréable que l'idée de cet homme parlant tout haut, tout seul, devant la foule des badauds, sous le soleil d'environ 13 heures 30.

Ce qu'Adam disait était plus clair ; il avait adopté un ton, entre le prêche fanatique et la harangue de repas de noces. Il disait :

« Mesdames et messieurs, arrêtez-vous. Ecoutez un peu ce que je dis. Vous ne faites pas assez attention aux discours qu'on vous fait. — Et pourtant, on vous en fait quotidiennement, à longueur de journée, et d'heures. A la radio, à la télévision, à la messe, au théâtre, au cinéma, dans les festins et dans les fêtes foraines. La parole est pourtant facile, et rien n'est plus agréable qu'une fable ainsi contée à bout portant. A bâtons rompus. Vous êtes des habitués. Vous n'êtes pas des hommes, parce que vous ne savez pas que vous vivez dans un monde humain. Apprenez à parler

Essayez, vous aussi. Même si vous n'avez rien à dire. Puisque je vous dis qu'on vous donne la parole. Pourquoi ne pas essayer, tant que vous êtes, de remplacer vos propres machines : allez, parlez, de droite et de gauche. Propagez la bonne parole. Vous verrez, bientôt vous n'aurez plus besoin de radios ou de télés. Vous vous rencontrerez simplement au coin d'une rue, comme moi aujourd'hui, et vous vous raconterez des histoires. N'importe lesquelles. Et vous verrez vos enfants et vos femmes s'attrouper, et vous écouter avidement. Vous pourrez leur raconter les plus belles choses, indéfiniment... »

Maintenant, l'auditoire était formé ; il était composé à peu près de :

1°) une dizaine de femmes, d'hommes et d'enfants, en nombre fixe.

2°) une vingtaine d'autres qui s'en allaient après un moment.

En tout, une trentaine de spectateurs, en moyenne, qui formait un bouchon sur le trottoir.

« Je vais vous raconter quelque chose. Écoutez. Je — il y a quelque temps déjà, j'étais assis sur les marches d'un escalier, dans la montagne. Je fumais une cigarette. Du point où j'étais, la vue était belle, et je la contemplais avec grand plaisir. On voyait, en face, une colline, puis la ville, qui s'étendait jusqu'à la mer, et la courbe longue du rivage. Tout était bien calme. Le ciel occupait les trois quarts du panorama. Et la terre, en dessous, était si paisible qu'on aurait dit — qu'elle continuait le ciel. Vous voyez le genre. Deux montagnes, une ville, une rivière, une baie, un peu de mer, et une colonne de

247

fumée qui montait en vrille jusqu'aux nuages. Un peu partout. Tout ça, ce sont les éléments que je vous donne pour que vous compreniez bien la suite. Vous comprenez? »

Personne ne répondit, mais quelques-uns hochèrent la tête en riant.

Adam choisit un spectateur au hasard et le regarda. Il le questionna :

« Vous comprenez? »

« Oui, oui, je comprends » fit l'homme.

« Et — n'avez-vous rien à raconter, vous? »

« Moi? »

« Oui, vous, pourquoi pas? Vous habitez à la campagne? »

L'homme eut une sorte de mouvement de recul auquel la foule sembla prendre part.

« Non, je — »

« Vous vendez quelque chose? dit une femme. »

« Oui, la parole », dit Adam.

Le spectateur de tout à l'heure parut comprendre :

« Vous êtes un témoin de Jéhova? Hein? »

« Non » dit Adam.

« Oui, vous — vous êtes un prophète, un prophète? »

Mais Adam n'entendit pas; il retourna vers les mystérieuses obscurités de son langage naissant, vers son isolement forcené, son blocus face à l'envahissement de la populace, et il continua ce qu'il avait commencé :

« Tout à coup, sur terre, tout fut changé. Oui, d'un seul coup, je compris tout. Je compris que cette terre était mienne, et à nulle autre espèce vivante. Pas aux chiens, pas aux rats, pas à la vermine ni à rien. Pas aux escargots, ni aux blattes, ni aux herbes, ni aux poissons. Elle était aux hommes. Et puisque j'étais un homme, à moi. Et savez-vous ce qui me fit comprendre cela ? Quelque chose d'extraordinaire était arrivé. Était survenu : une vieille femme. Oui, une vieille femme. Une vieille femme. Vous allez comprendre. La route devant laquelle je me trouvais était une de ces routes de montagne, fortement en pente. De là où j'étais assis, sur les marches de cet escalier, je voyais la route disparaître en descendant, derrière un tournant. Devant moi, il y avait un bout de route, cent mètres pas plus ; goudronnés, tout brillants sous la mumière du soleil caché derrière les nuages. Tout à coup, j'ai entendu un bruit sourd qui venait vers moi, j'ai regardé vers le bas de la route, et j'ai vu apparaître, lentement, terriblement lentement, une silhouette de vieille, grosse, laide, vêtue d'une immense houppelande à fleurs qui flottait autour d'elle comme un drapeau. J'ai vu d'abord la tête, puis le buste, puis les hanches, les jambes, et enfin, elle tout entière. Elle gravissait péniblement la route, sans penser à rien, en soufflant comme une vache, avec ses grosses jambes eczémateuses qui raclaient le bitume. Je l'ai vue émerger de la colline, comme on sort d'une baignoire, et monter vers moi. Elle avait une silhouette dérisoire qui se dessinait en noir sur le ciel couvert de nuages. Elle était, c'est cela — elle était le seul point mobile dans tout le pays. Autour d'elle, la nature était pareille, immobile — excepté qu'elle lui formait, comment dire ? un halo autour de la tête, comme si la terre et le ciel étaient sa chevelure. La ville s'étendait toujours vers la mer, la rivière aussi, les montagnes étaient toujours rondes, et les fumées toujours verticales. *Mais en partant de sa tête.* C'était comme si tout ça avait basculé. C'était changé. C'était elle, vous comprenez, c'était elle. Elle avait tout fait. La fumée, oui, c'était bien un truc des hommes. La ville, la rivière aussi. La Baie, aussi. Les montagnes, les montagnes étaient déboisées, et pleines de poteaux télégraphiques, sillonnées de petites routes et de drainages. La route et l'escalier, les murs, les maisons, les ponts, les barrages, les avions, tout ça, ce n'étaient pas les fourmis ! C'était elle. C'était elle. Une vieille femme de rien du tout. Laide et grosse. Même pas viable. Organiquement incapable. Pleine de cellulite. Incapable de marcher droit. Avec des bandages sur les jambes, des varices, et un cancer quelque part, à l'anus, ou ailleurs. C'était elle. La terre était ronde, minuscule. Et les hommes l'avaient trafiquée partout. Il n'y a pas un endroit sur cette terre, vous entendez, hein, pas un endroit sur cette terre où il n'y ait pas une route une maison un avion un poteau télégraphique. Est-ce que ce n'est pas à en devenir fou, de penser qu'on est de cette race ? C'était elle. C'était elle, ce paquet de chiffons, plein d'entrailles et de trucs, de choses sales et sanglantes, cet animal bêta avec son œil épais, avec sa peau de crocodile desséché, avec ses fanons, avec son utérus racorni, ses amas de glandes vidées, ses poumons, son goitre, sa langue

jaune prête à bégayer... son halan de vache assom-
mée, sa... son cri lourd... Hang-hang... hang-
hang... ventre ballonné... vergetures... et son
crâne... chauve, ses aisselles poilues gercées par
soixante-quinze ans de sueur. C'était elle. Elle...
Vous — vous voyez ? »

Adam avait peu à peu accéléré sa diction ; il en
arrivait au point où on ne forme plus de phrases, où
on ne cherche plus à se faire comprendre. Il était
totalement acculé contre la rambarde de fer peint ;
on ne voyait plus de lui que sa tête, qui émergeait
de la foule, et qui faisait face, en quelque sorte
prophétique, en quelque sorte amicale ; il était celui
qu'on montre du doigt, celui pour qui on appelle
la police, pour qui on va chercher l'appareil de
photo, à qui on dédie ricanement on insulte, au
choix.

« Veux vous dire. Attendez. Peux vous raconter
une histoire. Vous savez. Comme à la radio. Chers
auditeurs. Je peux discuter. Je peux discuter avec
vous. Qui veut ? Qui veut me parler ? Hein ? On
peut discuter de quelque chose ? On peut parler de
la guerre. Il va y avoir une guerre — Non... Ou du
prix de la vie. Combien coûtent les patates ? Hein ?
Il paraît que cette année les patates sont énormes.
Et que les navets sont tout petits. Ou de la peinture
abstraite. Si personne n'a rien à dire. Vous n'avez
rien à dire ? Je peux raconter une histoire. C'est ça.
Je peux vous inventer des fables. Sur-le-champ.
Tenez. Je vais vous donner des titres. Écoutez. La
légende du palmier nain qui voulait voyager en
Europe Orientale. Ou. L'ibis qu'un représentant de

251

commerce métamorphosa en fille. Ou. Asdrubal l'homme-aux-deux-bouches. Et. L'Histoire d'amour d'un roi de carnaval et d'une mouche. Ou. Comment Zoé reine du Peloponnèse trouva le trésor du syrinx en dentelles. Ou. Le courage des typanosomes. Ou. Comment tuer les serpents à sonnette. C'est simple. Il faut savoir trois choses. Les serpents à sonnettes. Sont très orgueilleux. N'aiment pas le jazz. Et dès qu'ils voient un edelweiss ils tombent en catalepsie. Alors. Voilà comment il faut faire. Vous prenez une clarinette. Quand vous voyez le serpent vous lui faites une vilaine grimace. Comme ils sont orgueilleux, ils se mettent en colère et foncent sur vous. A ce moment-là. Vous leur jouez Blue Moon ou Just a Gigolo. Sur la clarinette. Ils n'aiment pas le jazz. Alors ils s'arrêtent. Ils hésitent. A cet instant précis, vous sortez. Vous sortez de votre poche un vrai edelweiss des neiges. Et ils tombent en catalepsie. Alors. Il ne reste plus qu'à les prendre et à leur glisser un r quelque part. Quand ils se réveillent. Ils voient qu'ils ne sont plus. Qu'ils ne sont plus que des serpents-à-sonnettes. Et comme ils sont si terriblement orgueilleux, ils en crèvent. Ils préfèrent se suicider. Ils se retiennent de respirer. Pendant des heures. A la fin ils en crèvent. Ils deviennent tout noirs. Vous entendez ? etc. »

Entre 14 h 10 et 14 h 48 Adam parla. La foule des spectateurs s'était sensiblement accrue. Ils commençaient à se montrer vraiment réticents, et leurs interjections couvraient par moments la voix d'Adam. Lui, parlait de plus en plus vite, et de moins en moins clair. La fatigue avait éraillé son timbre, et une espèce d'énervement avait gagné son visage.

Il avait à présent deux rides profondes au milieu de son front, et ses oreilles étaient rouges. Sa chemise était plaquée sur son dos et sur ses épaules. Il avait tant parlé, tant crié, qu'il ne dominait plus guère la foule : il faisait corps avec elle, et sa tête pointue, pleine de cheveux et de barbe, semblait flotter entre les gens comme la tête d'un autre ; le désespoir, au lieu de l'avilir, l'avait sculpté en effigie. Une haine sourde, aurait-on dit, l'avait décapité au seuil d'une révolution d'un genre spécial, et comme jadis, la populace, réveillée par le héros, portait en son centre gluant, pareille à une mer, une face noble vivant encore. Innocents et ignominieux à la fois, les deux yeux brillaient follement au fond de leurs trous, pris par la folie multiple comme des billes dans un filet de ficelles. Voilà qu'ils avaient composé, eux tous, un agglomérat de chair et de sueur humaines, d'aspect indissoluble, où plus rien de ce qui y était compris ne pouvait exister. Les éclats de voix, les rires, les quolibets, et les bruits de moteur, de klaxons, la mer ou les bateaux n'avaient plus rien de logique. Tout allait et venait en débandade, par à-coups, avec bruit et couleurs d'émeute.

La vérité est dure à transcrire ; tout se passa avec une accélération redoutable. Le temps d'une seconde, et ce fut fait. Il y eut des remous dans la foule, des cris de colère peut-être. Après, ça s'enchaînait normalement. A part ce détail, bizarre, inattendu, rien ne fut laissé au hasard. Ce que je veux dire, c'est : ce fut si simple et si automatique, qu'en agissant, la foule fut d'au moins deux heures en avance sur elle-même.

BEN BELLA ACCUEILLI TRIOMPHALEMENT A ORAN :
"Il nous faut un parti unique."

ENTRE MANDELIEU ET LE TRAYAS, LE FEU COUPE LA VOIE FERRÉE EN PLUSIEURS POINTS

De nombreux train sont stoppés. Plusieurs villas menacées. Un camping est évacué à la hâte.

à Tizi-Ouzou, 100.000 kabyles acclament le G.P.R.A.

GRÈVE GÉNÉRALE DES MARINS MARSEILLAIS JUSQU'A DEMAIN APRÈS-MIDI

Les départs des navires pour la Corse et pour l'Afrique sont suspendus jusqu'à nouvel ordre.

UN ESTIVANT VAROIS SE NOIE ACCIDENTELLEMENT A PALAVAS-LES-FLOTS :

Montpellier. Un estivant, M. Robert Mages, 47 ans, domicilié à La Seyne-sur-Mer, (Var) s'est noyé accidentellement hier matin à Palavas-les-Flots (Hérault).

M. Mages, sans doute pris de congestion, a été ramené sur la grève par des baigneurs. Malgré les soins qui lui ont été prodigués, le malheureux a succombé peu après son admission dans un hôpital de Montpellier, où il avait été conduit.

ÉNIGME EN CORSE

Les cadavres de 2 touristes allemands sont repêchés à 3 km de distance, près de la plage d'Anghione.

L'homme semble avoir succombé à une fracture du crâne.

La femme ne portait aucune trace de lutte.

(Voir page 7)

● *Un cultivateur disparu de Toulon depuis le 30 juin est trouvé mort dans un ravin. Accident, suicide ou crime ?*

● *Au quartier de l'Ariane un enfant de douze ans se noie dans le Paillon.*

UN MANIAQUE ARRÊTÉ A CARROS

Un jeune maniaque se réfugie dans une École de Carros.

Les gendarmes l'arrêtent.

Une brève chasse à l'homme a mis fin à la fuite d'un malade mental à Carros.

Des agissements étranges.

Dimanche après-midi, la foule des estivants qui déambulait sur la Promenade du Bord de mer fut mise en émoi par les agissements étranges d'un jeune homme, Adam P... ; visiblement privé de ses facultés mentales, le jeune homme haranguait la foule, tenant des propos dépourvus de sens. L'affaire en serait restée là, si le jeune homme n'avait, pour des *(voir page 7)*

Verdict dans l'affaire Locussol :
STEFANI, 20 ANS DE RECLUSION CRIMINELLE
ARTAUD, 5 ANS DE RECLUSION
(Achard est condamné à mort une 2e fois par contumace

UN MANIAQUE ARRÊTÉ A CARROS

(suite de la page 1)

raisons inconnues, perdu la tête au point de se livrer sous les yeux de tous, à des exhibitions qualifiables d'attentat à la pudeur.

Une fuite rocambolesque :

La police ayant été immédiatement appelée sur les lieux, entreprit de poursuivre le déséquilibré qui avait réussi à s'échapper. La police s'employa à des recherches dans les hauts quartiers de la ville ; ce n'est qu'en fin de soirée, vers 22 h. 30, que la présence de l'individu fut signalée dans une École Maternelle du Quartier de Carros, où il avait réussi à s'introduire en escaladant le mur de protection. Le jeune homme se barricada alors dans une des salles de l'École désertée, et répondit aux sommations par des menaces de suicide. La police dut faire usage de grenades lacrymogènes pour le déloger.

Quelques instants plus tard, le maniaque se rendait aux forces de l'ordre. Il était porteur d'une arme blanche, un couteau de cuisine.

Transfert à l'hôpital psychiatrique.

En attendant d'être déféré au Parquet pour répondre de diverses accusations, le jeune homme, fils d'une famille honorablement connue dans la ville, devra subir un examen psychiatrique. Il semble déjà qu'il ait agit sous l'empire d'une crise de folie soudaine. Si le docteur Pauvert, psychiatre de l'Institut Pasteur, diagnostique des troubles mentaux, le jeune homme sera interné à la clinique psychiatrique sans répondre des accusations. Au cas contraire, il sera poursuivi sur deux chefs d'accusation : violation de domicile avec vagabondage et attentat à la pudeur. Me Gonardi serait

son avocat. D'autre part, la police communique : toutes personnes ayant, ou croyant avoir eu dommages dus à l'inculpé sont priées de bien vouloir se présenter instamment au commissariat, où il sera fait état de leurs plaintes.

En dernière minute, le jeune déséquilibré aurait fait des aveux fantaisistes, selon lesquels il aurait été plusieurs fois à l'origine d'incendies dans la région. Le malade mental aurait répété à de nombreuses reprises : « Je suis un pyromane, je suis un pyromane ». Pour l'instant, il semble plutôt s'agir d'un genre d'amnésie. La police a néanmoins enregistré deux nouvelles plaintes tôt dans la matinée. M. L... a porté plainte contre le prévenu pour violation de domicile et détériorations diverses, et Mlle M..., pour attentat aux mœurs. L'inculpé sera transféré à midi au centre de l'hôpital psychiatrique pour, raison d'examens.

ÉNIGME EN CORSE (suite de la page 1)

Deux cadavres, celui d'un homme et d'une femme, ont été découverts hier matin sur la plage d'Anghione, station balnéaire sur la côte orientale corse, non loin de Bastia. Mystérieuse affaire vraiment que cette macabre découverte.

Il était environ 7 heures du matin, le domaine d'Anghione, où de nombreux estivants goûtent calmement des vacances au bord de la mer, s'éveillait doucement, quand deux pêcheurs amateurs accoururent

au bureau de la direction de cet établissement pour signaler que le cadavre d'une femme flottait à environ 300 mètres de la grève. Quelques minutes après, la gendarmerie de Moriani arrivait sur les lieux. Le cadavre en question venait à peine d'être retiré de l'eau que le lieutenant de la compagnie de gendarmes était averti par téléphone qu'un autre cadavre venait d'être découvert par un baigneur, à 3 km plus au Nord, sur la plage de Pinarello.

PREMIÈRES CONSTATATIONS

Les deux cadavres, cela se sut immédiatement, étaient ceux d'un couple allemand arrivé au domaine d'Anghione le 28 juin dernier, et qui devait quitter la Corse hier. L'homme était âgé d'une cinquantaine d'années, la femme avait 42 ans, tous deux étaient employés de bureau à Hambourg. Les deux corps portaient des vêtements et aucun des deux ne portait de traces de balles. Seul, l'homme avait sur le front un très gros hématome. La femme, elle, ne présentait aucune trace de lutte, aucune blessure.

Signalons cependant que l'un et l'autre, dès qu'ils furent retirés de l'eau, saignèrent abondamment des oreilles. Le docteur Marchesi, qui avait été appelé sur les lieux, diagnostiqua, après un rapide examen, une fracture du crâne, chez l'homme tout au moins.

L'AFFAIRE SE COMPLIQUE

En interrogeant la direction de l'établissement, on apprit que c'était un couple comme il y en a tant dans le Camp, et qui ne s'était signalé en rien. On apprit cependant que l'homme portait toujours un porte-documents dont il ne se séparait jamais.

D'autre part, une serveuse avait remarqué que le couple ne vivait pas en bonne intelligence. Des disputes entre eux étaient fréquentes.

— S'étaient-ils disputés mercredi soir, quelques heures avant leur mort? lui demandait-on.

— Non, ce soir-là, ils ne s'étaient pas présentés au restaurant, répondit-elle.

Fait bizarre aussi, la femme, dès le surlendemain de son arrivée, avait demandé à loger dans un autre bungalow car, disait-elle, son compagnon ronflait et cela la gênait.

Étrange couple en effet; la femme apprenait en vacances que l'homme avec qui elle vivait ronflait au point de l'empêcher de dormir.

On conclut vite qu'ils n'étaient pas mariés. On pensa à l'aventure galante. Selon les constatations du Dr Mar-chesi, la mort était survenue la veille vers 21 h.

INVENTAIRE

Comme l'exige la loi, c'est en présence du premier magistrat de la commune, M. Léonello, maire de Castellare di Casinca que se déroula l'inventaire des affaires se trouvant dans le bungalow où avait logé l'homme. Mis à part les divers objets de toilette et vêtements habituels, on découvrit dans le bungalow le fameux porte-documents qui ne contenait d'ailleurs que quelques mouchoirs sales et autres bricoles insignifiantes. On trouva également une certaine somme d'argent en billets français et allemands. Le mobile du crime crapuleux était donc à écarter. En fouillant systématiquement la pièce, les gendarmes découvrirent quelques lettres sans importance, des coupures de journaux littéraires traitant de sujets philosophiques ou théologiques, des études sur l'homme, l'avenir, le néant, etc...

Autre indication que l'on apprit plus tard, l'un et l'autre n'aimaient pas se baigner. Ils passaient leurs journées à l'ombre, loin de la plage.

Une paire de tenailles dans un sac à main.

La première découverte apportant un indice valable fut le sac à main de la femme contenant... une paire de tenailles toute neuve achetée en Allemagne. Drôle d'objet pour une femme. Voulait-elle s'en servir comme massue pour défendre ou attaquer? On découvrit aussi de nombreux médicaments, des sédatifs, et l'on apprit immédiatement après, grâce à une fiche de maladie, que tous deux avaient déjà été soignés en Allemagne pour dépression nerveuse.

A 15 h. le Parquet arriva sur les lieux: MM. Ricci substitut du Procureur, Léonello, juge d'instruction, et Colonna, médecin-légiste; ils examinèrent les lieux du drame puis les Sapeurs-Pompiers de Bastia emmenèrent les corps à la Morgue, où le médecin-légiste devait procéder à l'autopsie.

HYPOTHÈSES

Après les premières constatations, il est difficile de tirer des conclusions. Des hypothèses sont permises: on avait entendu, paraît-il, des cris, vers minuit; mais l'heure ne concorde pas et, de plus, cette nuit-là, on fêtait dans un établissement voisin, assez bruyamment, le baptême d'un nouveau bateau de plaisance. Ce sont donc sans doute les cris des fêtards qui furent perçus.

Quant aux bateaux qui passèrent, dit-on, en début de nuit, chaque soir plusieurs d'entre eux vont à la pêche.

S'agit-il d'un double crime commis par un tueur venu accomplir une vengeance?

Les enquêteurs y songèrent un moment. Mais plus vraisemblable est l'hypothèse suivante: la femme s'aperçoit que l'homme qu'elle aime va la quitter; les vacances se terminent, et avec elles son amour aussi. Profitant de ce que l'homme est plutôt de faible constitution, (il boitait légèrement de surcroît) elle l'assomme, le jette à l'eau et se noie aussi.

Tout cela, répétons-le, ne sont que des hypothèses et si d'autres indications ne sont pas données par l'autopsie, les enquêteurs n'auront pas la tâche facile.

R. Il était enfin, maintenant, à l'ombre; assis au frais dans une petite chambre propre, que l'orientation vers le Nord protégeait hermétiquement du soleil. Là, il n'y avait pour ainsi dire aucun bruit, sauf le léger clapotis d'une eau se déversant quelque part d'un tuyau dans un réservoir, et les cris d'enfants, très loin, dans un parc, à 5 heures de l'après-midi, entre les tas de sable et les bancs. Parallèlement à la ténuité des sons, les murs donnaient une idée de faiblesse; ils étaient faits de briques creuses, et recouverts d'une couche de plâtre et d'une couche de peinture, couleur crème, pleine de granules. Ils devaient dégager, été comme hiver, une douce humidité. La fenêtre était ouverte exactement au milieu du mur externe. Elle était garnie de barreaux qui projetaient des interférences d'ombres verticales et horizontales sur les couvertures du lit et sur le pyjama à raies. Les barreaux, au nombre de trois verticaux et de deux horizontaux, compartimentaient un ciel pareil aux murs. C'était une division arbitraire, mais cependant harmonieuse, et dont le chiffre, douze, faisait bizarrement songer aux Maisons du Ciel selon Manilius.

Adam y songeait précisément, à cet instant, assis en pyjama rayé sur le bord du lit de fer. On lui avait donné le droit de fumer, et il en usait, ainsi que d'un cendrier en matière plastique. La cigarette qui brûlait, tête en bas au fond du cendrier, l'aidait à sustenter une pensée sans limites, impossible à interrompre tant que le tabac durerait. On lui avait coupé les cheveux et rasé la barbe, et sa tête à nouveau très jeune, était tournée vers le rectangle monochrome de la fenêtre ; Adam avait déjà trouvé le moyen de choisir un des compartiments formé par l'intersection des barreaux ; par mauvais goût, ou par hasard, il avait choisi le huitième à partir de la gauche. En tout cas, que le choix fût délibéré ou non, Adam savait bien que, d'après Manilius, la Huitième Maison du Ciel est celle de la Mort. Sachant cela, il ne lui était plus guère possible d'être sincère ; tout ce qu'il pouvait imaginer ou croire d'après ce fait unique (et quelles que soient les données angulaires, quadrille, sextile, etc. vérifiables ou non sur l'écliptique, la ligne Nord-Sud, le méridien, le Premier Vertical, assimilables ou non aux fameux points de l'Équateur, 30 et 60° — Que l'on considérât ou non avec Manilius que la Huitième Maison du Ciel était la Troisième en puissance —) était sans importance ; il avait joué à ce jeu-là comme on joue à la bataille navale, au pendu, à la marelle, aux quelle-différence-y-a-t-il ? en acceptant à priori les règles de base. Ceci dit, ce n'était plus trop lui-même. Et qui plus est, ce n'étaient plus trop les barreaux de la fenêtre, non plus ; c'étaient 6 croix mêlées, dans le genre de :

A
D
O
N
A
I
Elohim   Z   Eloher
E
B
A
O
T
H

qui formaient des cadres pour d'autres signes, Aglaon, Tetragrammaton, avec 2 croix de Malte, une croix gammée inversée, et une étoile Judéenne, ou bien, Ego Alpha et Oméga, ou encore, une alternance d'étoiles Judéenne et de soleils.

Si on s'était métamorphosé tout d'un coup en fenêtre, ou si on avait été face à face avec lui, on l'aurait vu se tenir assis bien droit sur le bourrelet extérieur du matelas, la tête un peu penchée en avant, les mains déposées sur les genoux, comme celles de quelqu'un en train de lire l'heure. Vu ainsi, il avait l'air de penser, ou d'avoir froid. Il se contentait de regarder le même point, à gauche.

Sous ses pieds parallèles, le parquet était composé de carrelages rouge sombre, autrefois vernis, dont les tomettes étaient hexagonales et dotées d'une telle rigueur géométrique, qu'elles ressemblaient à des formats réduits de la chambre elle-même. Le jour, en entrant par la fenêtre, devait être soumis à une réverbération prolongée, comme si les cloisons avaient été recouvertes de miroirs biseautés. C'était le poli de la peinture, et les innombrables facettes des granulations, qui reflétaient la lumière et la faisaient rebondir sans cesse d'un point à un autre. Lui, Adam, connaissait la pièce pour l'avoir examinée à fond dès le début : quoique exiguë, il lui accordait un aspect familier, assez familial, pour tout dire soulageant. C'était profond, et dur, et austère. Tout, particulièrement les murs, avait un relief froid et réel. Cependant, c'était, sans la voir, cette froideur même qu'il goûtait ; il ne détestait pas cette matière, parce qu'il y avait un jeu implicitement engagé : un jeu où il fallait que ce fût lui qui s'adaptât, lui qui se pliât, et non point les choses. Il savait qu'il y réussissait, à chaque coup ; il restait dur, insensibilisé, immobile, et sa température baissait. De 36,7° à 36,4°. Assis à la droite de sa cigarette, il baignait dans le demi-jour couleur crème, granulé, humecté, sans se soucier du temps. Il y avait des tas de moments semblables dans la journée. Il les avait accumulés depuis sa petite enfance : quand on est encastré dans la baignoire, par exemple, et qu'on sent l'eau passer doucement du chaud au tiède, du tiède au frais, & du frais au froid ; et qu'on est allongé, submergé jusqu'au menton dans un élément étranger, qu'on regarde le plafond, entre deux couches de vapeur, en se demandant combien de temps il va falloir pour que l'eau redevienne glacée ; on pense qu'on est dans une marmite bouillante, et que par la seule force de l'esprit (ou du Zen) on supporte la chaleur, on triomphe d'environ 100°. On va sortir humilié, abandonné, nu ou grelottant.

Et le lit : il pensait souvent que plus tard, quand il aurait de l'argent, il ferait installer des roues sous les pieds de son lit et qu'on le pousserait au-dehors. Il aurait chaud en sachant qu'il fait froid, et il s'isolerait sous les draps, tout en restant en pleine communication avec le monde. La pièce était si étroite, si suffocante, qu'il en était sûr. C'était peut-être ça par-dessus tout qu'il voulait. En tout cas, cela lui arrivait rarement, disons presque jamais. Il était certain que s'il s'endormait là, il n'aurait pas besoin, au milieu de la nuit, de se retourner sans bruit dans son lit et de regarder autour de lui en cherchant à comprendre ce qu'il voyait, en traduisant mentalement, ici un portemanteau vide, là une chaise et une serviette, plus loin l'ombre d'un barreau magnifiée par le clair de lune, etc. Plus besoin d'apprendre par cœur la disposition des objets avant de se coucher, plus besoin de placer sa tête vers la porte pour surveiller. Ici, il y avait un verrou, sur la porte, et des barreaux aux fenêtres. C'était clos, il était seul, unique en son genre, bien au centre.

Adam écoutait lentement, sans bouger les yeux d'un centimètre ; il n'avait besoin de rien. Tous les bruits (le gargouillis d'eau dans les conduites, les coups sourds, les craquements des cossidés, les cris d'ailleurs entrant dans la chambre, coupés un à un, le murmure d'une chute de poussières voisine, quelque part sous un meuble, les légères vibrations des phagocytes, le réveil grelottant d'une paire de phalènes, à cause d'un coup plus fort porté de l'autre côté de la cloison) semblaient venir de lui-même. Au-delà des murs, il y avait d'autres pièces, toutes rectangulaires, tracées architecturalement.

Le même dessin était répété dans toutes les sections de l'immeuble, pièce, couloir, pièce, pièce, pièce, pièce, pièce, pièce, pièce, pièce, pièce, W.-C., pièce, couloir, etc. Adam était content de se désolidariser comme cela, avec 4 murs, 1 verrou, et 1 lit. Dans le froid et l'illumination. C'était aisé, sinon durable. On finissait tôt ou tard par s'en douter et par l'appeler.

Dehors, dehors il faisait peut-être encore soleil ; il y avait peut-être des nuages en petits morceaux, ou bien seulement la moitié du ciel était couverte. Tout ça était le reste de la ville ; on sentait que les gens habitaient autour, en cercles concentriques, grâce aux murs ; on avait, n'est-ce pas, beaucoup de rues, en tous sens : elles découpaient les pâtés de maisons, en triangles ou en quadrilatères ; ces rues étaient pleines de voitures, de bicyclettes. Au fond, tout se répétait. On était à peu près sûr de retrouver les mêmes plans cent mètres plus loin, avec exactement le même angle de base de 35° et les magasins, les garages, les bureaux de tabac, les maroquineries. Adam élaborait mentalement son schéma : il y ajoutait bien d'autres choses. Si on prenait un angle

263

de 48°3', par exemple, eh bien on était certain de pouvoir le noter quelque part dans le Plan. C'était bien le diable si à Chicago il n'y avait pas une place pour cet angle; alors, quand on le retrouverait, il suffirait de regarder le dessin pour savoir tout de suite ce qu'on avait à faire. A ce compte-là, Adam ne pouvait jamais se perdre. Le plus dur, c'étaient les courbes; il ne comprenait pas comment il fallait réagir. Le mieux était d'établir un graphique; le cercle, c'était moins compliqué : il suffisait d'en faire la quadrature (dans la mesure du possible, bien entendu) et de le décomposer en polygone : à ce moment-là, il y avait des angles et on était sauvé. Il prolongerait, par exemple, le côté GH du polygone et il obtiendrait une droite. Ou même, en prolongeant deux côtés, GH et KL, il tomberait sur le triangle équilatéral GLz & il saurait quoi faire.

Le monde, comme le pyjama d'Adam, était strié de droites, tangentes, vecteurs, polygones, rectangles, trapèzes, de toutes sortes, et le réseau était parfait; il n'y avait pas une parcelle de terre ou de mer qui ne fût divisée très exactement, et qui ne pût être réduite à une projection, ou à un schéma.

Somme toute, il aurait suffi de partir, avec, dessiné sur une feuille de papier, un polygone d'environ 100 côtés, pour être sûr de trouver sa route sur n'importe quel point du globe. Si on marchait dans les rues, si on suivait sa propre inspiration vectorielle, on aurait peut-être même pu, qui le dira? aller jusqu'en Amérique, ou en Australie. A Tchou-Tcheng, sur le Tchang, une petite maison creuse aux murs de papyrus patiente au soleil et à l'ombre, dans le bruit doux des feuilles qui se balancent, en attendant le messie-géomètre arpenteur qui viendra révéler un jour, son compas à la main, l'angle obtus qui l'écartèle. Et bien d'autres encore, au Nyassaland, en Uruguay, en plein Vercors, partout dans le monde, sur les étendues de terres sèches qui se craquellent, entre les buissons de genêts, couvertes de millions d'angles pullulant comme vermine, de millions de carrés fatals comme des signes de mort, de droites crevant le ciel au bout de l'horizon avec des gestes d'éclair. Il aurait fallu aller partout. Il aurait fallu un bon plan, plus la foi ; une confiance totale dans la Géométrie Plane, et la Haine de tout ce qui est courbe, de tout ce qui ondule, pèche dans l'orgueil, le rond ou le terminal.

Dans la chambre, à ce moment-là, avec la lumière du jour qui pénétrait par la fenêtre, qui bondissait d'avant en arrière, dans tous les sens et le ceignait comme d'une nappe d'étincelles, avec le bruit frais et monotone des eaux, Adam se crispait davantage ; il regardait et écoutait intensément, il se sentait grandir, devenir géant ; il percevait les murs se prolongeant en droites, à l'infini, les carrés s'ajoutant les uns par-dessus les autres, toujours plus grands, toujours un petit peu plus grands ; et peu à peu la terre entière était recouverte de ce gribouillis, les lignes et les plans se croisaient en claquant comme des coups de feu, marqués à leurs intersections par de grosses étincelles qui retombaient en boules, et lui, Adam Pollo, Adam P..., Adam, point séparé du clan des Pollo, était au

centre, absolument au cœur, avec le dessin tout
tracé, tout prêt pour qu'il puisse prendre la route, et
marcher, aller d'angle en angle, de segment en vec-
teur, et dénominer les droites en gravant de l'index
leurs lettres dans le sol : xx', yy', zz', aa', etc.

Très naturellement, Adam quitta des yeux la
huitième intersection des barreaux, et se laissa aller
en arrière, sur le lit. Il se dit qu'il avait encore,
deux, trois heures, avant le repas du soir. Après, il
fumerait la dernière cigarette de la journée, et il
dormirait. Il avait demandé aussi qu'on lui apporte
du papier et un crayon à bille noir, mais cela lui
était sans doute défendu, car l'infirmière ne lui en
avait pas reparlé, ni le matin, ni à midi. D'ailleurs il
comprenait qu'il n'avait plus grand-chose à écrire.
Il ne voulait plus rien faire qui fût une fatigue. Il
voulait boire, manger, uriner, dormir, etc., en son
temps, dans la fraîcheur, dans le silence, dans une
espèce de confort. Il sentait vaguement qu'il y avait
des arbres, par là, alentour. Peut-être qu'un jour on
l'autoriserait à sortir dans le jardin, en pyjama. Il
pourrait graver son nom en cachette sur les troncs,
comme cette fille, Cécile J. avait fait sur une feuille
de cactus. Il l'incrusterait, à l'aide d'une fourchette
volée, en caractères romains. Puis la signature se
cicatriserait doucement, au soleil et à la pluie, pour
longtemps, douze, vingt ans, le temps que durent
les arbres :

ADAM POLLO ADAM POLLO

Il enleva le traversin et appuya sa tête directement sur le matelas ; puis, il étendit ses jambes le

plus loin possible ; ses deux pieds dépassaient le bout du lit. La table de nuit était à sa droite, tout contre sa tête ; elle était composée de deux étagères, sans portes, faites de plateaux d'aluminium amovibles. Sur le premier plateau, il y avait : 1 vase de nuit, vide. Sur le deuxième : des lunettes noires à monture de fil de fer doré. 1 flacon de tranquillisants à base de Passiflore et de Quinine. 1 cigarette, mais pas d'allumettes — pour avoir du feu, il fallait qu'il sonne l'infirmière de service — 1 mouchoir. « La Sarre et son Destin », de Jacques Dicks-Dilly, provenant de la bibliothèque de l'Hôpital. 1 verre d'eau, à moitié plein. 1 peigne blanc, 1 photo de Zsa Zsa Gabor, découpée dans un magazine. Tout ce qu'il y avait de mobilier et de surface corrigée dans la pièce était supposé se concentrer sur la seule personne d'Adam, étendu à l'envers sur le lit, les bras obliques, les pieds joints, comme crucifié dans la mollesse et le repos.

&, peu avant 6 heures de l'après-midi, longtemps après qu'il eut fumé et en quelque sorte pensé, l'infirmière poussa le verrou extérieur et entra dans la chambre. Elle trouva Adam endormi. Elle dut le toucher à l'épaule pour qu'il se réveille. C'était une femme jeune, avenante, mais tellement envahie par son uniforme d'infirmière qu'il était impossible de discerner son âge, ou si elle était vraiment jolie, ou vraiment quelconque. Ses cheveux étaient teints en roux ambré, et sa peau plutôt blanche ressortait comme une tache parmi la couleur beige des murs de la chambre.

Avant de dire quoi que ce soit, elle prit le cendrier

en matière plastique par terre, là où Adam l'avait déposé, et le vida dans le seau à ordures. Le temps n'était déjà pas rapide en ces lieux : à la faveur de cette pose qu'elle adopta soudain, pour des raisons mal connues, vieilles peut-être de milliers d'heures consacrées au service des malades mentaux, elle sembla se contredire, gagner en absurde, se fixer par répercussion en quatre projections de diapositives sur les murs formant écran ; le corps se cassa au niveau des hanches, et resta ainsi bloqué, pour une durée indéfinie. Réveillant des échos de travail et de peine dans le monde, des souvenirs de jours sans pain, de déchéance, de vieillesse. Abolissant tout relief chromatique par une succession de mouvements possibles, sur plans différents, où dominait la couleur gris-aquarelle. Rendant fou quiconque avait eu le malheur de l'apercevoir, et de fermer les yeux aussitôt après ; car voilà que se produisait une inversion des couleurs — le blanc de sa face et de son tablier devenant noir d'encre, les murs autrefois jaunes se pulvérisant en une espèce de manteau d'ardoise âpre, et chaque ton de fraîcheur et de calme se changeant brusquement pour l'enfer et l'atrocité. Voilà qu'un cauchemar approchait, étreignait les tempes, rapetissait ou distendait chaque chose à son gré. La femme de tout à l'heure était un médium en train de parfaire le plus horrible des délires : la peur de devenir vraiment fou. Elle s'accrochait à la rétine comme une racine, multipliait ses visages à l'infini. Ses yeux étaient immenses, ouverts comme des cavernes. Elle surgissait d'une pyrosphère obscure, brisait comme du verre les remparts de l'arrière-plan, et restait là, à moitié jaillie, penchée sur un monde mimétisé à son image, dans l'attente de changements minuscules. Sa forme se desséchait lentement, jusqu'à laisser voir les os ; elle ressemblait à quelque dessin tracé en appuyant sur la plume, quelque maroquinerie sur cuir de serpent ; elle présentait un chiffre, non, plutôt une lettre étrange, un Gamma majuscule qui perçait le cerveau de part en part. En quelques secondes, elle avait brûlé d'un feu intense, elle avait renversé des limites ; dans le va-et-vient en train de ralentir, elle se tenait immobile, se mécanisait, se métamorphosait en branche morte où l'incendie a passé. Elle donnait toutes les possibilités de s'enchaîner à sa torture ; mille façons de perpétuer son geste ; Adam choisit de s'asseoir sur le rebord du lit. Puis, vide de volonté, il attendit que l'infirmière recommence à bouger ; au bout de ce mouvement, il y avait des mots, des paroles aimables ; elle demanda :

« Alors ? Vous avez bien dormi ? »

Et il répondit :

« Oui, bien, merci... »

Il ajouta :

« Vous venez faire la chambre ? »

La femme déplaça le seau à ordures de quelques centimètres :

« Mais non. Aujourd'hui vous allez travailler un peu vous aussi, n'est-ce pas ? On n'a pas les moyens de vous payer des femmes de chambre ici, qu'est-ce que vous croyez ? Alors, vous allez faire le lit gentiment, et puis vous balaierez un peu par terre. Je vous ai apporté un balai et une pelle. D'accord ? »

« D'accord... » dit Adam ; « Mais... » il dévisagea la jeune femme curieusement.

« Mais — est-ce qu'il faudra que je fasse ça tous les jours ? »

« Je comprends » dit l'autre ; « tous les matins. — Aujourd'hui, ç'a été un peu exceptionnel, parce que vous êtes nouveau venu. Mais à partir de maintenant, tous les matins, à 10 heures, au travail. Et si vous êtes sage, on vous laissera bientôt sortir comme tout le monde. Vous pourrez aller dans le jardin, pour lire, ou pour bêcher les plates-bandes, ou pour bavarder avec les autres. Vous voulez bien, aller dans le jardin ? Hein ? Vous verrez. Vous vous plairez ici. On vous donnera des petits travaux à faire, des petits paniers d'osier à tresser, des décorations. Il y a même un atelier, de menuiserie, avec tout ce qu'il faut, des rabots, des scies électriques et cætera. Vous verrez, ça vous plaira. A condition de faire tout ce qu'on vous dit, n'est-ce pas ? En attendant, vous allez faire le lit, et donner un coup de balai sur le plancher. Comme ça tout sera propre pour la visite. »

Adam opina ; il se leva et se mit tout de suite au travail. Il s'en tira bien, surveillé par la jeune femme en habit blanc. Quand il eut fini, il se tourna vers elle :

« Ça va comme ça ? »

« Le vase est vide ? »

« Oui » dit Adam

« Bon. Alors, ça va. Nous allons bien nous entendre. »

Elle ramassa le seau à ordures et ajouta :

« Bon. Alors, dans une heure, pour la visite. »

« Il y a quelqu'un qui vient me voir ? » questionna Adam.

« Je viendrai vous appeler à ce moment-là. »

Il répéta :

« Il y a quelqu'un qui vient pour me voir ? »

« Je vous crois. »

« Oui ? Ma mère ? Hein ? »

« Il y a une demi-douzaine de messieurs qui viendront vous voir, dans une heure, avec le médecin-chef. »

« De la police ? » demanda Adam.

« Ah non » dit-elle en riant. « Pas de la police. »

« Qui alors ? »

« Des messieurs qui s'intéressent à vous, grand curieux ! Des messieurs très bien qui veulent absolument vous voir ! Il faudra être sage, hein ? »

« Qui est-ce ? »

« Des messieurs très bien, je vous dis. Une demi-douzaine. Ils s'intéressent particulièrement à vous. »

« Des journalistes ? »

« Oui, c'est ça. Un peu des journalistes. »

« Ils veulent faire un canard sur moi ? »

« Eh bien, c'est-à-dire — ce ne sont pas vraiment des journalistes. Ils ne parleront pas de vous, c'est sûr... »

« Alors, ceux que j'ai vus en entrant ici ? »

L'infirmière ramassa tout ce qu'elle devait

emporter et mit la main gauche sur la poignée de la porte.

« Non, non, pas ceux-là. Des jeunes gens comme vous. Ils vont venir dans l'infirmerie avec le médecin-chef. Ils vous poseront des questions. Il faudra être bien avec eux. Ils pourront peut-être faire quelque chose pour vous. »

Adam insista :

« Des flics, quoi ? hein ? »

« Des étudiants », dit l'infirmière. Elle sortit de la chambre en emportant le seau. « Des étudiants, puisque vous voulez tout savoir. »

Adam dormit à nouveau jusqu'à leur arrivée, vers 7 h 10.

L'infirmière le réveilla comme la première fois, en le secouant par l'épaule, le fit uriner, le fit rajuster son pyjama et peigner ses cheveux, puis l'amena à la porte d'une chambre, de l'autre côté du couloir. Elle le laissa entrer seul.

La pièce, plus exiguë encore que sa cellule, était pleine de gens assis sur des chaises. Une armoire à médicaments dans un angle, et une balance romaine dans un autre, indiquaient qu'on se trouvait dans une infirmerie. Adam passa entre les chaises et les gens, et, trouvant un siège libre au bout de la pièce, il s'y assit Il resta ainsi, sans rien dire, pendant un moment. Les autres, dans l'infirmerie, semblaient ne pas s'occuper de lui. Sauf quand Adam demanda à une jeune fille qui était assise à côté de lui si elle n'avait pas une cigarette ; elle dit oui, ouvrit son sac de cuir noir et lui tendit son paquet. C'était des cigarettes blondes assez chères, Black ou du Maurier ; Adam demanda s'il pouvait en prendre trois ou quatre. La jeune fille lui dit de prendre tout le paquet. Adam prit le paquet, la remercia, et commença à fumer. Après quelques minutes, il releva la tête et les regarda tous ; ils étaient sept en tout, sept jeunes, mâles et femelles, entre dix-neuf et vingt-quatre ans, plus un docteur d'environ 48 ans. Aucun d'eux ne le regardait. Ils parlaient à voix basse. Trois des jeunes prenaient des notes. Une quatrième fille lisait dans un cahier d'écolier ; c'était celle qui lui avait fait cadeau de son paquet de cigarettes. Elle avait vingt et un ans et quelque chose, elle s'appelait Julienne R., et il se trouvait qu'elle était svelte, étonnamment jolie ; elle avait des cheveux blonds coiffés en chignon et un grain de beauté au-dessus de la cheville droite ; elle portait une robe de coutil bleu foncé serrée à la taille par une ceinture de basane doublée vinyl doré. Sa mère était suissesse. Son père était mort d'un ulcère dix ans plus tôt.

Elle fut la première à regarder vraiment Adam. Elle le dévisagea avec des yeux sérieux, un peu cernés, lourds de compréhension et de culture. Puis elle croisa les bras, bloquant son petit doigt dans la commissure interne des coudes, agitant à peine la dernière phalange de l'index, le cou un peu plus tendu vers l'avant qu'à l'ordinaire. Il y avait un rien d'à la fois enfantin et maternel sur son front ; haut, mais sans vulgarité, cédant naturellement la place aux racines des cheveux qui se séparaient d'abord de chaque côté, à droite et à gauche, pour remonter ensuite par l'arrière et retomber sous forme de rouleau au bout d'une raie tordue.

Elle était indéniablement celle qui avait le plus écouté les autres, aussi bien le médecin-chef que ses camarades d'étude. Cela se pressentait dans la pesanteur étrange de son visage, dans une espèce de symétrie qui, au lieu de durcir le bas de sa physionomie et notamment ses lèvres, les rendait au contraire plus tendres, plus inquisiteurs. Elle ouvrait un peu la bouche pour respirer, et son regard ne baissait pas ; il triomphait imperceptiblement du regard d'Adam, se chargeait de mille émotions supposées, de mille délicatesses, d'intimités puissantes comme des péchés, parfaites comme un amour incestueux. C'était une citadelle de conscience et de savoir, non pas vindicative, non pas violente, mais presque sénile dans sa douce sûreté.

Elle parla la première ; sur un signe d'acquiescement du médecin-chef, elle se pencha légèrement en avant, vers Adam, comme si elle allait lui prendre les mains. Mais elle resta les bras croisés. Elle dit, la voix grave :

« Il y a longtemps que vous êtes ici ? »

« Non... » dit Adam.

« Combien de temps ? »

Adam hésita.

« Un jour ? Deux jours ? Trois jours ? Plus ?... »

Adam sourit.

« Oui — c'est ça, trois ou quatre jours, je crois... »

« Vous croyez ? »

Un garçon à lunettes noires demanda :

« Trois ou quatre jours ? »

Adam hésita encore.

« Vous êtes content d'être ici ? » questionna Julienne.

« Oui » dit Adam.

« Où êtes-vous ? » demanda une autre fille, nommée Martin.

« Vous savez où vous êtes, ici ? Comment s'appelle cet endroit ? »

« Ah — l'asile d'aliénés » dit Adam.

« Et pourquoi vous y êtes ? » demanda la fille Martin.

« Pourquoi vous êtes ici ? » répéta Julienne.

Adam réfléchit.

« Ce sont les flics qui m'ont amené ici » dit-il. La jeune fille nota quelque chose sur son cahier d'écolier, la réponse sans doute. Un camion gravit péniblement un raidillon, quelque part au-delà de la fenêtre. Le rugissement assourdi de son moteur entra dans l'infirmerie comme une mouche à viande, tissant un réseau d'ondes cotonneuses entre le dallage blanc des murs ; c'était un camion chargé de rebut, sans doute ; il grimpait la côte bordée de mimosas qui mène à l'usine crématoire. Des tuyaux de zinc, des ballots de carton, des amoncellements de ressorts tomberaient pêle-mêle sur les flancs de la montagne artificielle, en attendant d'être poussés dans le brasier qui les anéantirait.

« Combien de temps on va vous garder ? » demanda Julienne R.

« Je ne sais pas — on ne m'a pas dit. »

Un autre garçon, assez grand, au fond de la pièce, éleva la voix :

275

« Et il y a combien de temps que vous êtes ici ? »

Adam le regarda pensivement.

« Je vous ai déjà dit. Trois ou quatre jours... »

La jeune fille tourna la tête et fit un signe de réprobation au garçon. Puis elle recommença, sa voix un peu plus douce.

« Comment vous appelez-vous ? »

« Adam Pollo » dit Adam.

« Et vos parents ? »

« Mes parents aussi. »

« Non, — je veux dire, vos parents ? Vous avez vos parents ? »

« Oui »

« Vous habitez avec eux ? »

« Oui »

« Vous avez toujours habité avec eux ? »

« Oui, je crois... »

« Vous avez habité ailleurs ? »

« Oui — une fois... »

« Quand ça ? »

« Pas longtemps »

« Et c'était où ? »

« C'était sur une colline. Il y avait une maison vide. »

« C'est là que vous avez habité ? »

« Oui »

« Vous étiez bien ? »

« Oui »

« Vous étiez seul ? »

« Oui »

« Vous ne voyiez personne ? Personne ne venait vous voir ?

« Non »

« Pourquoi ? »

« Parce qu'ils ne savaient pas où j'étais. »

« Vous aimiez ça ? »

« Oui »

« Mais vous ne pr—— »

« C'était bien. Une belle maison. Et la colline était bien, aussi. On voyait la route en bas. Je prenais mes bains de soleil à poil. »

« Vous aimez ça ? »

« Oui »

« Vous n'aimez pas être habillé ? »

« Quand il fait chaud, non. »

« Pourquoi ? »

« Parce qu'il faut se boutonner. Je n'aime pas les boutons. »

« Et vos parents ? »

« Je les avais laissés. »

« Et vous êtes parti ? »

Adam enleva un brin de tabac de sa bouche.

« Oui »

« Pourquoi êtes-vous parti ? »

« D'où ça ? »

La jeune fille nota quelque chose sur son cahier ; elle hésita à son tour, baissant la tête. Adam vit que sa raie tournait sur le sommet de son crâne en prenant la forme d'un S. Puis elle releva la tête, et ses grands yeux lourds, chargés de sommeil, se posèrent encore sur Adam. Ils étaient immenses, ces yeux, bleus, intelligents, et inflexibles dans leur volonté hypnotique. La voix sembla couler le long du regard, et se glisser jusqu'au fond des entrailles

277

d'Adam. Avant qu'elle parvienne à maturité, trois autres questions lancées par deux filles et un garçon restèrent sans réponse :

« Est-ce que vous êtes malade ? »

« Quel âge avez-vous ? »

« Vous dites que vous n'aimez pas les vêtements Mais — vous aimez spécialement être nu ? »

Enfin les paroles de Julienne R. éclatèrent, fusant au milieu d'une sorte de brouillard comme l'embrasement de poudre mouillée. Comme une allumette, utilisée pour se curer l'oreille, dont le phosphore maculé de cérumen se consume sans brûler ; et répand une odeur âcre de chair brûlée. Comme un brandon écartelant les couches contraires de l'eau

« Pourquoi êtes-vous parti de chez vos parents ? »

Adam n'avait pas entendu ; elle répéta, sans irritation, comme si elle parlait devant un micro :

« Pourquoi êtes-vous parti de chez vos parents ? »

« Il fallait que je parte » dit Adam.

« Mais pourquoi ? »

« Je ne me souviens plus très bien », commença-t-il. Tous marquèrent des notes sur leurs papiers. Seule, Julienne R. ne baissa pas la tête.

« Je veux dire — »

« Vous avez eu des ennuis ? »

« Vous vous êtes disputé avec vos parents ? »

Adam fit un geste de la main. La cendre de sa cigarette tomba sur la chaussure de Julienne ; il mumura, « pardon... », puis continua :

« Non, pas exactement des ennuis, non — Si vous

278

voulez, il y a longtemps que je devais partir. Je pensais — »

« Oui ? Vous pensiez ? » dit la jeune fille.

Elle semblait écouter vraiment.

« Je pensais que ça serait mieux », dit Adam. « Je n'ai pas eu d'ennuis avec mes parents, non, mais — Peut-être après tout ai-je cédé à un besoin de solitude infantile... »

« Les enfants sont assez sociables, d'habitude » dit le garçon à lunettes noires.

« Si vous voulez, oui — Oui, c'est vrai, ils sont assez sociables. Mais en même temps ils recherchent une certaine — comment dire ? — une certaine communicabilité avec la nature. Je pense — ils veulent — ils cèdent facilement à des besoins d'ordre purement égocentrique — anthropomorphique. Ils cherchent un moyen de s'introduire dans les choses, parce qu'ils ont peur de leur propre personnalité. Tout se passe comme si les parents leur avaient donné un désir de se minimiser. Les parents chosifient leurs enfants — ils les traitent en objets poss — en objets qu'on peut posséder. Ils donnent cette psychose de l'objet à leurs enfants. Alors il arrive que ces enfants aient peur de la société, de la société des adultes, parce qu'ils sentent confusément qu'ils y sont d'égal à égal. C'est cette égalité qui leur fait peur. Ils doivent jouer un rôle. On attend quelque chose d'eux. Alors ils préfèrent battre en retraite. Ils cherchent un moyen d'avoir une société à eux, un univers un peu — heu, mythique — un univers ludique où ils sont de pair avec les matières inertes. Ou plutôt, où ils sentent qu'ils sont les plus forts. Oui, ils préfèrent se sentir supérieurs aux plantes, aux animaux et aux trucs, et inférieurs aux hommes, que se sentir égaux avec qui que ce soit. Même, à la rigueur, ils se transposent. Ils font jouer aux plantes leur rôle d'enfants, et eux, ils jouent le rôle des adultes. Vous comprenez, pour un gosse, un doryphore, c'est toujours plus un homme qu'un autre gosse. Je — oui... »

Maintenant, la jeune fille s'était redressée sur sa chaise. Ses yeux brillaient comme des lunettes ; les sourcils froncés, elle semblait réfléchir. La lourdeur de son front et de ses sinus s'était quelque peu transformée : elle s'était infléchie en une sorte de plaisir snob, née du rapprochement incongru de deux éléments réputés inconciliables ; c'était comme d'écrire au beau milieu d'une page blanche des associations de mots baroques. Dans le genre de :

« proton-déjà »

    « jésus-baigneur »

        « brise-grand-mère »

           « île-ventre »

On aurait dit qu'elle montrait à présent la partie obverse de son masque ; elle faisit, dieu sait quoi, figure d'une jeune fille méthodiste découvrant une faute d'orthographe dans un paragraphe de la Bible : entre, amusement et dégoût.

Le jeune garçon à lunettes se pencha en avant : « Mais vous — vous n'êtes plus un enfant ! » dit-il. Les autres rirent, nerveusement ; le médecin-chef les arrêta :

« Je vous en prie. Voyons. Nous ne sommes pas là pour nous amuser. Allons, continuez plutôt votre interview. D'ailleurs je vous préviens que pour l'instant, ce n'est guère satisfaisant. Comment voulez-vous vous faire une idée intéressante si vous n'organisez pas mieux les questions et les réponses ? Vous posez vos questions n'importe comment, vous ne tenez aucun compte du comportement du malade, et après vous vous étonnerez de ne pouvoir arriver à aucun diagnostic. Vous laissez passer les indices. »

Il se leva et prit un cahier des mains de l'étudiant à lunettes. Il le regarda un bref instant, puis le rendit à son propriétaire.

« Vous ne savez pas vous y prendre » dit-il ; il se rassit. « Vous marquez sur vos cahiers des tas de choses inutiles. Vous mettez : « ne se rappelle plus depuis combien de temps il est entré à l'hôpital — trois ou quatre jours » et, plus loin : « ne se rappelle plus pourquoi il est parti de chez lui » et encore : « n'aime pas être vêtu. Raison : n'aime pas les boutons. » Tout ça est parfaitement inutile. Par contre, ce qui aurait pu être intéressant, vous ne le mettez pas : au lieu d'écrire tout ça, vous n'aviez qu'à mettre : troubles mnémoniques — obsession sexuelle avec rejet de responsabilité par affabulation — et vous aviez un début de diagnostic. Mais allez-y, continuez. »

Il ajouta, à l'adresse de Julienne R. :

« Voyons, continuez, mademoiselle. Vous étiez bien partie. »

Julienne R. réfléchit un moment. Pendant ce

281

temps il n'y eut plus, outre le silence, que le craquement des chaises, le froissement d'une ou deux pages format écolier, les déglutitions de salive, et une bizarre odeur de sueur et d'urine se dégageant des murs de l'infirmerie, ou peut-être d'Adam lui-même. Il avait réussi à poser ses coudes sur ses genoux sans trop tasser le buste, et, ainsi disposé, le bras droit bien vertical, il tenait sa main à hauteur de menton, et le bout de sa cigarette finissante en face de sa bouche. Tout était calculé dans cette pose pour le minimum d'effort. Compte tenu de l'inconfort, que pouvait procurer, en cette société, un pyjama rayé, des cheveux trop courts, presque rasés, et l'air général de froidure qui régnait dans l'infirmerie, Adam ne s'en sortait pas trop mal. Son grand corps trop long, ses bras maigres, sa bouche fermée, témoignaient d'une faculté d'intelligence exceptionnelle et bizarre, ainsi que d'un léger goût pour la pose. En outre, ses pieds nus dans des pantoufles de feutre étaient strictement parallèles. On voyait qu'il n'attendait plus grand-chose, un souffle d'air, un peu de terreau retourné, le son d'un lavabo qui se vide; il était né depuis longtemps, il n'avait plus rien qui pût encore revivre, ou résister fermement au regard lourd de la jeune fille blonde, à ces deux yeux bleus, profonds comme des bouteilles, pénibles, avides d'entourer tout le monde et lui-même dans la puissance de la connaissance. Il lisait en elle, et en le reste du groupe, comme dans une carte postale. Mais il s'arrêtait là. Et il était surpassé, emporté sur un fleuve noir, dans des tourbillons de granit moulu, dans les couches mobiles d'immenses plaques de zinc qui répercutaient à l'infini sa silhouette d'homme seul, maigrelet.

Julienne R. ne regarda plus les autres. Il était difficile de savoir si elle avait honte, peur, ou quoi. Elle dit :

« Pourquoi êtes-vous ici ? Pourquoi êtes-vous ici ? »

Ce pouvait être une question comme les autres ; mais c'était presque un appel clément, presque une formule d'amour diffuse. Elle répéta :

« Pouvez-vous nous dire — Voulez-vous me dire pourquoi ? Pourquoi vous êtes ici ? Je vous en prie, essayez de m'expliquer... »

Adam refusa. Il prit une autre cigarette du paquet et l'alluma à ce qui restait de la première ; puis, il laissa tomber le mégot par terre et l'écrasa longtemps avec le bout de sa pantoufle. La jeune fille le regarda faire en serrant son cahier d'écolier entre ses doigts.

« Vous ne voulez pas — me dire pourquoi vous êtes ici ? »

L'autre fille, Martin, parla :

« Vous ne vous souvenez pas. »

Un des types mordilla son crayon.

« Vous nous avez dit, tout à l'heure, quelque chose d'intéressant. Vous nous avez parlé d'enfants, de complexes de minimisation, etc. Est-ce que — est-ce que ça ne serait pas une obsession chez vous ? Je veux dire, est-ce que ça ne serait pas parce que vous vous assimilez à ces enfants ? Enfin — je veux dire — »

« Quel âge avez-vous ? » demanda le garçon à lunettes noires.

« 29 ans » dit Adam. Il s'adressa à l'autre :

« Je vois ce que vous voulez dire. Mais je n'ai pas l'impression qu'on peut répondre à ce genre de questions. Je pense — A moins que ça ne soit dans l'attitude générale d'un fou, d'un cinglé. Dans quel cas, je vous dirais oui, ou non, ou rien, peu importe. »

« Alors, pourquoi nous avoir parlé de ça ? » dit le type.

« Pour m'expliquer » dit Adam. « J'avais parlé de solitude infantile. Je voulais expliquer ça. Ce n'était peut-être pas utile. »

« Mais c'était de vous qu'il était question. »

« Si — en tout cas ça répondait à votre question. »

« Parce que vous faites de la micromanie. »

« Ou parce que, enfin, dans la mesure où, à 29 ans, on peut avoir quelque chose d'infantile. »

La jeune fille ouvrit la bouche pour dire quelque chose ; elle fut devancée :

« Vous avez fait le service ? »

« Oui »

« Et comme travail ? »

« Vous travailliez à quoi ? »

« Avant ? »

« Oui, avant ? »

« Je faisais un peu de tout » dit Adam.

« Vous n'aviez rien de fixe ? »

« Non — »

« Qu'est-ce que vous avez fait ? »

« Je ne sais pas, moi... »

« Qu'est-ce que vous avez fait comme travail qui vous a plu ? »

« Les petites choses, ça me plaisait. »

« Quelles petites choses ? »

« Eh bien, laver les voitures, par exemple. »

« Mais v—— »

« Garçon de plage, aussi, ça me plaisait. Mais je n'ai jamais pu faire les trucs que je voulais. J'aurais voulu être ramoneur, ou fossoyeur, ou camionneur. Il faut des références. »

« Vous vouliez faire ça toute votre vie ? »

« Pourquoi pas ? Des fossoyeurs, il y en a des vieux, vous savez... »

« Mais vous avez fait des études, non ? »

« Oui »

« Vous avez des diplômes ? »

« Deux ou trois, oui »

« Qu'—— »

« J'ai des certificats de Géographie régionale... »

« Pourquoi ne vous en êtes-vous pas servi ? »

« Je voulais être archéologue — ou inspecteur des fouilles, je ne me souviens plus très bien... »

« Et »

« Ça m'a passé... »

La jeune fille blonde haussa la tête :

« Sincèrement », dit-elle, « je me demande ce que vous faites ici — »

Adam sourit.

« C'est-à-dire, vous pensez que je ne suis pas cinglé ? Hein ? »

285

Elle fit oui. Ses yeux devenaient vagues, impénétrables. Elle se tourna vers le médecin-chef.

« Qui a dit qu'il était fou ? »

Le médecin la considéra avec attention ; puis, lentement, il replia ses jambes sous sa chaise.

« Écoutez, mademoiselle. Ça devrait vous servir de leçon. Vous jugez toujours avant d'avoir tous les éléments sous la main. Attendez au moins d'avoir fini votre entretien. Vous savez ce qu'il a fait ? »

Elle acquiesça ; elle avait une espèce de ride entre les deux sourcils. Le docteur la regardait avec amusement.

« Vous savez. Tous les cas ne sont pas aussi simples. Tous les cas ne sont pas aussi simples que celui de la dernière fois. Vous vous souvenez, le marin ? Je vais peut-être vous étonner, mais il n'y a pas d'extrêmes dans la folie. Entre un fou qui tue et un autre qui semble parfaitement inoffensif, il n'y a pratiquement pas de limite. Vous, vous arrivez ici en croyant que vous allez voir des gens extraordinaires, qui se prennent pour Napoléon ou qui sont incapables de dire deux mots qui se suivent. Alors, vous êtes déçue parce que rien n'arrive. Parfois même, comme aujourd'hui, vous tombez sur des malades extrêmement intelligents. »

Il marqua un silence, précautionneusement.

« Enfin, comme aujourd'hui vous êtes devant un cas spécialement difficile, je vais vous aider. Le patient, d'après vous, est normal. Eh bien, apprenez que les premiers tests psycho-pathologiques auxquels je l'ai fait soumettre dès son arrivée, révèlent qu'il est non seulement anormal, mais franchement aliéné. Je vais vous lire ce qu'ils m'ont appris... »

Il prit un bout de papier et lut :

« — Délire paranoïde systématisé.

— Tendance à l'hypocondrie.

— Mégalomanie (s'inversant parfois en micromanie).

— Manie de la persécution.

— Thème de l'irresponsabilité par justification.

— Anomalies de sexualité.

— Confusion mentale.

En bref, le patient se situe dans un état de manie dépressive constante, pouvant évoluer vers la confusion, et même jusqu'à la psychose délirante aiguë. Dans un cas comme celui-ci, le délire se fait si j'ose dire de façon ordonnée, par suite des réminiscences de culture et du potentiel d'intelligence du sujet. Mais les ruptures fréquentes, les chutes et les états dépressifs, et surtout la mythomanie, la confusion et les différentes phases de l'obsession sexuelle dominent. »

Le médecin passa sa main derrière son cou, qu'il avait plutôt gras, en dépit de frictions à l'eau de Lavande plusieurs fois par jour. Il semblait goûter de plus en plus la gêne qu'il avait installée parmi ses auditeurs. Celle de Julienne R., en particulier, lui plaisait. Il eut un mouvement d'épaules vers elle.

« Vous voyez, mademoiselle, nos conclusions ne se rejoignent pas. Essayez de vérifier les miennes en continuant votre dialogue avec M. Pollo. J'ai remarqué qu'il vous écoute avec plus d'attention que les autres. Je suis sûr que vous arriverez à lui faire dire des choses très intéressantes. — Non, c'est vrai, les malades de type dépressif sont énormément sensibles à la sympathie. Qu'est-ce que vous en dites, M. Pollo ? »

Adam n'avait entendu que la fin de la phrase ; tout le reste avait été dit à voix basse, sur le ton des confidences, à l'adresse des étudiants ; Adam regarda un peu le docteur, puis l'extrémité de sa cigarette, fine et blanche au bout de sa main ; il dit :

« Excusez-moi. Je n'ai pas entendu le début de votre question. » Puis retomba dans une sorte de torpeur. Il sentait qu'il perdait déjà pied hors de la réalité. Julienne R. toussa.

« Eh bien — continuons... Qu'est-ce que vous pensez ? Je veux dire, qu'est-ce que vous croyez qu'il va vous arriver ? »

Adam releva la tête :

« Comment ? »

Julienne répéta :

« Qu'est-ce que vous pensez qu'il va vous arriver, maintenant ? »

Adam regarda les yeux de la jeune fille ; c'étaient deux vides presque familiers, maintenant ; les arcades sourcilières étaient proéminentes, de telle sorte que la lumière, tombant de haut, faisait au milieu du visage blanc deux taches entre le gris et le bleu, comme sur une tête de mort en plâtre. Adam exhala un peu d'air de ses poumons.

« Je me souviens de quelque chose de bizarre, tout à coup » dit-il ; « je ne sais pas pourquoi je me rappelle ça — c'est drôle... »

Il regarda le bord supérieur des paupières de la jeune fille.

« C'était — mettons quand j'avais douze ans. J'ai connu un drôle de type, il s'appelait Tweedsmuir, mais on l'appelait Sim, parce que son prénom c'était Simon. Simon Tweedsmuir. Il avait été élevé chez les Jésuites, et ça lui avait donné une certaine classe. Il était amical, mais d'une façon particulière à lui ; il n'aimait pas trop nous parler. Il restait facilement dans son coin. Je pense que c'était parce qu'il savait que tout le monde savait au Lycée que son père le battait à coups de bâton. Il ne voulait jamais parler de ça à quiconque. Il était certainement le type le plus intelligent que j'aie connu, et pourtant, en classe, il était singulièrement le dernier. Mais on sentait qu'il aurait pu être le premier s'il avait voulu. Une fois, il avait parié avec un type qu'il serait premier en composition de récitation latine et en algèbre. Et il a été le premier. Et le plus curieux, c'est que personne n'a été surpris. Pas même celui qui avait fait le pari. Après, je crois que Sim a regretté, parce que les professeurs voulaient commencer à s'intéresser à lui. Il a fait exprès de se faire renvoyer du Lycée et plus personne n'a jamais entendu parler de lui. La seule fois où il m'a vraiment parlé, c'était à la veille des vacances de Noël, juste avant qu'il quitte le Lycée. Il était arrivé en classe couvert de bleus, et à la récréation, dans les latrines, il m'a raconté comment il priait. Il m'a dit qu'il pensait que la seule façon d'approcher Dieu, c'était de refaire spirituellement le travail qu'IL avait accompli matériellement. Il fallait remonter graduellement tous les échelons de la création. Il avait déjà passé deux ans comme animal : au moment où je l'ai connu, il était parvenu à l'échelon au-dessus, celui des Anges Déchus. Il fallait qu'il voue un culte complet à Satan, jusqu'à ce qu'il ait réussi à se mettre en communication parfaite avec lui. Vous comprenez. Pas seulement en rapport, comment dire, physique, avec le Diable, comme la plupart des saints ou des mystiques. Comme saint Antoine ou le Curé d'Ars. Mais en communication totale, c'est-à-dire en compréhension des Œuvres du Mal, de leur finalité, de leurs relations avec Dieu, les animaux et les hommes. Si vous voulez, Dieu se comprend autant à travers son inverse, son Diable, qu'en Lui-même, qu'en son essence. Tous les soirs, Sim se donnait deux heures et demie entièrement à Satan. Il lui avait composé des prières, des éloges ; il lui faisait des offrandes : des sacrifices de petits animaux, et des péchés. Il s'était également essayé à la magie, tout en rejetant ce qui lui semblait trop naïf ou trop téméraire, compte tenu de son âge, et compte tenu du siècle où on était. C'était une étape dans le genre des Khlystys, vous savez, ou du Baron Samedi. Mais là où c'était différent, c'est que pour Sim, ce n'était qu'un échelon dans la vie religieuse. Faite dans le plus grand amour de Dieu. Dans le désir de refaire spirituellement la Création. Il avait résolu —— »

Adam hésita, avant de se décider à continuer. La jeune fille blonde était assise très roide sur le bord de sa chaise ; elle était frémissante. Ses doigts laissaient sur la couverture du cahier d'écolier des traces de sueur. Une ombre passait par intermittences le long de la ligne de ses sourcils, issue d'un vol d'oiseaux qui passait devant la fenêtre ; par suite de paroles prolongées, de souvenirs, la différence n'existait plus, entre elle et les fabuleux personnages des rêves. Les mots vivaient, ou bien elle, ou bien la licorne et le Yink, ou bien quoi que ce soit.

« Oui — il avait résolu d'en finir avec le culte satanique aux environs de seize — de seize ou dix-sept ans. De telle sorte qu'il lui resterait quatre ans avant sa majorité, quatre ans qu'il consacrerait à l'échelon des hommes. Puis neuf ans pour l'échelon des Anges. Et alors, à trente ans, s'il travaillait sans relâche, s'il ne se laissait pas aller à ses ambitions ou à ses satisfactions personnelles, il pourrait ne plus être qu'en Dieu, en Lui, par Lui, et pour Lui. Dans l'ineffable — en plein dans l'ineffable. Plus Sim Tweedsmuir, mais Dieu en personne. Vous voyez. Vous voyez. »

On aurait dit que ses paroles avaient résonné bizarrement dans l'infirmerie, dans cette petite pièce étroite, aux murs dallés de blanc, comme pour une salle de bains, comme pour une salle de latrines ; on aurait dit qu'il y avait un vide immense, rectangulaire, quelque part sur terre, et qui modifiait les profondeurs de la phrase, et qui faisait s'éteindre le sens des mots.

« Tweedsmuir. Tweedsmuir. Sim Tweedsmuir. Il ne m'a plus reparlé après ça, après ce jour-là. Je crois savoir qu'il est mort, entre-temps. Il a dû attraper la syphilis quelque part, pendant sa période de satanisme. En rendant les honneurs au Diable avec une putain. Vous voyez le genre. Dans un sens, oui, c'était un type intelligent et tout. — S'il avait réussi à aller jusqu'au bout, on aurait fini par parler de lui dans les journaux. »

Adam ricana :

« Ce qui est comique, vous savez ? C'est que s'il avait été rien qu'un tout petit peu plus sociable, il y a des tas de types au Lycée qui l'auraient suivi, lui et sa religion. Moi, par exemple. Mais il ne voulait rien savoir. Il se méfiait. Il ne voulait même pas entendre parler de Ruysbroek, ou d'Occam. Il avait un côté mesquin, finalement, et c'est ça qui l'a perdu... »

« Vous êtes sûr que vous ne l'avez tout de même pas un peu suivie — enfin, sa religion, sa doctrine ? » demanda Julienne.

Le type à lunettes noires ajouta :

« Quel âge vous dites qu'il avait ? »

« Qui, Sim ? »

« Oui »

« Il était probablement un peu plus vieux que moi, quatorze-quinze ans... »

« Oui, parce que ça s'explique mieux comme ça. — Ça doit être le genre de mysticisme qu'on élabore à cet âge-là, hein ? »

« Vous voulez dire que c'était naïf ? »

« Oui, et je —— »

« C'est vrai. Mais c'était beau quand même. Je crois — je crois que si on considère que c'était l'âge du catéchisme et tout ça, ça pouvait paraître bien beau, non ? »

« D'ailleurs, vous avez trouvé ça tellement beau —— »

Julienne R. fronça les sourcils comme sous l'empire d'un soudain mal de tête.

« — tellement que vous l'avez suivi, n'est-ce pas ? »

Le médecin-chef appuya :

« Oui, c'est ça. Et je dirais plus, vous êtes sûr que ce n'est pas de vous, toute cette histoire ? Ce Sim, comment l'appelez-vous ? Il a vraiment existé, ce Sim ? »

« Sim *Tweedsmuir*... » dit Adam.

Il haussa les épaules ; la cigarette lui brûlait l'ongle de l'index, et il dut l'écraser encore une fois sur le parquet, avec le bout de sa pantoufle.

« Après tout, je... je ne pourrais pas vous le dire. Je veux dire, peu importe que ce soit moi ou lui, vous comprenez ? Peu importe, même, que ce soit vous, moi, ou lui ? »

Il réfléchit, puis, tout de go, tourné vers la jeune fille blonde :

« Vous m'avez classé parmi quoi ? Parmi les schizophrènes ? »

« Non, les paranoïaques » répondit Julienne.

« Vraiment ? » dit Adam, « je pensais je pensais que vous m'auriez mis chez les schizophrènes. »

« Pourquoi ? »

« Je ne sais pas. Je ne sais pas. Je croyais. Je ne sais pas. »

Adam demanda si on ne pouvait pas lui apporter une tasse de café. Il prétexta qu'il avait soif, ou froid, mais en réalité, c'était pour changer légèrement l'aspect de la pièce. Il était fatigué d'être dans une infirmerie, avec des chaises d'infirmerie, une discussion d'infirmerie, une odeur d'infirmerie, et un grand vide d'infirmerie. En tout cas, le docteur appela l'infirmière et lui demanda d'apporter une tasse de café.

Très vite, il eut sa tasse de café ; il la posa sur son genou gauche et commença à tourner lentement la cuiller, pour faire fondre le sucre. Il but à petites gorgées, sans trop relever la tête. Il y avait quelque chose dans son esprit, comme une grosseur ; il ne parvenait pas à savoir ce que c'était. C'était peut-être comme le souvenir d'un mort, l'idée absurde d'une disparition. Ou à la rigueur comme d'être sur un bateau, la nuit, et de se souvenir des milliers de choses, les vagues et les reflets, par exemple, que l'ombre dissimule.

« Alors vous ne savez pas — savez-vous ce que vous allez faire à présent ? » reprit Julienne ; elle s'interrompit. « Pouvez-vous me donner une cigarette ? »

Adam lui tendit le paquet. Elle alluma sa cigarette avec un petit briquet nacré qu'elle sortit de son sac. Elle avait visiblement oublié les autres, et cela pouvait signifier à la rigueur qu'elle allait bientôt oublier Adam, lui aussi.

« Vous ne savez pas ce qui va vous arriver... »

Adam fit un geste de la main qui s'acheva sur l'étoffe de son pantalon, à quelques millimètres de sa rotule.

« Non — mais je m'en doute, et ça me suffit. »

Elle fit un dernier effort pour parler.

« Vous n'avez donc envie de rien ? »

« Si, pourquoi ? »

« Et de quoi vous avez envie ? De mourir ? »

Adam sourit.

« Oh mais non ! Je n'ai pas la moindre envie de mourir. »

« Vous avez ──── »

« Vous savez de quoi j'ai envie ? J'ai envie qu'on me foute la paix. Non, peut-être pas tout à fait ça... Mais j'ai envie de tas de choses. De faire ce qui n'est pas moi. De faire ce qu'on me dit. L'infirmière m'a dit, quand je suis arrivé, qu'il fallait être sage. Voilà. C'est ça que je vais faire. Je vais être sage. Non, mourir, ça ne me fait pas vraiment envie. Parce que — parce que ça ne doit pas être tellement reposant d'être mort. C'est comme avant la naissance. On doit bouillir d'envie de ressusciter. Je crois que ça me fatiguerait. »

« Vous en avez assez d'être seul... »

« Oui, c'est ça. Je voudrais être avec les gens. »

Il respira la fumée qui sortait des narines de Julienne.

« Je suis comme ce type de la Bible, vous savez, Giézi, le serviteur d'Élisée : on avait dit à Naaman de se baigner sept fois dans le Jourdain, ou quelque chose comme ça. Pour se guérir de la lèpre. Une fois guéri, il avait envoyé un présent à Élisée mais Giézi avait tout gardé pour lui. Alors, pour le punir, Dieu lui avait donné la lèpre de Naaman. Vous comprenez ? Giézi, c'est moi. J'ai attrapé la lèpre de Naaman. »

« Vous savez quoi ? » dit Julienne. « — Tenez, vous ne savez pas quels sont les plus beaux vers qu'on ait écrits ? Ça a l'air prétentieux, bien

295

entendu, mais j'aimerais vous les dire. Vous voulez que je vous les dise ? »

Adam fit signe que oui. Elle commença à réciter :
« C'est, « Voire, ou que je —— »

Mais sa voix flancha. Elle toussa un peu et reprit :

« Voire, ou que je vive sans vie.

Comme les images, par cœur,

Mort ! »

Elle regarda à gauche, quelques centimètres à gauche d'Adam.

« Ce sont des vers de Villon. Vous les connaissiez ? »

Adam but du café ; il fit non de la main. Il regarda les autres qui écoutaient, un peu gênés, un peu ironiques. & il se demanda pourquoi on le laissait en pyjama toute la sainte journée. Pour qu'il ne s'échappe pas, peut-être ? Peut-être aussi n'était-ce pas, en dépit des rayures longitudinales, un pyjama qu'il portait. Ce pouvait être l'uniforme des asiles, ou des malades. Adam prit la tasse de café sur son genou, et finit de boire. Il restait encore au fond de la tasse un peu de sucre imbibé de liquide. Avec la cuiller, Adam racla le sucre et le lécha. Il aurait eu envie d'autres tasses de café, de dizaines d'autres tasses de café. Il aurait eu envie d'en parler, aussi. A la jeune fille blonde, peut-être. Il voulait lui dire, restez avec moi, dans cette maison, restez avec moi et nous ferons du café, à n'importe quelle heure du jour ou de la nuit, nous le boirons après, ensemble ; il y aurait un grand jardin, tout autour, et nous pourrions y marcher jusqu'au matin, dans la nuit, tandis que les avions passeraient. Le type avec les lunettes noires ôta ses lunettes et regarda Adam.

« Si j'ai bien compris » dit-il, « le but de la religion de votre camarade, c'était une sorte de panthéisme — de mysticisme. Une sorte de liaison avec Dieu par la connaissance ? La voie des certitudes quoi ? »

Julienne R. ajouta :

« Mais qu'est-ce que ça peut vous faire, tout ça ? Ces histoires de mysticisme ? Qu'est-ce que ça veut dire ? Ça vous intéresse donc tellement ? »

Adam se rejeta en arrière. Presque brutalement.

« Vous n'avez pas compris. Vous n'avez rien compris. Vous comprenez, ce n'est pas Dieu qui m'intéresse. Ce n'était pas Dieu pour Sim non plus. Pas Dieu en tant que tel, en tant que, je ne sais pas moi, Dieu créateur. Répondant à un certain besoin de finalité ou d'absolu, là, comme une clé ouvre une serrure. Bon sang, vous ne comprenez jamais cela ! Ça ne m'intéresse pas. Je n'ai pas besoin d'avoir été créé. C'est comme cette discussion. Elle ne m'intéresse pas pour ce qu'elle est, pour ce qu'elle a l'air d'être. Mais seulement dans la mesure où elle remplit un vide. Un vide terrible, insoutenable. Entre les niveaux de la vie... Entre deux paliers, deux temps, vous comprenez ? »

« Mais alors, ça sert à quoi, ces trucs de mysticisme ? » demanda l'étudiant à lunettes.

« A rien. A rien. Absolument à rien. On dirait que vous me parlez avec des mots que je ne comprends pas. A quoi voulez-vous que ça serve ? Je ne peux pas vous dire. C'est comme si j'essayais de vous

297

expliquer pourquoi je ne suis pas vous. — Prenez Ruysbroek, par exemple : à quoi ça lui servait de faire des distinctions entre les divers éléments matériels, la terre, l'air, le feu, l'eau ? Ça pouvait être de la poésie, évidemment. Mais ce n'est pas de la poésie. Le mysticisme lui a servi à atteindre le niveau — mais pas le psychologique, pas le psychologique, hein ? — le niveau de l'ineffable. Peu importe où ce niveau se situait. N'importe quel niveau. L'important, c'est qu'à un moment donné de sa vie, il a cru avoir tout compris. Étant en liaison avec celui qu'il appelait Dieu depuis toujours, et ce Dieu étant par définition, éternel, omniscient, et omnipotent, et omniprésent, Ruysbroek l'a été aussi. Au moins pour chaque période de crise mystique. Peut-être même a-t-il vers la fin atteint son niveau, son épanchement total, de façon permanente. C'est ça. L'important n'est pas de savoir, mais de savoir qu'on sait. C'est un état où la culture, la connaissance, où le langage et l'écriture ne servent plus à rien. A tout prendre, si on veut, ça pourrait être une sorte de confort. Mais jamais une fin en soi, vous voyez, jamais une fin en soi. & à ce niveau, c'est vrai, il n'y a pas eu tellement de vrais mystiques. Comprenez —, pour parler dans le style dialectique, — mais les rapports sont différents, bien entendu — on peut être qu'on est. C'est un état, simplement. Mais c'est le seul aboutissement possible de la connaissance, en fin de compte. De n'importe quelle autre façon, la connaissance aboutit à une impasse. Elle cesse alors d'être connaissance. Elle prend une forme au passé. Tandis que là, elle est exagérée d'un seul coup, elle devient tellement énorme, tellement écrasante, qu'en dehors d'elle plus rien ne compte. On est qu'on est — Oui, c'est ça. Être d'être... »

Mlle R. secoua légèrement la tête ; sa lèvre inférieure frémit, comme si elle était en proie à des pensées contradictoires.

« C'est intelligent, tout ça » dit le type à lunettes. « Mais c'est tout ce qu'on peut en dire... »

« Ça ne veut rien dire, c'est de l'amphigouri métaphysique » coupa un autre étudiant. Le type à lunettes continua :

« Je ne sais pas — je ne sais pas si vous avez réfléchi que c'est un genre de raisonnement qu'on ne peut plus arrêter. Comme les reflets dans un miroir à trois faces. Parce que moi, par exemple, je peux vous dire qu'on est qu'on est qu'on est qu'on est. Et ainsi de suite. Ça me paraît plutôt de la rhétorique. Du genre de rhétorique qu'on fait à douze ans pour s'amuser. Du syllogisme. Dans le genre de, un bateau met six jours pour traverser l'Atlantique, donc six bateaux mettront un jour. »

« Je n———— »

« Dans la mesure où, dans la mesure où le concept d'existence suppose une unité. Une unité qui est la conscience d'être. Et où cette conscience d'être n'est pas assimilable à la définition phraséologique, qui, elle, est indéfiniment décuplable. Comme tout ce qui est imaginaire. Ça peut très bien ne pas s'arrêter. Hein ? »

« Ce n'est pas vrai » dit Adam. « Ce n'est pas vrai. Parce que vous confondez. Vous confondez l'existence comme réalité vécue et l'existence comme cogito, comme point de départ et point d'arrivée de la pensée. Vous croyez que je suis en train de parler de concepts psychologiques. C'est ce que je n'aime pas avec vous. Vous voulez toujours introduire partout vos satanés systèmes d'analyses, vos trucs de psychologie. Vous avez adopté une fois pour toutes un certain système de valeurs psychologiques. Propres à l'analyse. Mais vous ne voyez pas, vous ne voyez pas que je suis en train d'essayer de vous faire penser — à un système beaucoup plus grand. Quelque chose qui dépasse la psychologie. Je veux vous amener à penser à un système énorme. A une pensée, en quelque sorte, universelle. A un état spirituel pur. Vous voyez, à quelque chose qui soit un comble du raisonnement, un comble de la métaphysique, un comble de la psychologie, de la philosophie, des mathématiques, et de tout, de tout, de tout. Oui, c'est tout à fait ça : quel est le comble de tout ? C'est d'être d'être. »

Il dirigea ses paroles vers Julienne R...

« C'est parce que j'ai parlé d'un état d'extase, tout à l'heure. Alors, vous l'avez assimilé à un fait psychologique. Quelque chose qui se soigne. Quelque chose comme : délire paranoïde pathologique etc. Je m'en fous. Je vais essayer de vous dire ce que c'est, et puis ça sera fini. Après ça, ne me demandez pas ce que je pense de Parménide, parce que je ne pourrai plus vous le dire... »

Adam repoussa sa chaise en arrière ; il se coinça le dos contre le pan de mur. C'était un mur froid et solide, carrelé de blanc, qu'on pouvait facilement associer à soi, soit pour la lutte, soit pour le sommeil. De plus, il allait certainement retentir des vibrations de la voix d'Adam, transmises par son dos, et les répercuter à travers toute la pièce, lui épargnant ainsi la fatigue de parler haut. Adam expliqua, en articulant à peine :

« Je peux vous parler de quelque chose qui s'est passé il y a un ou deux ans, et qui n'a rien à voir avec les trucs de Dieu ou d'auto-analyse, ou quoi que ce soit du même genre. — Naturellement, vous êtes libres de l'analyser selon les critères psychologiques habituels si ça vous fait plaisir. Mais je crois que ça ne servirait à rien. C'est pour ça d'ailleurs que je fais exprès de choisir quelque chose qui semble n'avoir aucun rapport avec Dieu, la métaphysique et tous ces trucs-là. »

Il s'arrêta et regarda Julienne. Il vit son visage bouger imperceptiblement, vers la base des narines et autour des yeux, comme sous l'impulsion d'une colère compliquée. Et, brusquement, sans que personne d'autre ne se fût aperçu du changement, il se sentit atrocement ridicule. Il se pencha en avant, abandonnant son point d'appui, s'offrant aux meurtrissures des regards ennemis. Et il dit calmement, conscient de tout son être que seule la jeune fille blonde pouvait le comprendre :

« Oui... »

Il répéta, avec un intervalle de 7 secondes :

« Oui ——— Oui »

Elle dit :

« Continuez. »

Adam rougit. Il replia ses jambes sous sa chaise,

comme s'il allait se lever. C'était comme si, à la faveur de ces quelques instants, d'un regard faiblement cerné de bistre d'une jeune fille inconnue, et de ce mot, « continuez », lancé à gorge retenue, issu d'infimes tergiversations de l'esprit, un pacte amical avait été signé entre eux. A son tour, elle éteignit son bout de cigarette de la pointe de ses escarpins noirs. La situation ressemblait bizarrement, pour la forme et pour le fond, à celle d'un homme et d'une femme étrangers l'un à l'autre, brusquement conscients d'avoir été fixés côte à côte sur la même pellicule par un photographe à la sauvette.

« Pas la peine » grogna Adam, « vous n'aimez pas le genre anecdotique. »

Elle ne dit rien, mais baissa la tête ; un peu moins que la première fois, pourtant, de sorte que seule la partie antérieure du S fut visible. Par contre, le mouvement fut suffisant pour relâcher le décolleté de la robe, et Adam aperçut, entre la naissance des seins, deux fils argentés, les deux côtés d'une chaîne. Elle se terminait sûrement plus bas, contre les bonnets du soutien-gorge, par une petite croix de nacre, ou par une médaille de la Sainte Vierge sertie d'aigues-marines. L'idée de cacher quelque chose d'un peu sacré, l'image d'un dieu, contre la partie la plus éminemment biologique d'un corps de femme, était baroque. C'était enfantin, attendrissant, ou bien prétentieux. Adam regarda les autres. Tous, sauf l'étudiant à lunettes noires, qui prenait des notes dans son cahier, et la fille Martin qui parlait avec le médecin-chef, donnaient des signes de lassitude. L'ennui avait maintenant remplacé la gêne ; il prenait des formes bizarres, cauchemardesques, semblait recommencer éternellement les mêmes gestes, les mêmes sons, les mêmes odeurs.

Adam pressentit que ça pouvait durer encore un quart d'heure, mais sûrement pas plus ; il décida de profiter au maximum du temps qui lui restait.

« Non, je vais vous dire, ce n'est pas la peine. Ce n'est pas seulement parce que vous n'aimez pas ça, le genre anecdotique, — mais aussi parce que, d'une certaine manière, du point de vue de la vérité, du point de vue réaliste, ce n'est pas ça, non plus. »

« Pourquoi non ? » dit Julienne.

« Parce que c'est de la littérature. Tout bonnement. Je sais, on fait tous de la littérature, plus ou moins, mais maintenant, ça ne va plus. Je suis vraiment fatigué de — C'est fatal, parce qu'on lit trop. On se croit obligé de tout présenter sous une forme parfaite. On croit toujours qu'il faut illustrer l'idée abstraite avec un exemple du dernier cru, un peu à la mode, ordurier si possible, et surtout — et surtout n'ayant aucun rapport avec la question. Bon Dieu, que tout ça est faux ! Ça pue la fausse poésie, le souvenir, l'enfance, la psychanalyse, les vertes années et l'histoire du Christianisme. On fait des romans à deux sous, avec des trucs de masturbation, de pédérastie, de Vaudois, de comportements sexuels en Mélanésie, quand ce ne sont pas les poèmes d'Ossian, Saint-Amant ou les canzonettes mises en tabulatures par Francesco da Milano. Ou : Portrait d'une Jeune Dame par Dome-

303

nico Veneziano. Shakespeare. Wilfrid Owen. Joâo
de Deus. Léoville Lhomme. L'intégralisme. Fazil
Ali Clinassi, &c. &c. Et le mysticisme de Novalis. Et
la chanson de Yupanqui Pachacutec :

> *Tel un lys des champs je suis né*
> *Tel un lys j'ai grandi*
> *Puis le temps a passé*
> *La vieillesse est venue*
> *Je me suis desséché*
> *Et j'en suis mort.*

Et Quipucamayoc. Viracocha. Capacocha-Gua-
gua. Hatunricriyoc. Intip-Aclla. Les promesses de
Menéphtah. Jéthho. Le kinnor de David. Sénèque le
Tragique. Anime, parandum est. Lieri quondam
mei, vos pro paternis sceleribus poenas date. Et
tout ça : les cigarettes Markovitch, la Coupe Véti-
ver, Wajda, les cendriers Cinzano, le crayon à bille,
mon crayon à bille BIC nº 576 — reproduction
« AGRÉÉ 26/8/58. J.O. » Tout ça. Hein ? Est-ce que
c'est juste. Est-ce que ça veut dire quelque chose ?
Est-ce que c'est juste ? »

Adam passa la main dans ses cheveux ras. Il
sentit qu'en faisant cela, il ressemblait à un Américain.

« Vous savez quoi ? » dit-il ; « vous savez quoi ?
Nous passons notre temps à faire de la saloperie de
cinéma. Du cinéma, oui. Du théâtre aussi, et du
roman psychologique. Nous n'avons plus grand-
chose de simple, nous sommes des cafards, des
demi-portions. De vieilles loques. On dirait que

304

nous sommes nés sous la plume d'un écrivain des années trente, précieux, beaux, raffinés, pleins de culture, pleins de cette saloperie de culture. Ça me colle dans le dos comme un manteau mouillé. Ça me colle partout. »

« Eh — qu'est-ce qui est simple, à ce compte-là ? » intervint, assez mal à propos, l'étudiant à lunettes.

« Comment, qu'est-ce qui est simple ? Vous ne le savez pas ? Vous ne vous en doutez donc pas quand même un peu, vous ? » Adam eut un geste vers sa poche pour prendre le paquet de cigarettes, mais, nerveusement, sa main s'arrêta.

« Vous ne la voyez donc pas, cette vie, cette putain de vie, autour de vous ? Vous ne voyez pas que les gens vivent, qu'ils vivent, qu'ils mangent, etc. ? Qu'ils sont heureux ? Vous ne voyez pas que celui qui a écrit, « la terre est bleue comme une orange » est un fou, ou un imbécile ? — Mais non, vous vous dites, c'est un génie, il a disloqué la réalité en deux mots. Vous énumérez, bleu, terre, orange. C'est beau. Ça décolle de la réalité. C'est un charme infantile. Pas de maturité. Tout ce que vous voudrez. Mais moi, j'ai besoin de systèmes, ou alors je deviens fou. Ou bien la terre est orange, ou bien l'orange est bleue. Mais dans le système qui consiste à se servir de la parole, la terre est bleue et les oranges sont orange. Je suis arrivé à un point où je ne peux plus souffrir d'incartades. Vous comprenez, j'ai trop de mal à trouver la réalité. Je manque d'humour ? Parce que d'après vous il faut de l'humour pour comprendre ça ? Vous savez ce que

305

je dis ? Je manque si peu d'humour que je suis allé beaucoup plus loin que vous. Et voilà. J'en reviens ruiné. Mon humour, à moi, il était dans l'indicible. Il était caché et je ne pouvais le dire. Et comme je ne pouvais le mettre en mots, il était beaucoup plus énorme que le vôtre. Hein. En fait il n'avait pas de dimensions. Vous savez. Moi je fais tout comme ça. La terre est bleue comme une orange, mais le ciel est nu comme une pendule, l'eau rouge comme un grêlon. Et même mieux : le ciel coléoptère inonde les bractées. Vouloir dormir. Cigarette cigare galvaude les âmes. 11è. 887. A, B, C, D, E, F, G, H, I, J, K, L, M, N, O, P, Q, R, S, T, U, V, W, X, Y, Z. et Cie. »

« Attendez, attendez un moment, je — » commença la jeune fille. Adam continua :

« Je voudrais arrêter ce jeu stupide. Si vous saviez comme je voudrais. Je suis écrasé, bientôt presque écrasé... » dit-il, la voix non pas plus faible, mais plus impersonnelle.

« Vous savez ce qui se passe ? » demanda-t-il. « Je vais vous le dire, à vous. Il se passe qu'on vit, un peu partout ; il se passe qu'il y en a qui meurent de syncopes, le soir, tranquillement, chez eux. Il se passe qu'il y a encore des gens qui souffrent, parce que leur femme est partie, parce que leur chien est mort, parce que leur enfant avale de travers. Vous savez — Et nous, et nous, qu'est-ce qu'on vient faire là-dedans ? »

« C'est pour ça que vous avez fait tout ÇA ? demanda la jeune fille.

« Tout ça QUOI ? » cria Adam.

« Eh bien, ces histoires — toutes ces histoires qu'on — »

« Attendez ! » dit Adam. Il se hâtait, comme s'il avait honte de s'expliquer ;

« J'en ai assez ! C'est assez de psychopathologie pour aujourd'hui — Je veux dire — il n'y a plus rien à comprendre. Tout est fini. Vous êtes vous et je suis moi. N'essayez plus de vous mettre continuellement à ma place. Le reste c'est de la foutaise. J'en ai assez, je — je vous en prie, n'essayez plus de comprendre. Vous savez — je, j'ai honte — je ne sais pas comment dire. Ne parlez plus de tout ça... »

Il baissa soudain la voix, et se pencha vers Julienne R. de manière à n'être entendu que d'elle.

« Voilà ce qu'on va faire : je vais vous parler, tout bas, rien qu'à vous. Et vous me répondrez de même. Je vais vous dire, bonjour, ça va ? et vous, vous me direz, merci, je vais bien. Vous voyez ce que je voudrais : et puis, comment vous appelez-vous, vous êtes jolie, j'aime bien la couleur de votre robe, ou de vos yeux. Vous êtes de quoi ? Du scorpion, de la balance ? Vous me direz, oui, ou non. Vous me parlerez de votre mère, de ce que vous avez mangé au dernier repas, ou bien de ce que vous avez vu au Cinéma. Les voyages que vous avez faits, en Irlande, aux îles Scilly. Vous me raconterez une histoire de vos vacances, de votre enfance. La fois où vous avez commencé à vous mettre du rouge à lèvres. La fois où vous vous êtes perdue dans la montagne. Vous me direz si vous aimez vous promener le soir, quand il commence à faire nuit, et qu'on entend les choses cachées qui

307

bougent. Ou quand vous alliez regarder les résultats du bac, sous la pluie, et ce que vous pensiez en parcourant la liste des noms. Vous me parlerez tout doucement, en me racontant des choses tellement minuscules que je n'aurai même pas besoin d'écouter. Des histoires d'orage ou d'équinoxe, des automnes en Bretagne, des fougères plus hautes que vous. Quand vous aviez peur, quand vous ne pouviez pas vous endormir et que vous alliez regarder la nuit à travers les fentes des volets. Et pour les autres, pour tous les autres, je continuerai mon histoire à moi. Vous savez, cette histoire compliquée, qui explique tout. Ce truc mystique. Vous voulez ? »

Les autres s'étaient penchés en avant et observaient ; certains, l'étudiant blond, par exemple, souriaient ironiquement. Ils n'y croyaient pas ; ils voulaient tous que cette histoire de l'autre monde se termine, qu'ils puissent rentrer chez eux, manger le dîner, et sortir, ce soir. Au cinéma, il y avait quelque chose, et à l'Opéra, peut-être Gluck.

Adam lut l'assentiment sur la jeune fille ; il le lut sur le cou, tout autour du cou, sur les coins des lèvres, sur les épaules, les seins, la colonne vertébrale, jusque sur les pieds, crispés dans les escarpins à boucles d'or, infinitésimalement divergents ; il repoussa son corps en arrière, et le laissa toucher le pan de mur ; il déplia ses jambes et frôla de loin les genoux nus de la jeune fille. Il sentit sur sa peau les rayures rouges et noires du pyjama ; elles dessinaient leurs prolongements sur une sorte de surface solide, impénétrable, qui s'établissait main-

tenant entre lui et le groupe des étudiants. Sa main
chercha, et trouva dans la poche de sa veste, le
paquet de cigarettes. L'étudiant à lunettes noires
lui tendit à bout de bras une boîte d'allumettes.
Dans le petit tiroir de carton, il y avait cinq
allumettes : trois brûlées et deux intactes. Adam
alluma sa cigarette à la perfection ; seul détail
temporel dans cette attitude réussie, une goutte de
sueur coula du creux de son aisselle, et vint choir,
sous forme de piqûre froide, au niveau de la
deuxième côte. Mais ce fut si rapide, et somme
toute, si bien toléré, que nul n'eût pu le deviner.
Julienne R., tassée sur sa chaise, accusait plus la
fatigue : de toute évidence, elle attendait quelque
chose. Quelque chose, non point de nouveau,
d'étrange, mais de fatalement social ; de tranquille,
de glacial, comme de barrer un mot sur une phrase,
par exemple.

« Il y a un ou deux ans » commença Adam,
« pour reprendre mon histoire de tout à l'heure... »

Julienne R. prit son cahier d'écolier, et se tint
prête à noter l'essentiel.

« J'étais à la plage avec une fille. J'étais allé me
baigner, et elle, était restée étendue sur les galets,
occupée à lire un magazine d'anticipation. Il y avait
une histoire qui s'appelait « Bételgeuse », je crois.
Quand je suis sorti de l'eau, elle était encore là. J'ai
vu qu'elle avait chaud, et, je ne sais pas pourquoi,
pour l'embêter probablement, j'ai posé mon pied
mouillé sur son dos. Elle avait un bikini. Alors elle
s'est relevée en sursaut, et elle m'a dit quelque
chose. Je ne me rappelle plus ce que c'était. Mais

l'important, c'est ça. Deux minutes plus tard, elle est revenue vers moi, et elle m'a dit : « Parce que tu m'as mouillée tout à l'heure, moi je te prends une cigarette. » Et elle a fouillé dans la poche de mon pantalon que j'avais posé à côté de moi sur la plage, pour prendre la cigarette. Moi, je n'ai rien dit, mais j'ai commencé à réfléchir à partir de ce moment-là. Deux heures après, je me souviens, j'y pensais encore. Je suis rentré chez moi, et j'ai regardé dans le Dictionnaire. Je vous jure. J'ai cherché chaque mot, pour comprendre. Et je ne comprenais toujours pas. J'ai passé ma nuit à y penser. Vers quelque chose comme, 4 heures du matin, j'étais cinglé. La phrase de la fille ne me sortait plus de la tête. Les mots allaient dans tous les sens. Je les voyais écrits partout. Sur les murs de ma chambre, sur le plafond, dans les rectangles des fenêtres, sur les bords des couvertures. J'ai marmotté tout ça pendant des jours et des nuits. J'en étais malade. Puis, j'ai recommencé à y voir clair. Mais ce n'était plus pareil. C'était comme si tout était devenu faux, ou juste, du jour au lendemain. Je me suis dit, de n'importe quelle façon que je tourne La Phrase, ou les faits qui lui sont parallèles, ça DOIT être de la logique pure. Je veux dire, j'ai tout commencé à comprendre, clairement. Et j'ai pensé qu'il fallait que je parte, que je balance ma moto à la mer, et tout le reste. Je me suis imaginé que le »

Mais déjà Adam avait disparu aux yeux de tous, comme il avait dû disparaître aux yeux de sa mère, de Michèle, et de beaucoup d'autres ; isolé à l'extrémité éclairée de l'infirmerie, il flottait quelque peu, de ses membres grêles, de sa tête ovoïde, de sa main gauche où collait une cigarette horizontale. Son corps, tenu bien droit sur la chaise de métal, semblait fumer au sein d'un chaos involontaire ; un rien, sa mâchoire de prognathe, son front perlé de sueur, et peut-être ses yeux triangulaires, servaient à le métamorphoser en créature préhistorique. On aurait dit qu'il émergeait sans cesse d'une eau trouble et jaune, sous forme de volatile lacustre, les plumes plaquées sur la peau, chaque muscle microscopique en mouvement pour l'élever vers l'éther. Sa voix se déroulait sur le peuple terrestre, plus trop compréhensible, et l'entraînait sur ses ondes comme un cerf-volant. Au-dessus de lui, près du plafond, deux sphères azurées se bousculaient, répercutant en orages magnétiques les chocs de leurs enflures adverses. C'était comme l'idée d'un Dieu des destins, un nœud de mystères et de canonisations, né un jour de l'étincelle entre deux rouages de locomotive. Adam se transformait en mer. A moins qu'il ne se fût endormi, sans posture, à la suite de l'influence magnétique du regard de Julienne R., ou de la persuasion hypnotique d'un simple pyjama à rayures. En tout cas, il voguait en arrière, mou, transparent, ondulant, et dans sa bouche les mots se heurtaient comme des galets, en produisant de curieux borborygmes. Tout un réseau de bouillonnement avait garni la pièce étroite, et les autres étaient en danger de le suivre. Quand Adam s'arrêta de parler, et se mit à pousser de faibles grognements, le médecin se décida à agir ; mais c'était trop tard. Il cria deux ou trois fois,

« Hé, M. Pollo ! M. Pollo ! Hé-Pollo ! Hé-Hoh ! »
en secouant Adam par les épaules. Puis il vit sur
cette tête maigre, aiguisant cette physionomie par-
cheminée, une espèce de rictus. Ça commençait
haut, juste au-dessous des pommettes, et ça fendait
le visage en deux sans écarter les lèvres, sans
montrer la moindre incisive. Alors, il abandonna
tout espoir, et fit appeler l'infirmière. Longuement, un à un, ils évacuèrent la pièce froide, tandis
qu'on emmenait Adam titubant à travers les
couloirs.

Au cœur de son sommeil, Adam sentit qu'ils
partaient ; ses lèvres bougèrent, et il faillit murmu-
rer, « au revoir ». Pas même un grognement ne
sortit de sa gorge. Quelque part, au bas d'un cahier,
un crayon à bille bleu écrivit un mot, en crissant
doucement sur le papier : « aphasie ».

Tandis qu'il passait un angle, puis deux, du
couloir, agrippé par le bras tiède de l'infirmière,
Adam entrait dans la légende. Il pensait peut-être,
tout bas, tout ténu, longtemps avant ses cordes
vocales gelées, qu'il était bien dans son domaine.
Qu'il l'avait enfin trouvée, la belle maison rêvée,
fraîche et blanche, bâtie en plein silence au centre
d'un jardin merveilleux. Il se disait qu'il était
heureux, tout seul dans sa chambre peinte en beige,
avec une seule fenêtre d'où coulaient toujours les
bruits de paix. Il n'était pas contre ; il allait l'avoir,
ce repos pérenne, cette nuit boréale, avec son soleil
de minuit, avec des gens pour s'occuper de lui ; des
promenades au grand air et des sommeils souter-
rains ; même, parfois, de jolies infirmières qu'on

peut emmener, le soir, dans les taillis. Des lettres. Des visites, de temps en temps, et des colis pleins de chocolat et de cigarettes. Il y a la fête, une fois par an, le jour de la Fondation, le 25 avril, ou le 11 octobre. Noël et Pâques. Demain, peut-être, la jeune fille blonde reviendrait le voir. Seule, cette fois. Il lui prendrait la main et lui parlerait longtemps. Il lui écrirait un poème. Avant deux semaines, si tout allait bien, on l'autoriserait à correspondre. Puis ils pourraient aller se promener ensemble dans le jardin, vers la fin de l'automne. Il lui dirait, je peux rester ici encore un an, moins, peut-être ; après ça, quand j'en sortirai, nous irons vivre dans le Sud, à Padoue, ou à Gibraltar. Je travaillerai un peu, et le soir, nous irons dans les boîtes, ou au café. Puis, de temps en temps, quand nous en aurons envie, nous retournerons passer un mois ou deux ici. On nous accueillera gentiment, et on nous donnera la plus belle chambre, celle qui a vue sur le parc. Dehors, le soleil fait craquer les feuilles mortes et la pluie cliqueter les feuilles vivantes. On entend un train. Les couloirs sentent le bouillon de légumes, on dirait que tout est creux, tiède et frais à la fois. C'est le moment de creuser son trou dans la terre, en écartant les brindilles et les grumeaux, avant de s'y enfouir, pieds les premiers, bien au secret, pour passer un hiver de malade. Après, il y aura la tasse de tilleul, et puis la nuit, fermée sur les nuages de la Dernière Cigarette comme sur les fumées magiques de Simbad. A la rigueur, une cloche sonne. Un moustique rôde autour de la lampe avec un bruit de polisseuse à

313

marbre. C'est le moment d'abandonner la terre aux termites. C'est le moment de fuir à l'envers, et de remonter les étapes du temps passé. L'on est pris dans la stupeur des soirées d'enfance, comme dans de la glu ; et l'on se noie au milieu du brouillard, après quelque repas, en face d'une assiette décorée de houx, étrangement vide, où traînent encore des plaques de potage. Puis viendra le temps des berceaux, et l'on meurt étouffé dans les langes, suffoquant de petitesse et de rage. Mais c'est anodin. Car il faut aller plus loin encore, rétrograder dans le sang et le pus, jusqu'au ventre de sa mère, où, bras et jambes en posture de l'œuf, l'on s'endort la tête contre la membrane de caoutchouc, d'un sommeil obscur peuplé d'étranges cauchemars terrestres.

Adam, tout seul, étendu sur le lit sous une stratification de courants d'air, n'attend plus rien. Il vit énormément, et ses prunelles regardent le plafond, là où, il y a 3 ans, l'hémorragie du 17 a percé. Il sait que les gens sont partis, assez loin, maintenant. Il va dormir vaguement dans le monde qu'on lui donne ; en face de la lucarne, comme pour répondre aux six croix gammées des barreaux, une seule et unique croix pendille au mur, en nacre et en rose. Il est dans l'huître, et l'huître au fond de la mer. Bien sûr, restent quelques ennuis ; il faudra faire la chambre, donner pour les analyses d'urine, répondre aux tests. Et l'on est toujours à la merci d'une libération inopinée. Mais avec de la chance, c'est pour longtemps, à présent, qu'il est fixé à ce lit, à ces murs, à ce parc, à cette harmonie de métal clair et de peinture fraîche.

En attendant le pire, l'histoire est terminée. Mais attendez. Vous verrez. Je (notez que je n'ai pas employé ce mot trop souvent) crois qu'on peut leur faire confiance. Ce serait vraiment singulier si, un de ces jours qui viennent, à propos d'Adam ou de quelque autre d'entre lui, il n'y avait rien à dire.

DU MÊME AUTEUR

PAWANA. (Bibliothèque Gallimard n° 112).

LA QUARANTAINE. (Folio n° 2974).

LE POISSON D'OR. (Folio n° 3192).

LA FÊTE CHANTÉE.

HASARD *suivi de* ANGOLI MALA. (Folio n° 3460).

CŒUR BRÛLE ET AUTRES ROMANCES. (Folio n° 3667).

PEUPLE DU CIEL *suivi de* LES BERGERS, *nouvelles extraites de* MONDO ET AUTRES HISTOIRES. (Folio n° 3792).

RÉVOLUTIONS. (Folio n° 4095).

OURANIA. (Folio n° 4567).

Aux Éditions Gallimard Jeunesse

LULLABY. *Illustrations de Georges Lemoine* (Folio junior n° 140).

CELUI QUI N'AVAIT JAMAIS VU LA MER *suivi de* LA MONTAGNE OU LE DIEU VIVANT. *Illustrations de Georges Lemoine* (Folio junior n° 232).

VILLA AURORE *suivi de* ORLAMONDE. *Illustrations de Georges Lemoine* (Folio junior n° 302).

LA GRANDE VIE *suivi de* PEUPLE DU CIEL. *Illustrations de Georges Lemoine* (Folio junior n° 554).

PAWANA. *Illustrations de Georges Lemoine* (Folio junior n° 1001).

VOYAGE AU PAYS DES ARBRES. *Illustrations d'Henri Galeron* (Enfantimages et Folio Cadet n° 187).

BALAABILOU. *Illustrations de Georges Lemoine (Albums).*

PEUPLE DU CIEL. *Illustrations de Georges Lemoine (Albums).*

Aux Éditions Mercure de France

LE JOUR OÙ BEAUMONT FIT CONNAISSANCE AVEC SA DOULEUR.

L'AFRICAIN. (Folio n° 4250).

Aux Éditions Stock

DIEGO ET FRIDA. (Folio n° 2746).

GENS DES NUAGES, en collaboration avec Jemia Le Clézio. *Photographies de Bruno Barbey* (Folio n° 3284).

Aux Éditions Skira

HAÏ.

Aux Éditions Arléa

AILLEURS. Entretiens avec Jean-Louis Ézine sur France-Culture.

Aux Éditions du Seuil

RAGA, APPROCHE DU CONTINENT INVISIBLE.

Impression Bussière
à Saint-Amand (Cher),
le 25 août 2008.
Dépôt légal : août 2008.
1er dépôt légal dans la collection : mars 1973.
Numéro d'imprimeur : 082778/1.
ISBN 978-2-07-036353-7./Imprimé en France.

162618